Importer

Éditions d'Organisation
Groupe Eyrolles
61, bd Saint-Germain
75240 Paris cedex 05

www.editions-organisation.com
www.editions-eyrolles.com

© Groupe Eyrolles, 2002, 2004, 2007, 2011
ISBN : 978-2-212-54939-3

Madeleine Nguyen-The

Importer

Quatrième édition

EYROLLES

Éditions d'Organisation

À Truong, Noël-Tiên et Yann-Son

Sommaire

Introduction

C'est avec plaisir que nous vous proposons cette 4e édition du guide « Importer ». Elle s'est fait un peu attendre il est vrai, mais pour la bonne cause ! Nouveaux Incoterms®, nouvelles règles bancaires, nouvelles réglementations douanières, sécuritaires… Ce guide intègre toutes ces nouveautés et suit l'évolution des pratiques du commerce international et notamment celles liées aux flux d'importation.

Certes, nous entendons ici et là quelques retours de productions en Union européenne voire même en France, et nous nous en réjouissons : les lunettes Attol, Geneviève Lethu, Smoby sont revenus partiellement de Chine, les Taxis Bleus sont revenus du Maroc, les jouets Meccano ont rapatrié une partie de leur production à Calais. Mais ces cas de relocalisation sont assez rares. Malheureusement, bon nombre de sous-traitances à l'étranger sont maintenues alors qu'elles ne sont pas aussi rentables qu'il n'y paraît, et l'intérêt des entreprises communautaires et notamment françaises pour les importations directes et la sous-traitance à l'étranger ne faiblit pas. Est-ce toujours le bon choix ? L'objectif de ce guide est précisément d'aider l'importateur à s'assurer que son choix est pertinent. Si internationaliser ses achats ou sa production semble a priori un passage obligé pour certaines entreprises, il est primordial que cela s'accompagne d'une professionnalisation de la démarche.

Une fois le projet lancé, il faut s'enquérir des risques, des couvertures à souscrire, des compétences à acquérir, de l'organisation à mettre en place, calculer le véritable gain réalisé au bout du compte… Mais combien d'entreprises intègrent tous ces éléments **avant** de se lancer dans l'aventure Import ? Trop peu par expérience.

Nous retrouvons dans cet ouvrage les réponses aux questions essentielles de tout acheteur international qui souhaite mener à bien ses opérations d'importation :

- Où et comment trouver mes fournisseurs ?

- Quels sont les risques encourus et comment les couvrir ?
- Combien me coûtera l'opération import au final ?
- Comment gérer mes commandes de A à Z ?
- Comment optimiser mon organisation import ?

Plus concrètement :

- Comment m'y prendre pour trouver des fournisseurs à l'étranger ?
- Quelles sont les sources d'informations ?
- Que dois-je vérifier avant de mettre sur le marché français ou communautaire des produits importés ?
- Quelles conditions essentielles dois-je verrouiller avec mon fournisseur ?
- Comment organiser un transport en provenance du pays étranger ?
- Qui doit payer quoi en matière de transport, assurance-transport et formalités douanières ?
- Quelles sont précisément ces formalités douanières ?
- J'importe pour réexporter, suis-je obligé de payer les droits de douane et la TVA à l'import ?
- Qu'en est-il des achats en Union européenne ?
- Je ne veux pas payer mes fournisseurs étrangers comptant à la commande, quelles autres possibilités s'offrent à moi ?
- Comment organiser au mieux mes importations ?
- Au final… combien vont me coûter ces nouveaux achats ?

Cet ouvrage s'adresse à tous ceux qui sont concernés par des achats à l'étranger : responsables de projets industriels, acheteurs, importateurs-distributeurs, entreprises de négoce, créateurs d'entreprise à l'import… qui souhaitent professionnaliser leur démarche et devenir des interlocuteurs avertis face aux partenaires de la chaîne import.

Il s'adresse également aux étudiants des filières Achats-Approvisionnements et Commerce international désireux d'appliquer les outils du commerce international sous l'angle de l'importation.

Première partie

LA PLACE DE L'IMPORT DANS LES ÉCHANGES INTERNATIONAUX

Chapitre 1

Enjeux et risques de l'importation

Au cours de ces 60 dernières années, le commerce mondial a connu une croissance exceptionnelle. À ce jour, le volume des exportations mondiales est 22 fois supérieur à celui de 1950.

Et lorsque l'export croît, l'import suit… puisque l'un ne va pas sans l'autre. Cette explosion du commerce mondial a été grandement facilitée par l'abaissement des droits de douane, à l'initiative du GATT[1] puis de l'OMC[2]. C'est ainsi que la moyenne des droits de douane pratiqués à l'importation des produits industriels dans les pays développés est passée de 40 % en 1947 à moins de 4 % en 2010. À cette baisse des taux officiellement appliqués, viennent s'ajouter les préférences tarifaires consenties à l'intérieur des nombreuses zones de libre-échange (AELE, ALENA, ANASE, etc.) et unions douanières (Union européenne, MERCOSUR…), sans oublier les accords inter-zones comme ceux signés entre l'UE/AELE, l'UE/Maghreb par exemple. La finalité de ces accords est de réduire voire supprimer les droits de douane. Ils seront traités dans le chapitre « Maîtriser les opérations de douane ».

© Groupe Eyrolles

---

1. GATT : *General Agreement on Tariff and Trade* ou Accord général sur les tarifs douaniers et le commerce, créé au lendemain de la Seconde Guerre mondiale.
2. L'Organisation Mondiale du Commerce est née en 1995, succédant au GATT. Principal objectif : favoriser les échanges internationaux. Début 2011, 153 pays composent l'OMC.

Tableau 1 : Principaux accords d'intégration régionale
(Liste complète sur le site de l'OMC www.wto.org)

AELE	Association européenne de libre-échange : Islande, Norvège, Suisse, Liechtenstein
ALENA (*NAFTA*)	Accord de libre-échange d'Amérique du Nord : Canada, États-Unis, Mexique
ANASE (*ASEAN*)	Association des Nations de l'Asie du Sud-Est : Brunéï Darussalam, Cambodge, Indonésie, Laos, Malaisie, Myanmar, Philippines, Singapour, Thaïlande, Vietnam
APEC	*Asia Pacific Economic Cooperation* : Australie, Brunei Darussalam, Canada, Corée, Chili, Chine, États-Unis, Hong-Kong, Indonésie, Japon, Malaisie, Mexique, Nouvelle-Zélande, Papouasie-Nouvelle-Guinée, Pérou, Philippines, Russie, Singapour, Taiwan, Thaïlande, Vietnam
CAN	Communauté Andine des Nations : Bolivie, Colombie, Équateur, Pérou, Venezuela (départ en 2006)
CARICOM	Communauté des Caraïbes : Antigua et Barbuda, Bahamas, Bar bade, Belize, Dominique, Grenade, Guyane, Haïti, Jamaïque, Mont serrat, St Christopher and Nevis, Sainte-Lucie, St Vincent et les Grenadines, Suriname, Trinidad et Tobago
CEI	Communauté des États Indépendants : Arménie, Azerbaïdjan, Bela rus, Géorgie, Kazakhstan, Kirghistan, Moldova, Ouzbékistan, Russie, Tadjikistan, Turkménistan, Ukraine
CAFTA	*China Asean Free Trade Area* : Chine, Thaïlande, Indonésie, Brunei, Philippines, Singapour et Malaisie. En 2015, fonctionnera également avec : Birmanie, Laos, Vietnam et Cambodge.
COMESA	*Common market for Eastern and South Africa* : Burundi, Comores, Djibouti, Égypte, Éthiopie, Erythrée, Kenya, Madagascar, Malawi, Île Maurice, Lybie, Namibie, Ouganda, Rép. Dém. Congo, Rwanda, Seychelles, Soudan, Swaziland, Tanzanie, Zambie, Zimbabwe
EEE	Espace Économique Européen : UE + AELE (sauf Suisse)
GCC	*Gulf Cooperation Council :* Arabie Saoudite, Bahrein, Émirats Arabes Unis, Kuweit, Oman, Qatar
MCAC	Marché Commun de l'Amérique Centrale : Costa Rica, Salvador, Guatemala, Honduras, Nicaragua

MERCOSUR	Marché Commun d'Amérique du Sud : Argentine, Brésil, Paraguay, Uruguay
PAFTA	*Pan Arab Free Trade Agreement* : Algeria, Arabie Saoudite, autorité Palestinienne, Bahrain, Égypte, Émirats Arabes Unis, Iraq, Jordanie, Kuwait, Liban, Libye, Maroc, Oman, Qatar, Sudan, Syrian Arab Republic, Tunisia, Yemen
SACU	*South Africa Customs Union* : Afrique du Sud, Botswana, Lesotho, Namibie, Swaziland
SADC	*South African Development Community* : Afrique du Sud, Angola, Bostwana, Ile Maurice, Lesotho, Madagascar, Malawie, Mozambique, Namibie, Rép. Dém. Congo, Seychelles, Swaziland, Tanzanie, Zambie, Zimbabwe
SAFTA	*South Asian Free Trade Agreement :* Bangladesh, Boutan, Inde, Maldives, Népal, Pakistan, Sri-Lanka.
Union européenne	Union européenne : Allemagne, Autriche, Bulgarie, Belgique, Chypre, Danemark, Espagne, Estonie, Finlande, France, Grèce, Hongrie, Irlande, Italie, Lettonie, Lituanie, Luxembourg, Malte, Pays-Bas, Pologne, Portugal, Roumanie, Royaume-Uni, Slovaquie, Slovénie, Suède, Tchéquie.

Par ailleurs, dès 1968, les pays industrialisés ont marqué leur volonté d'intégrer les Pays en Développement (PED) et les Pays les moins Avancés de la planète (PMA)[1] dans ce processus de développement des échanges. C'est ainsi qu'est né le Système de Préférences Généralisées (SPG).

La raison première de ce système était de contribuer à éradiquer la pauvreté *via* l'industrialisation du « tiers-monde », en encourageant leurs exportations industrielles : les pays de l'OCDE[2] s'engageant à appliquer des droits de douane réduits ou nuls à l'importation des produits en provenance et originaires des PED. Depuis sa création, ce système a connu plusieurs aménagements pour tenir compte de l'émergence de certains PED. En effet, la finalité est, qu'au fil du temps, la liste des pays

---

1. Liste au chapitre « Maîtriser les opérations de douane ».
2. OCDE : Organisation de coopération et de développement économique : 20 pays de l'Union européenne (Allemagne, Autriche, Belgique, Danemark, Espagne, Finlande, France, Grèce, Hongrie, Irlande, Italie, Luxembourg, Pays-Bas, Pologne, Portugal, Royaume-Uni, Slovénie, Slovaquie, Suède, Tchéquie) + AELE + Australie, Chili, Canada, Corée, États-Unis, Japon, Mexique, Nouvelle-Zélande, Turquie.

bénéficiaires de cet accord se réduise, signe qu'ils ont atteint un niveau de compétitivité appréciable, sur certains produits tout du moins.

Pour les acheteurs des pays industrialisés et de l'Union européenne tout particulièrement, ces divers accords signifient possibilité de s'approvisionner en bénéficiant de préférences tarifaires, tout en contribuant à l'émergence des PED.

Mais ne soyons pas utopistes, il reste encore beaucoup à faire en matière d'intégration des PED dans l'économie mondiale. Tout comme il reste beaucoup à faire en matière de lutte contre les obstacles au commerce. En effet les barrières non tarifaires ont gagné en importance relative. Si l'existence de normes sur certains produits freinent les échanges avec les pays industrialisés, nos entreprises exportatrices peinent encore à exporter dans nombre de pays du fait de procédures douanières, contingents quantitatifs et droits de douane rédhibitoires. N'oublions pas que les droits et taxes appliqués à l'importation peuvent être sources de revenus non négligeables et participent au maintien de la production nationale. L'Union européenne elle-même applique une réglementation plus stricte dès qu'il s'agit de produits dit « sensibles » comme le textile et l'agroalimentaire.

Or, ceci n'empêche pas les importations de croître et se diversifier, et ce pour de multiples raisons...

1 QUE RECHERCHENT LES ENTREPRISES QUI SE TOURNENT VERS LES FOURNISSEURS ÉTRANGERS ?

- Élargir le panel de fournisseurs,
- se procurer des matières premières, des composants non fabriqués ou produits dans la Communauté,
- se procurer des matières premières, des composants fabriqués ou produits dans la Communauté, mais en quantité insuffisante ou bien dans des conditions qui rendent économiquement impossible l'opération commerciale envisagée,
- accéder à un brevet, une technologie, un savoir-faire,
- bénéficier d'une plus forte capacité technique : augmenter sa productivité sans investir en outil de production,
- répondre à un besoin ponctuel lorsque l'outil de production interne est momentanément indisponible ou trop chargé,

- accroître la flexibilité dans la gestion de ses moyens (de production et en ressources humaines),
- augmenter les marges pour disposer de moyens pour investir,
- réduire le coût global d'acquisition.

2 ATTENTION AUX RISQUES QUI PEUVENT GÉNÉRER DES SURCOÛTS, VOIRE FRAGILISER L'ENTREPRISE IMPORTATRICE

Du fait du fournisseur

- défaillance d'un fournisseur, même temporaire,
- non-livraison alors que paiement effectué,
- non-respect du cahier des charges et des conditions de vente,
- non-maîtrise des prix, des délais, des quantités,
- inconstance dans la qualité,
- aléas dans l'acheminement (mauvais choix de l'Incoterm®, non-maîtrise du transport),
- changement d'origine des marchandises,
- service export ne maîtrisant pas les techniques du commerce international : documents manquants, mal rédigés, ne permettant pas de retirer les marchandises.

Du fait de l'acheteur

- recherche infructueuse de fournisseurs,
- mauvaise prise en compte des contraintes techniques, normatives, réglementaires, douanières ou logistiques, mais aussi linguistiques et culturelles,
- conditions d'achats mal négociées,
- aléas dans l'acheminement (mauvais choix de l'Incoterm®, non-maîtrise du transport),
- couverture des risques insuffisante (de change, de transport),
- calcul erroné du prix de revient (sous-estimation des coûts indirects),
- méconnaissance des rouages du commerce international.

Du fait de la conjoncture économique et politique

- fluctuation des cours mondiaux très sensibles à l'actualité internationale (matières premières, agroalimentaire…),

- appréciation de la devise de facturation par rapport au contrat de vente (risque de change),

- réglementation douanière plus contraignante : ouverture d'un contingent quantitatif, application de droits antidumping, exigence d'un certificat sanitaire plus strict, programme de sécurisation des flux…

- impossibilité de retirer la marchandise du fait de mouvements sociaux, rupture diplomatique, événement grave (guerre, catastrophe naturelle…).

3 ATTENTION À L'IMPACT ÉVENTUEL DE L'IMPORT SUR LES OPÉRATIONS EXPORT

Nombreuses sont les directions générales à demander aux acheteurs de s'approvisionner dans les pays à bas coûts afin de réduire les prix de revient. Mais combien se posent la question de savoir si la nouvelle origine de fabrication de leurs produits aura un impact ou non sur leurs clients export ?

EXEMPLE

Que dire de ces acheteurs qui ont « omis » de signaler à leurs commerciaux export qu'une gamme de leurs produits n'était plus fabriquée dans les usines françaises mais en Chine, faisant perdre ainsi à leurs clients suisses la préférence tarifaire accordée aux produits d'origine CE ? Les clients ont bien entendu exigé une baisse des prix de vente pour compenser l'augmentation des droits de douane !

4 DE LA NÉCESSITÉ D'APPLIQUER UNE BONNE MÉTHODOLOGIE ET DE MAÎTRISER LES TECHNIQUES DU COMMERCE INTERNATIONAL

Acheter des produits de qualité, à un bon prix, auprès de fournisseurs ou de sous-traitants sérieux, c'est déjà très bien. Mais s'approvisionner en dehors des frontières nationales et surtout communautaires nécessite plus encore. C'est un métier à part entière. Car nombreux sont les aléas lorsque l'entreprise n'a pas « verrouillé » en amont la démarche d'achat international sur tous les plans, notamment.

- **Juridique**

  À défaut de contrat, les conditions générales d'achat doivent être élaborées en tenant compte des spécificités de l'international : rédaction français/anglais, choix d'un Incoterm®, droit applicable, juridiction compétente, solutions en cas de non-respect du cahier des charges…

- **Logistique**

  Passer de petites commandes, régulières, pour livraison rapide par la voie aérienne, d'un coût généralement élevé, ou bien choisir la voie maritime, moins chère mais plus risquée et impliquant des commandes plus importantes pour compenser les délais de mer… L'impact de la solution-transport retenue (Incoterm®, mode de transport, emballage, assurance, prestataires logistiques) va au-delà des simples délai et coût de transport.

- **Douane et fiscalité**

  Combien de marchandises bloquées en douane du fait d'un document ou d'un marquage manquant ? Combien de coûts de revient alourdis par des droits et taxes qui auraient pu être évités dans le cadre d'un accord préférentiel, d'un régime douanier particulier ou d'une facilité fiscale ? Anticiper les aspects douaniers des opérations et les intégrer en amont de la démarche d'achat contribuera à la réussite et à la rentabilité des opérations.

- **Normatif**

  En 2009, sur 100 produits analysés, la Douane française a relevé 65 produits non conformes aux exigences communautaires et… 50 dangereux pour le consommateur ! 48 % des jouets contrôlés se sont avérés dangereux ! Une liste précise de produits est soumise à marquage CE, présomption de conformité aux directives et normes communautaires.

  Par ailleurs, le règlement européen REACH[1] vise à une plus grande sécurité dans l'usage des substances chimiques utilisées dans tout produit mis à la consommation en Union européenne. La directive européenne RoHS[2] quant à elle vise à limiter l'utilisation de six substances dangereuses dans les équipements électriques et électroniques.

---

1. REACH : *Registration, Evaluation, Authorisation and restriction of Chemicals.*
2. RoHS : *Restriction of the use of certain Hazardous Substances in electrical and electronic equipment.*

L'acheteur se doit de répertorier les contraintes que génèrent ces réglementations bien avant d'entamer une négociation avec les fournisseurs potentiels et de les intégrer dans le cahier des charges.

- **Financier**

L'acheteur qui se voit imposer un paiement d'avance peut à son tour demander à son fournisseur une garantie bancaire de restitution d'acompte partiel ou total en cas de défaillance de celui-ci. Une sécurité de paiement comme le crédit documentaire est parfois exigée par les vendeurs. L'entreprise ne doit pas sous-estimer les commissions bancaires et la surcharge administrative qui en découleront.

- **Organisationnel**

Compte tenu des enjeux, il est essentiel de former les équipes au commerce international et d'instaurer des modes opératoires pour mener à bien les nouvelles opérations d'importation. Il est également impératif de créer des passerelles entre le pôle Achats internationaux et le pôle Export, car les choix opérés par les acheteurs peuvent avoir un impact sur les ventes Export.

Tous ces aspects sont développés au fil des chapitres qui suivent. Si les techniques du commerce international sont les mêmes à l'export comme à l'import, elles seront utilisées sous un angle différent il va de soi, puisqu'il ne s'agit plus de vendre, mais d'acheter. De plus, ces techniques et outils doivent trouver leur place dans une démarche structurée qui réduit, voire supprime les risques encourus à l'importation.

À RETENIR

Pour professionnaliser sa démarche, l'acheteur doit :

- suivre une méthodologie qui lui permet de n'oublier aucune des étapes de la démarche import (chapitre 3),
- connaître, pour chacune des étapes, les principales sources d'informations, (chapitre 3),
- maîtriser les outils du commerce international indispensables à la pratique de l'import (chapitres 4 à 18).

La finalité :

- réduire l'exposition aux risques douaniers et fiscaux,
- orienter favorablement les politiques d'achats et industrielles,

- devenir un interlocuteur averti face aux partenaires de la chaîne import,
- faciliter les achats internationaux,
- garantir la rentabilité des opérations.

Chapitre 2

L'import dans le commerce international

1 QUELQUES CHIFFRES

La France ne cesse de descendre dans le classement des principaux exportateurs et la Chine s'est hissé à la première place ! La France maintient toutefois, depuis 2003, sa place de quatrième importateur mondial comme le montre le tableau ci-après :

Tableau 2 : Les 10 premiers pays participant au commerce mondial de marchandises en 2009[1]

Rang	Exportateurs	Part en %	Rang	Importateurs	Part en %
1	Chine (hors Hong-Kong)	9,6	1	États-Unis	12,7
2	Allemagne	9	2	Chine	8,0
3	États-Unis	8,5	3	Allemagne	7,4
4	Japon	4,7	4	France	4,4
5	Pays-Bas	4	5	Japon	4,4
6	France	3,8	6	Royaume-Uni	3,8
7	Italie	3,2	7	Pays-Bas	3,5
8	Belgique	3,0	8	Italie	3,2
9	Corée (rép.)	2,9	9	Hong-Kong (dont imports définitifs : 0,7)	2,8
10	Royaume-Uni	2,8	10	Belgique	2,8
Total 10 premiers exportateurs		51,5 %	Total 10 premiers importateurs		53 %

© Groupe Eyrolles

1. Source : OMC.

En France, les échanges ont très fortement chuté en moyenne en 2009[1]. C'est la baisse la plus prononcée depuis la fin de la seconde guerre mondiale : -17,1 % à l'exportation (total exporté de 341 milliards d'euros), et -17,7 % à l'importation (total importé de 384 milliards d'euros). La réduction du déficit 2009 (43 milliards d'euros) par rapport à celui de 2008 (55,1 milliards d'euros) s'explique par l'allègement de la facture énergétique, lié au repli du prix du pétrole.

Parallèlement, dans ce contexte de crise mondiale, le nombre d'opérateurs du commerce extérieur diminue fortement. En 2009, environ 91 900 entreprises françaises ont exporté, soit une baisse de -3,6 % par rapport à 2008.

Pour la première fois depuis 2003, le nombre d'entreprises importatrices diminue également (-4,6 %), soit un total de 103 800 importateurs français. Au début de 2010, un retournement s'amorce et le nombre d'opérateurs du commerce extérieur repart à la hausse.

À l'import, 65 % de ces entreprises ont moins de 20 salariés et réalisent 24 % des importations nationales. De leur côté, les 4 % d'entreprises de plus de 250 salariés réalisent à elles seules 50 % des importations françaises[2].

2 QU'ACHÈTE-T-ON DE L'ÉTRANGER ?

Tableau 3 : Principaux produits importés en France

Principaux produits importés en France de juin 2009 à juin 2010 hors matériel militaire (Source : Douanes françaises)	Valeur en millions d'€	%
Total	419 992	
Véhicules automobiles	30 363	7,23
Pétrole brut	25 484	6,07
Aéronefs et engins spatiaux	21 874	5,21
Préparations pharmaceutiques	17 535	4,18
Produits du raffinage du pétrole	16 575	3,95
Gaz naturel, liquéfié ou gazeux	11 527	2,74
Ordinateurs et équipements périphériques	9 875	2,35

1. Source : Douanes françaises.
2. Derniers résultats connus au moment de la réédition de l'ouvrage.

Autres parties et accessoires pour véhicules automobiles	8 830	2,10
Autres produits chimiques organiques de base	8 310	1,98
Produits sidérurgiques de base et ferroalliages	7 976	1,90
Équipements de communication	7 040	1,68
Matières plastiques sous formes primaires	6 864	1,63
Produits électroniques grand public	6 230	1,48
Instruments et fournitures à usage médical et dentaire	5 675	1,35
Autres vêtements de dessus	5 346	1,27
Composants électroniques	5 126	1,22
Produits pharmaceutiques de base	5 118	1,22
Instruments et appareils de mesure, d'essai et de navigation	4 997	1,19
Autres produits chimiques	4 902	1,17
Papier et carton	4 243	1,01
Vêtements de dessous	4 155	0,99
Chaussures	4 006	0,95
Appareils électroménagers	3 997	0,95

3 QUI SONT NOS PARTENAIRES ?

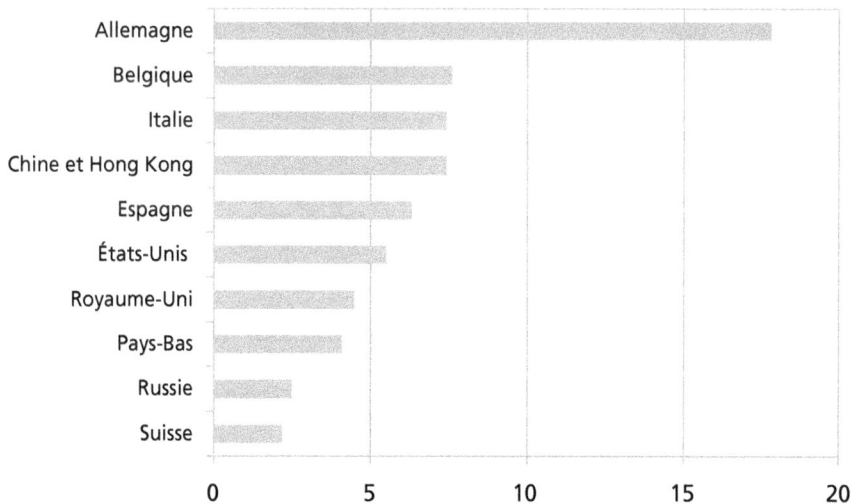

Graphique 1 : Les 10 principaux fournisseurs de la France de juin 2009 à juin 2010 (Source : Douanes françaises). Flux hors matériel militaire, en valeur (%)

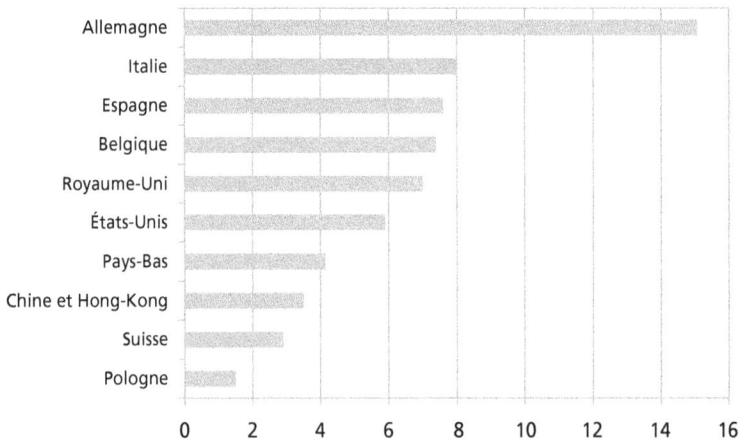

Graphique 2 : Les 10 principaux clients de la France de juin 2009 à juin 2010
(Source : Douanes françaises). Flux hors matériel militaire, en valeur (%)

4 Quelle place occupe l'Union européenne dans le commerce mondial ?

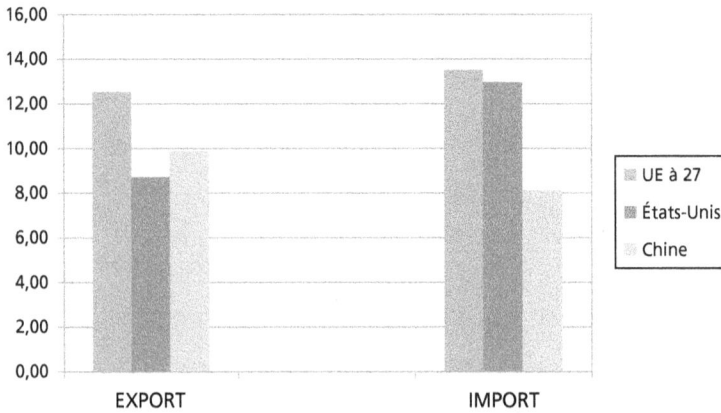

Graphique 3 : Comparaison Union européenne/États-Unis/Chine en 2009
(Source OMC, en pourcentage du total mondial, en valeur
et hors échanges intra-communautaires à l'intérieur de l'UE)

Lorsqu'on inclut les échanges intra-communautaires, la part de l'UE à 27 dans le commerce mondial de marchandises s'élève, en 2009, à près de 38 %.

Deuxième partie

RÉUSSIR UNE OPÉRATION D'IMPORTATION : DE LA MÉTHODE, DES OUTILS

Chapitre 3

La Méthodologie Import

En effet, bon nombre d'entreprises pensent pouvoir acheter à l'international dès qu'elles ont défini : le produit, le fournisseur. Or, malgré l'importance de ces deux éléments, il convient de se poser bien d'autres questions avant de lancer l'opération import, sous peine de voir sa marchandise bloquée en douane, non conforme à la commande ou de découvrir, un peu tard, l'ensemble des coûts générés par cette production étrangère, allant parfois jusqu'à justifier une relocalisation.[1] Si l'approvisionnement à l'étranger est pressenti comme étant une solution pour assurer la pérennité de l'entreprise, il faut le décider en pleine conscience des coûts, des contraintes et des risques, afin de s'assurer de la pertinence de ce choix.

Les commerçants internationaux le savent : les opérations Import/Export sont souvent sources d'aléas du fait de la distance, des différences culturelles, linguistiques, réglementaires, sans oublier les risques commerciaux et politiques. Seule une bonne méthodologie permet d'anticiper, réduire, voire supprimer les risques et maîtriser ainsi l'opération.

La démarche qui suit répertorie l'ensemble des questions qu'il est nécessaire de se poser pour mener à bien une opération d'importation. Elle ne prétend pas à l'exhaustivité, car les activités des entreprises sont très diversifiées et peuvent susciter d'autres questions. De même, nous espérons qu'elle ne découragera pas les primo-importateurs de par la multitude des étapes à suivre. Chaque entreprise avance à son rythme et

---

1. Lire l'article de E.M. Mouhoud paru dans le journal Le Monde du 10.03.2010 « La prime à la relocalisation ».

décide de ses priorités. Nous nous permettons toutefois d'insister sur le fait que s'intéresser à chacune de ces étapes participe d'une bonne méthodologie import. Chacun décidera du temps qu'il convient d'y consacrer.

1 QUELLES SONT LES ÉTAPES DE LA DÉMARCHE IMPORT ET LES SOURCES D'INFORMATION ?

Les sites Internet sont communiqués sous réserve de changement éventuel de leur adresse. La signification des sigles est donnée en fin d'ouvrage, dans « adresses utiles ».

Étape	Source d'information
1 – Du projet d'importer : vérifier la faisabilité	
Définir la politique d'achat international Quel produit importer pour quel marché ?	- En interne
Faire préciser la demande d'achat Notamment sur les plans techniques et utilisation finale. Ces éléments serviront aux étapes suivantes.	- En interne
S'enquérir très vite sur les formalités douanières à l'importation en France ou en CE Afin de s'assurer que l'importation d'un produit ne présente pas de contraintes douanières rédhibitoires qui compromettraient l'option de s'approvisionner de l'étranger. A contrario, répertorier les zones d'échanges préférentielles qui permettront d'orienter le choix du fournisseur en fonction de l'origine des marchandises.	- Douanes françaises http:// pro.douane.gouv.fr/ rubrique RITA - Helpdesk de l'UE : http://exporthelp.europa.eu/ index_fr.html - Les déclarants en douane auprès des commissionnaires de transport : www.pagespro.com
Le produit doit-il respecter d'autres exigences communautaires ? Se renseigner sur les directives communautaires, normes, substances interdites, contraintes d'emballage, de marquage ou d'étiquetage, éventuellement en vigueur à l'entrée des marchandises en CE ou à la mise à la consommation en France.	- AFNOR www.afnor.fr - CSTB www.cstb.fr - LCIE www.lcie.fr - LNE www.lne.fr - G-MED www.gmed.fr - DGCCRF www.dgccrf.bercy.gouv.fr

L'opération Import sera-t-elle viable sur le plan logistique ? Choix du mode de transport, emballage extérieur, assurance-transport, capacité d'entreposage, coûts engendrés de « porte à porte ». Choix des flux d'approvisionnements : livraisons directes du fournisseur à l'utilisateur final, livraisons *via* le distributeur, solutions douanières pour économiser des droits et taxes…	- Partenaires du transport : syndicat TLF www.e-tlf.com et www.pagespro.com - Assurance-transport FFSA www.ffsa.fr - Association française pour la logistique (ASLOG) www.aslog.org - Le syndicat de l'emballage industriel : www.seila.fr - Sociétés d'accompagnement à l'international : www.tradexperts.fr - International Pratique : www.international-pratique.com - Douane : www.douane.gouv.fr
Vérifier l'impact d'un changement d'origine de fabrication sur les clients Export. Étudier et chiffrer l'impact : droits de douane, préférences tarifaires supplémentaires ou au contraire supprimées, contraintes douanières supplémentaires ou au contraire échanges facilités… Décider du flux industriel final en fonction de cet élément.	- The Market Access Database, rubrique *Applied Tariffs Database* http://mkaccdb.eu.int - Douanes locales : www.wcoomd.org
Quel sera le coût prévisionnel de l'opération Import ? Simulation de l'ensemble des coûts engendrés par l'opération envisagée à partir d'un prix d'achat.	- En interne ou en collaboration avec un opérateur spécialisé du commerce international : www.cgi-tradexperts.fr ou www.erai.org « le guide des compétences privées à l'international »
2 – Rechercher et sélectionner les fournisseurs potentiels	
Localiser les sources d'approvisionnement En utilisant les statistiques du commerce extérieur, les organismes publics, para-publics et privés existants.	- Statistiques : http://pro.douane.gouv.fr - Site gouvernemental du commerce extérieur www.exporter.gouv.fr - Liens utiles : www.service-public.fr - Les services économiques près des ambassades de France www.dgtpe.fr/se/ - Ubifrance www.ubifrance.fr - Les chambres de commerce dans le monde www.worldchambers.com - Les CCI en France : www.cci.fr - Les CCI françaises à l'étranger www.ccife.org - Les ambassades étrangères en France www.expatries.org
Répertorier les fournisseurs potentiels *Via* les annuaires d'entreprises, les foires et salons professionnels internationaux, les appels d'offres, les réseaux de rapprochement d'entreprises, les représentations en France des pays fournisseurs, la presse économique et professionnelle, la prospection à l'étranger…	

Étape	Source d'informations
Vérifier le sérieux des fournisseurs et leur capacité à produire conformément au cahier des charges Produit, qualité, quantité, délai, sécurité, réputation, respect environnement et normes sociales, situation financière, positionnement parmi la concurrence. Faire réaliser si possible des audits des fournisseurs sélectionnés.	- Les opérateurs spécialisés du commerce international : OSCI www.tradexperts.fr ou www.erai.org « le guide des compétences privées à l'international » - Sites Internet dédiés à la recherche de salons internationaux - Annuaires d'entreprises. Exemples pour le Chili : www.mercantil.com et pour Chine/Hong-Kong : www.hktdc.com - Sociétés de renseignements de notoriété. Exemples Coface www.cofacerating.com, Altares : www.altares.fr
Rencontrer ses fournisseurs étrangers Sauf, éventuellement, à commander des produits standards, ne pas se contenter de contacts épistolaires, téléphoniques et d'échantillons !	
Négocier les conditions générales d'achat Bien sûr le prix, associé à un Incoterm®, mais aussi les modalités de paiement, les délais, le service après-vente, les solutions en cas de défectueux…	- Juristes internationaux - Chambre de commerce internationale www.iccwbo.org - CDAF www.cdaf.asso.fr - CNUDCI www.uncitral.org
3 – La commande est passée	
Bien gérer la commande, de bout en bout Organisation interne, formation du personnel aux techniques du commerce international, aux langues étrangères et aux échanges interculturels.	- Sociétés de gestion à l'import www.international-pratique.com - Organismes de formation continue et formations universitaires initiales : www.formatel.com, www.formaguide.com, www.toutelaformation.com…
Vérifier avant expédition la conformité des marchandises à la commande Surprises récurrentes à l'import : l'inconstance dans la qualité ou le non-respect du cahier des charges. Faire réaliser des inspections avant expéditions *via* des organismes indépendants ou des partenaires locaux.	- SGS, BIVAC/VÉRITAS, COTECNA - Les opérateurs spécialisés du commerce international : OSCI www.tradexperts.fr ou www.erai.org « le guide des compétences privées à l'international »
Le fournisseur souhaite couvrir le risque d'impayé Mettre en place des remises documentaires, crédits documentaires, lettres de crédit stand-by… au mieux des intérêts de l'acheteur.	- Service International des Banques www.banques.fr - Sociétés de gestion à l'import www.international-pratique.com

4 – Faire acheminer la marchandise à l'étranger	
Choisir la bonne solution-transport Décider de l'Incoterm®, mode de transport, emballage, assurance, prestataires logistiques.	- Partenaires du transport : syndicat TLF www.e-tlf.com et www.pagespro.com - Assurance-transport FFSA www.ffsa.fr - Association française pour la logistique (ASLOG) www.aslog.org - Le syndicat de l'emballage industriel : www.seila.fr
Faciliter les opérations douanières à l'import Valider les paramètres douaniers (espèce tarifaire – origine – valeur) et la réglementation afférente. Utiliser à bon escient les facilités douanières et fiscales. Sous-traiter les formalités douanières ou mettre en place une procédure de dédouanement à domicile, obtenir la certification Opérateur Économique Agréé…	- Douanes françaises www.douane.gouv.fr et Prodouane http://pro.douane.gouv.fr, rubrique RITA - Helpdesk de l'UE : http://exporthelp.europa.eu/index_fr.html - Les déclarants en douane auprès des commissionnaires de transport : www.pagespro.com ou www.e-tlf.com - Fournisseurs de logiciels spécialisés : Conex, Cosmos consultants, Easylog, Sage…
Gérer les éventuels litiges Litiges transport auprès des transporteurs et assureurs. Litiges commerciaux auprès des fournisseurs et sous-traitants.	- Juristes internationaux - Chambre de commerce internationale www.iccwbo.org - CDAF www.cdaf.asso.fr - CNUDCI www.uncitral.org
5 – Faire de la veille	
Dans le monde du commerce international, rien n'est figé Poursuivre la veille : technologique, informative, réglementaire, normative, économique, politique, financière afin d'anticiper les évolutions à venir et d'ajuster les choix de politiques d'achats et industrielles…	- Les Bulletins officiels des douanes et avis aux importateurs : www.douane.gouv.fr - Les Journaux officiels de l'Union européenne : http://eur-lex.europa.eu/fr/index.htm

Chapitre 4

Mettre sur le marché
des produits conformes

1 Conformité aux exigences communautaires

La libéralisation des marchés se traduit par une offre abondante de produits sur le marché communautaire, produits qui sont de moins en moins chers en raison d'une concurrence accrue. Si le consommateur y trouve son compte, cela ne doit pas se faire au détriment de la sécurité et de la santé des personnes.

C'est la raison pour laquelle l'Union européenne impose aux opérateurs économiques une obligation générale de ne commercialiser auprès du grand public que des produits sûrs. La directive 2001/95/CE[1] du 3 décembre 2001 modifiée par le règlement (CE) 765/2008 du 09.07.2008 relative à la sécurité générale des produits vise à assurer un niveau élevé de protection des consommateurs. Cette directive s'applique en l'absence de réglementation spécifique ou bien vient compléter la réglementation propre à un produit.

ATTENTION

L'importateur est responsable des produits qu'il met sur le marché.

C'est ainsi que les importateurs-distributeurs doivent porter une attention toute particulière aux produits qu'ils commandent dans des pays où le niveau d'exigence est différent. Il y va de leur responsabilité vis-à-vis des instances communautaires, nationales et avant tout... vis-à-vis du consommateur final.

---

1. Disponible sur le site de Eur-Lex : http://eur-lex.europa.eu/fr/index.htm

Le fournisseur doit être informé dès que possible des exigences de l'acheteur afin de pouvoir valider leur prise en compte dans la chaîne de production et les intégrer dans la négociation du prix. Pour cela… l'acheteur doit lui-même les connaître ! Comme nous l'avons vu dans le chapitre 3, cette étape intervient très tôt dans la méthodologie Import. Il vaut mieux passer un peu de temps à rechercher d'éventuelles normes pour finalement constater que le produit n'est pas concerné, que d'avoir une machine bloquée en douane faute de certificat de conformité aux normes de sécurité du travail.

Mais il ne s'agira pas exclusivement de normes ou d'exigences techniques. À l'heure actuelle, les entreprises communautaires sont soumises à nombre de réglementations visant à protéger le consommateur, l'environnement, ou à améliorer l'efficacité énergétique… Cela peut se traduire par des contraintes techniques certes, mais aussi par des obligations de marquage, des interdictions de substances dangereuses par exemple.

NE PAS OUBLIER

Rappelons qu'en 2009, sur 100 produits contrôlés, la Douane française a relevé 65 produits non conformes aux exigences communautaires et… 50 dangereux pour le consommateur !

1.1 Quelles sont les exigences communautaires sur le plan technique ?

En ce qui concerne les échanges intra-communautaires, la règle est la libre circulation des marchandises. Un produit qui peut être vendu légalement dans un des États de l'Union européenne doit pouvoir être vendu dans les autres États membres. Les seules entraves autorisées sont celles qui seraient indispensables pour satisfaire à des exigences absolues en matière de santé, sécurité, protection des consommateurs ou de l'environnement notamment.

C'est ainsi que l'harmonisation technique s'est très vite imposée comme une évidence pour éviter les restrictions à la libre circulation. Après de premières tentatives d'harmonisation des normes, lentes et laborieuses, l'Union européenne a préféré opter pour une approche plus souple qui repose sur l'adoption d'exigences essentielles que doivent respecter les produits pour pouvoir circuler librement dans l'Union et les pays de l'Espace Économique Européen[1]. Ces **exigences essentielles sont instituées par des directives communautaires**. Chacune de ces directives, dites « nouvelle approche » s'applique à une grande famille de produits ou couvre des « risques horizontaux ». Elles sont d'application obligatoire.

Pour les domaines qui ne sont pas couverts par les directives, c'est le principe de « reconnaissance mutuelle » de la législation des divers États qui s'applique.

Tableau 4 : Liste des produits soumis à directives « nouvelle approche »
et prévoyant le marquage CE

Les références des directives correspondantes peuvent être consultées sur le site de l'AFNOR www.afnor.fr - Appareils à gaz - Appareils et systèmes de protection destinés à être utilisés en atmosphère explosive (ATEX) - Articles pyrotechniques - Ascenseurs - Basse tension (équipements de) - Bateaux de plaisance - Compatibilité électromagnétique (CEM) - Dispositifs médicaux - Dispositifs médicaux de diagnostic *in vitro* - Dispositifs médicaux implantables actifs - Équipements hertziens et équipements terminaux de télécommunication - Équipements de protection individuelle (EPI) - Équipements sous pression - Explosifs à usage civil - Installations à câbles transportant des personnes - Instruments de mesure - Instruments de pesage à fonctionnement non automatique - Jouets - Machines - Produits de construction - Récipients à pression simple - Rendement des chaudières

---

1. EEE : Union européenne + Islande, Liechtenstein et Norvège.

Pour atteindre les exigences essentielles de sécurité instituées par les directives, il est fortement conseillé d'utiliser les normes harmonisées qui définissent les spécifications techniques dont les fabricants ont besoin. Sans être obligatoires, ces normes constituent le mode privilégié d'évaluation de la conformité. Le fabricant ou l'importateur reste toutefois libre de proposer sur le marché communautaire des produits répondant à d'autres normes ou ne répondant à aucune norme, à condition de respecter au minimum les exigences essentielles établies par la directive concernée.

Les produits en provenance des pays tiers doivent bien évidemment être conformes aux directives européennes. Les échanges internationaux sont d'ailleurs promus par la conclusion d'accords de reconnaissance mutuelle et par des programmes de coopération et d'assistance technique.

Parallèlement, afin de susciter la confiance des consommateurs et des entreprises, l'Union européenne a mis en place dans le cadre de « l'approche globale » des procédures pour l'évaluation de la conformité aux directives communautaires. Ces procédures peuvent aller d'une simple auto-certification à des examens plus poussés, selon les produits, effectués à différentes phases de la réalisation du produit et une approbation par des organismes tiers. L'approche globale harmonise de plus les règles d'apposition et d'utilisation de la marque CE pour les produits qui l'exigent.

À noter également l'existence de normes obligatoires établies par les organismes de normalisation. Les normes à caractère obligatoire ne sont pas nombreuses (1 %) et sont répertoriées par l'Afnor.

CONSEIL

Lorsque l'acheteur a identifié les normes correspondant au produit qu'il envisage de mettre sur le marché, il est conseillé d'exiger de la part du fournisseur des certificats de conformité à ces normes, même lorsque les directives ne l'imposent pas. Si toutefois l'organisme de certification étranger qui a délivré ces certificats n'est pas reconnu par les instances européennes, il est fortement conseillé à l'acheteur de soumettre des échantillons de produits à des laboratoires d'analyses agréés européens. Certes, cela représente un coût non négligeable mais incontournable dans la mesure où l'importateur est responsable des produits qu'il met sur le marché.

Rappelons les organismes qui peuvent aider l'importateur à répertorier les directives et normes en vigueur et le diriger vers les laboratoires d'analyses correspondants :

* AFNOR (Association Française de Normalisation),
* CSTB (Centre Scientifique et Technique du Bâtiment),
* LCIE (Laboratoire Central des Industries Électriques),
* LNE (Laboratoire National d'Essais),
* G-MED pour les dispositifs médicaux,
* UBIFRANCE peut également guider l'acheteur dans le dispositif normatif.

1.2 À quoi sert le marquage CE ?

Les produits répondant aux exigences essentielles requises par les directives listées précédemment sont reconnaissables au marquage « CE » qu'ils portent sur le produit, l'emballage ou le document d'accompagnement (notice par exemple). Le marquage indique aussi indirectement que le fabricant s'est soumis à toutes les procédures d'évaluation prévues pour son produit. Il permet de faciliter les contrôles et surtout d'accorder la libre circulation, la mise en vente ou la mise en service du produit sur le marché communautaire. Le marquage CE ne peut être apposé que par le fabricant ou son mandataire **et uniquement lorsque la directive l'exige**. Le Règlement (CE) n° 765/2008 du 9 juillet 2008 (JOUE L 218 du 13 août 2008) fixe en particulier les principes généraux du marquage de conformité et notamment du marquage CE.

La personne responsable de la mise sur le marché (fabricant, importateur) est d'ailleurs tenue de certifier que les exigences essentielles requises par la directive sont respectées. Dans une opération d'importation, une « déclaration de conformité CE », dont le texte est proposé dans la directive correspondante, est exigée par le bureau de douane d'entrée. Elle peut être établie sous la responsabilité de l'importateur ou du fabricant. En complément à cette attestation, le déclarant peut être amené à présenter le dossier technique confirmant le respect aux exigences essentielles (certificats aux normes ou bien ses propres analyses).

EXEMPLE

Modèle de déclaration de conformité « CE » pour les EPI
(Équipement de Protection Individuelle).

Le fabricant ou son mandataire établi dans la Communauté (1) : ....

déclare que l'EPI neuf décrit ci-après (2)

Lunettes solaires pour usage général

- est conforme aux dispositions de la directive 89/686/CEE modifiée et, le cas échéant, à la norme nationale transposant la norme harmonisée N° .... (pour les EPI visés à l'article 8 paragraphe 3)
- est identique à l'EPI ayant fait l'objet de l'attestation « CE » de type N° .... délivrée par (4) ......
- est soumis à la procédure visée à l'article 11 partie A/partie B (3) de la directive 89/686/CEE, sous le contrôle de l'organisme notifié (4) .....

Fait à ...., le ....
Signature (5)

(1) Raison sociale, adresse complète ; en cas de mandataire, indiquer également la raison sociale et l'adresse du fabricant.
(2) Description de l'EPI (marque, type, numéro de série, etc.).
(3) Biffer la mention inutile.
(4) Nom et adresse de l'organisme notifié désigné.
(5) Nom et fonction du signataire ayant reçu pouvoir pour engager le fabricant ou son mandataire.

En France, la DGCCRF et la DGDDI[1] sont les principaux organismes chargés de contrôler que le marquage « CE » n'a pas été indûment apposé. Le cas échéant, le fabricant ou son mandataire (l'importateur par exemple) encourt des sanctions. En fonction des produits, d'autres organismes de contrôle et supervision peuvent être désignés par les États membres. Pour les dispositifs médicaux par exemple, il s'agit en France du Ministère de la Santé et de l'AFSSAPS (Agence Française de Sécurité Sanitaire des Produits de Santé).

---

1. DGCCRF : Direction Générale de la Concurrence, de la Consommation et de la Répression des Fraudes, DGDDI : Direction Générale des Douanes et Droits Indirects.

ATTENTION

La marque CE ne doit pas être confondue avec la marque NF qui est une marque de certification volontaire attestant la qualité, la sécurité, la fiabilité et les performances d'un produit ou d'un service. Elle s'appuie sur un référentiel constitué de normes et de spécifications complémentaires et vise à renforcer la confiance des clients finaux et à valoriser la qualité des produits ou services proposés.

Un secteur qui n'est pas régi par les directives « nouvelle approche » et qui est cependant soumis à une réglementation draconienne sur l'étiquetage est celui des produits alimentaires. La sécurité des consommateurs est une exigence de plus en plus forte, fondée notamment sur l'application du principe de précaution. L'organisme de référence est la DGCCRF qui informe, contrôle, sanctionne.

Enfin, en ce qui concerne les marquages d'origine de type « fabriqué en ou *made in* » par exemple, il convient de respecter les règles de détermination d'origine en vigueur en Union européenne et de ne pas induire le consommateur en erreur.

Voir chapitre « Maîtriser les opérations de douane ».

1.3 Satisfaire aux autres exigences communautaires

RoHS, DEEE, EUP, REACH, etc., autant de règlements ou directives communautaires que doit connaître l'entreprise avant tout projet d'importer.

- RoHS : *Restriction of the use of certain Hazardous Substances in electrical and electronic equipment,* c'est-à-dire « restriction de l'utilisation de certaines substances dangereuses dans les équipements électriques et électroniques ». La directive RoHS concerne la plupart des équipements électriques et électroniques. Fabricants et importateurs doivent s'assurer que certaines substances dangereuses (cadmium, plomb, mercure, etc.) ne dépassent pas les concentrations maximales autorisées.

- DEEE : *Déchets d'Équipements Électriques et Électroniques.* La directive DEEE impose à chaque État membre d'organiser le traitement de ses déchets électriques et électroniques grâce à une éco-contribution versée par le fabricant ou l'importateur pour tout produit vendu. Ces derniers doivent tenir à disposition des centres de traitement un guide de démantèlement, ou fiche de fin de vie. Les produits concernés sont marqués d'un sigle représentant une poubelle barrée.

- EUP : *Energy using Products* ou directive eco-conception s'applique aux produits consommateurs d'énergie vendus en grandes quantités sur le marché de l'Union européenne et constituant une menace significative sur l'environnement. Elle incite les fabricants ou les importateurs à proposer des produits conçus pour réduire leur impact global sur l'environnement, y compris les ressources consommées pendant leur fabrication et leur élimination. Sur la base d'une évaluation, les fabricants établiront le profil écologique du produit (PEP) afin de communiquer sur sa performance environnementale. La transposition en droit français est progressive.

- REACH : *Registration, Evaluation, Authorisation and Restriction of Chemical substances*. Le règlement sur l'enregistrement, l'évaluation, l'autorisation et les restrictions des substances chimiques vise progressivement à supprimer dans l'Union européenne les substances chimiques les plus dangereuses et à les remplacer par des alternatives appropriées et plus sûres. Ce règlement impacte l'ensemble des fabricants, importateurs, distributeurs mais aussi tous les secteurs d'activités (chimie certes, mais aussi électronique, textile, meubles, etc.). Une liste des substances préoccupantes et bientôt interdites a été dressée et est régulièrement complétée. Cette réglementation nécessite que chacun connaisse parfaitement la composition chimique de ses articles. Les importateurs quant à eux ont une responsabilité de metteur sur le marché et doivent donc surveiller auprès de leurs fournisseurs que les produits importés ne contiennent pas de substances interdites ou préoccupantes au-delà des limites autorisées. Une obligation d'information de leurs clients s'impose à eux.

BON À SAVOIR

Qui peut aider l'entreprise dans sa veille réglementaire ? Les CCI, les syndicats professionnels, les organismes certificateurs, l'Afnor, les sociétés d'accompagnement à l'international…

2 CONFORMITÉ AU CAHIER DES CHARGES DE L'ACHETEUR

Au-delà des contraintes techniques externes, l'acheteur peut soumettre l'achat à ses propres exigences, du fait :

- de contraintes d'entreposage qui imposent un emballage extérieur et un marquage spécifiques,

- de contraintes liées à la commercialisation : conditionnement, marquage, emballage du produit, notice dans la langue nationale, adaptateur électrique compatible, couleurs du produit etc.,
- de la charte Qualité de l'acheteur qui pourrait interdire certains composants ou bien imposer des règles de production, de fabrication voire d'organisation,
- de la documentation à fournir pour faciliter le passage en douane, le traitement de la commande en interne…

La capacité de l'acheteur à imposer ses règles au fournisseur dépend bien évidemment du rapport de forces existant. S'il peut s'accommoder de certains compromis, d'autres exigences sont incontournables et permettront d'éliminer les fournisseurs qui ne peuvent ou ne veulent pas s'y conformer.

Ces exigences spécifiques passent obligatoirement par la remise d'un cahier des charges plus ou moins conséquent, mais toujours précis. Il peut s'agir de quelques lignes sur la commande ou de plusieurs centaines de pages annexées à un contrat en bonne et due forme !

Malheureusement, remise d'un cahier des charges ou pas, force est de constater que la constance dans la qualité est une règle difficile à tenir par bon nombre de nos fournisseurs étrangers. Si les premières livraisons sont généralement conformes à l'échantillon validé… les suivantes nous réservent parfois de bien mauvaises surprises !

Comment expliquer ceci ? Problème de communication ? Raisons d'ordres culturel, linguistique, économique ? Mauvaise organisation de la production ? Fournisseur peu sérieux ou malhonnête ? Ce dernier se dit-il que son client ne retournera pas quelques malheureuses pièces défectueuses à un fournisseur qui se trouve à 10 000 km ?

EXEMPLES

Quelques réflexions cocasses de la part de fournisseurs asiatiques :

- Devant le désarroi d'un importateur de jouets recevant des modèles qui se désintègrent au premier usage, le fournisseur chinois lui répond qu'il fournit des prix et des quantités, pas de la qualité !
- Tel autre fabricant de couverts haut de gamme destinés aux boutiques françaises, et dont un manche sur deux se décolle, répond à l'acheteur : « prenez-les quand même, je vous les fais 30 % moins cher ». Impossible de lui faire comprendre qu'ils seront de toute façon invendables.

Mais les fournisseurs américains ne sont pas en reste non plus !

• Un fournisseur de lunettes solaires, malgré un cahier des charges rédigé comme il se doit, en anglais, avec schéma de la marque CE à apposer sur les branches, a fini par livrer la première commande… sans aucune indication CE, c'est-à-dire impropre à la vente. Il a fallu reprendre un par un le marquage des 500 paires car les clients finaux attendaient !

• Tel autre fournisseur de matelas de relaxation motorisé réduisait à chaque commande la qualité de la mousse à tel point que si l'importateur avait continué à se fournir auprès de lui, les pauvres clients auraient fini par avoir la marque des moteurs sur le dos !

ATTENTION

Cette inconstance dans la qualité peut remettre en cause le choix de l'international car elle surenchérit l'opération import et fragilise l'entreprise importatrice qui ne peut compter sur la fiabilité des livraisons.

2.1 Conseils pour réduire et gérer le risque de non-conformité des marchandises

• Tout d'abord, nous l'avons vu, ne pas s'engager avec un nouveau fournisseur sans l'avoir rencontré, visité, audité, testé… Si des marchandises standard, fabriquées en séries par des fournisseurs connus et reconnus… peuvent se contenter de seuls échanges électroniques, ce n'est pas le cas pour les commandes spécifiques. L'acheteur doit se déplacer pour juger du sérieux du fournisseur potentiel ou bien confier un audit d'usine à une société de surveillance de type SGS, BIVAC (Véritas) par exemple ou à un opérateur spécialisé du commerce international (OSCI) représenté localement. L'audit comprendra un bilan juridique, financier, environnemental et social.

• Une fois le fournisseur pré-validé, l'acheteur doit établir un cahier des charges précis et dans un langage compréhensible par tous. Il traitera de toutes les exigences techniques, qualitatives et normatives.

• Insérer dans le contrat, ou à défaut dans les CGA (conditions générales d'achat) des clauses de résolution des litiges liés à la non-conformité. Elles préciseront, en fonction de la nature des marchandises, les conditions de mise en service du matériel, l'étendue du service après-vente, la responsabilité en cas de produits non conformes aux exigences, la procédure de retour des défectueux pour réparation aux frais du fournisseur ou échange… avec certes le risque de les retrouver sur un autre marché…

BON À SAVOIR

Afin d'éviter de payer une deuxième fois les droits et taxes au retour des marchandises conformes, l'Administration des douanes propose le régime particulier du « perfectionnement passif » pour réparation et le système des échanges standard (www.douane.gouv.fr ou chapitre « Douane » du présent ouvrage).

- Pour les marchandises ne pouvant pas s'offrir un retour pour réparation ou échange, négocier pour les petites pièces une remise correspondant au taux moyen de marchandises défectueuses, ou bien exiger de recevoir à chaque commande une quantité de marchandises et emballages gratuits afin d'assurer localement le SAV. Pour les biens d'équipement, prévoir une réparation sur place aux frais du fournisseur (effectuée par son personnel ou celui du client).

- Enfin, ultime solution : procéder à la destruction des défectueux en présence d'un représentant de la douane. L'acheteur obtiendra un remboursement ou un avoir de la part de son fournisseur et pourra parallèlement demander aux autorités douanières un remboursement des droits de douane payés à l'entrée des marchandises en CE qui n'ont pas été mises à la consommation car finalement renvoyées ou détruites pour non-conformité. L'entreprise dispose de 12 mois pour établir sa demande en douane (formulaire sur www.douane.gouv.fr).

- En termes de paiement, l'idéal évidemment est de payer son fournisseur après la livraison afin de pouvoir retenir, le cas échéant, le règlement jusqu'à résolution du litige.

- Dans la mesure du possible, réaliser ou faire réaliser une inspection avant chaque expédition.

ATTENTION

Payer par crédit documentaire ne préjuge en rien d'une conformité des marchandises à la commande ! Les banques s'engagent à payer le fournisseur sur la seule présentation des documents requis mais ne peuvent en aucun cas vérifier la réalité et la conformité du chargement ! Voir à ce sujet le chapitre « Payer les fournisseurs ».

2.2   Comment fonctionne l'inspection avant expédition ?

Les entreprises qui exportent dans certains pays africains ou sud-américains connaissent bien cette procédure imposée par les gouvernements des pays clients. Elle vise :

- à vérifier que la marchandise est bien celle commandée par le client,
- à lutter contre les fraudes notamment en matière de facturation (facture minorée pour réduire les droits de douane, facture majorée pour blanchir de l'argent…),
- à pallier les risques de fraude suscités par des structures administratives localement insuffisantes.

Les exportateurs ont ainsi l'obligation de faire intervenir l'organisme de contrôle désigné et d'obtenir le certificat d'inspection donnant le feu vert pour exporter.

L'Union européenne n'impose pas ce type de contrôle au départ dans la mesure où les douanes à l'entrée de la Communauté sont chargées de contrôler marchandises et documents pour lutter contre la fraude. Mais qu'en est-il de la qualité requise par l'acheteur et du respect du cahier des charges ?

L'acheteur qui le souhaite peut solliciter ces mêmes organismes internationaux utilisés à l'export. Il s'agit des sociétés BIVAC (VÉRITAS), SGS MONITORING, COTECNA, INSPECTORATE, SOCOTEC, pour n'en citer que quelques-unes. Il est intéressant de rappeler que ces sociétés proposent également des audits d'usine. L'acheteur peut également décider de faire intervenir un correspondant sur place : agent, représentant, intermédiaire du commerce, du transport et de la logistique… ou bien choisir de se déplacer lui-même !

EXEMPLE

Une entreprise française travaillant dans l'import/export de pièces détachées d'automobile d'occasion passe chaque année une très grosse commande de pièces de voitures japonaises. Qui mieux que le responsable de l'entreprise est à même de trier, sélectionner, dénicher LES pièces qu'il recherche ? Ainsi, une fois par an, il se rend au Japon constituer lui-même le contenu de 3 conteneurs 40 pieds !

© Groupe Eyrolles

Lorsque l'inspection est confiée à des intervenants extérieurs, plusieurs types de contrôle peuvent être effectués :

- une inspection lors de la fabrication : au début, en cours, à la fin de la fabrication,
- une inspection finale sur les lieux de production, lorsque la marchandise est prête à être expédiée,
- une inspection au moment du chargement (empotage du conteneur par exemple).

L'acheteur organise les inspections à partir de son pays ou bien communique au fournisseur les coordonnées de la société qu'il convient de contacter et les modalités de l'inspection. Les contrôles sont réalisés par sondage sur la base de critères d'inspection communiqués par l'acheteur, selon des méthodes d'échantillonnage normalisées au niveau international.

À l'issue du contrôle, un rapport d'inspection est émis et adressé soit à l'acheteur, soit au fournisseur qui joindra ce document à l'expédition. Le rapport d'inspection peut faire état de divergences acceptables ou non. Dans ce dernier cas, la décision finale incombe à l'acheteur qui peut :

- accepter la marchandise avec un pourcentage estimé de défauts,
- accepter sous réserve d'une remise de prix,
- refuser en attendant que les divergences soient corrigées et un nouveau contrôle effectué,
- refuser la marchandise dans sa totalité.

BON À SAVOIR

Les tarifs appliqués aux inspections avant expédition sont très variables en fonction des intervenants (société d'inspection ou agent local), des pays fournisseurs, du type d'inspection demandé. Ils varient entre 100 et 1 000 EUR pour un contrôle visuel lorsque la marchandise est prête à être expédiée, mais peuvent également se présenter sous forme de pourcentage qui peut aller de 0,3 à 2 % de la valeur FOB.

En matière de respect des exigences techniques, loin de nous l'idée de faire un procès d'intention à l'ensemble de nos fournisseurs étrangers… mais l'expérience nous conduit à maintenir la pression et à verrouiller, en amont de la démarche d'achat international, le risque de non-conformité des marchandises livrées.

À RETENIR

- S'enquérir auprès de l'AFNOR ou de tout autre organisme compétent des éventuelles contraintes techniques à respecter pour la mise sur le marché communautaire : directives, normes, emballage, marquage, substances interdites ou surveillées, certificats à exiger…
- Le cas échéant, en informer les fournisseurs au moment de la négociation.
- Leur transmettre toutes exigences *via* un cahier des charges bien précis.
- S'assurer qu'ils sont en mesure de respecter les normes et autres contraintes.
- Dans la mesure du possible, ne pas s'en tenir à un certificat de conformité émis par un laboratoire étranger.
- L'idéal : soumettre des échantillons à des laboratoires communautaires.
- Dans la mesure du possible, réaliser ou faire réaliser une inspection avant expédition pour s'assurer de la conformité des marchandises à la commande.
- Insérer dans le contrat ou dans les conditions générales d'achat des clauses pour résoudre les non-conformités.

Chapitre 5

Élaborer les clauses contractuelles

Lorsque l'achat porte sur un bien d'équipement qui nécessite montage, maintenance, formation du personnel... ou sur des marchandises spécifiques, la commande est formalisée par le biais d'un contrat de vente associé à un cahier des charges, dont les différentes clauses sont négociées par les parties. L'idée est bien entendu de trouver un compromis entre les conditions d'achat prévues ou souhaitées par l'acheteur et les conditions de vente élaborées par le vendeur.

Pour des opérations simples, récurrentes, achats de biens de consommation sur catalogue, il est contraignant, voire matériellement impossible de procéder systématiquement à la rédaction d'un contrat. Dans ce cas, la procédure classique est la suivante :

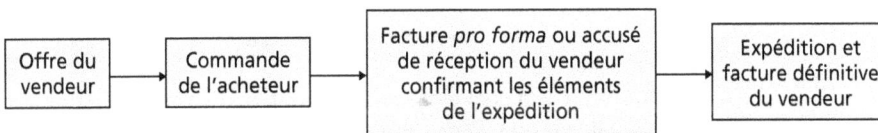

| Offre du vendeur | → | Commande de l'acheteur | → | Facture *pro forma* ou accusé de réception du vendeur confirmant les éléments de l'expédition | → | Expédition et facture définitive du vendeur |

Le risque est qu'en l'absence de contrat, la pratique des affaires considère que « le dernier qui a parlé a raison » (la théorie du *last shot*). Or, le dernier à émettre un document commercial est... le vendeur ! Ainsi, si les conditions n'ont pas fait l'objet d'une négociation, les conditions générales de vente de l'exportateur (CGV) primeront, quand bien même l'acheteur aurait pris soin de porter sur sa commande ses propres conditions générales d'achat (CGA). Alors à défaut de contrat en bonne et due forme :

- soit l'acheteur accepte les CGV en signant par exemple les conditions de l'offre,
- soit le vendeur accepte les CGA, lorsque l'acheteur est en position de force, en signant le bon de commande.

1 QUELS DOCUMENTS COMMERCIAUX UTILISER ?

Plusieurs documents commerciaux peuvent recevoir les conditions en vigueur pour l'opération concernée ou pour l'ensemble des opérations à venir.

Tableau 5 : Principaux documents commerciaux susceptibles de contenir les conditions de vente/achat

L'offre commerciale internationale	- Rédigée par l'exportateur. Permet de confirmer les termes de la négociation. - Peut être ferme, avec une date de validité, engageant ainsi unilatéralement le vendeur. Peut être donnée à titre indicatif, sans engagement. - L'offre peut se réduire à l'envoi d'un catalogue, d'une liste de prix accompagnée des conditions générales de vente à l'export (CGVE).
L'acceptation de l'offre	- Le destinataire de l'offre peut valider son acceptation en la retournant munie de son cachet et de la mention « bon pour accord ». - Il peut la refuser par écrit ou bien en laissant passer le délai imparti.
La commande	- Rédigée par l'acheteur sur papier en-tête de sa société avec mention des Conditions générales d'achat (CGA). Engage l'acheteur. - Peut également être transmise sur bon de commande fourni par le vendeur avec ses codes, références produits et… ses CGV !
Le contrat de vente	- Élaboré et signé par les deux parties, il matérialise leur engagement et formalise l'ensemble des clauses relatives à la formation, l'exécution et la mauvaise ou non exécution du contrat. - N'est souvent établi que dans le cas d'opérations d'envergure ou bien pour couvrir un courant d'affaires sur une période donnée.
Une facture pro forma	- Émise par l'exportateur. - Peut servir de support de l'offre commerciale en amont. - Peut être rédigée après la commande au titre de confirmation de commande. Elle engage l'exportateur et aussi l'acheteur dès qu'il aura signifié son accord par écrit. - Peut être exigée par l'acheteur pour appuyer sa demande d'ouverture de crédit documentaire, de licence d'importation, de devises étrangères…

Une facture *pro forma* **(suite)**	- Peut accompagner des échantillons sans valeur commerciale, sans paiement. L'exportateur indiquera dans ce cas une valeur pour la douane *(customs value)*. Pour cette utilisation de nombreuses douanes préfèrent une « *customs invoice* ».
Une facture commerciale	- Émise par l'exportateur en hors taxes. - Document comptable, concrétise la dette financière. - Obligatoire dès la réalisation d'une vente ou d'une prestation de services. - Elle matérialise, à défaut de contrat, l'accord ultime intervenu entre le vendeur et l'acheteur. - Document de référence qui sert à établir le titre de transport, le certificat d'assurance… et notamment le DAU. À cet effet, elle doit mentionner : la désignation commerciale et si possible l'espèce tarifaire, la valeur, l'origine. - La directive européenne pour lutter contre les retards de paiement, transposée en droit français en 2001 *via* la loi dite NRE (nouvelles régulations économiques), fixe les mentions obligatoires. En dehors des mentions traditionnelles telles que les coordonnées des parties, spécificités des marchandises, prix, Incoterm®, CGV, il convient de préciser l'échéance exacte de paiement, l'escompte applicable en cas de versement anticipé du client, les agios en cas de retard de paiement et la référence à l'article du Code Général des Impôts justifiant la vente HT. - Au « grand import », il s'agit d'une obligation de moyens, puisque rien ne permet de contraindre le vendeur étranger à respecter des dispositions du droit français. L'acheteur se contentera d'apporter la preuve qu'il a demandé au vendeur une facture conforme au droit français. Voir spécimen ci-après. - Dans les échanges intra-communautaires, les factures doivent comporter les numéros d'identifiant à la TVA des vendeurs et acheteurs et la référence à l'article réglementaire justifiant la vente HT.

2 QUELLES SONT LES CLAUSES QU'IL CONVIENT DE NÉGOCIER ?

Quel que soit le support choisi, il est de l'intérêt des vendeurs et acheteurs de négocier les principaux éléments contractuels qui permettent de former, exécuter le contrat et décider de la marche à suivre en cas de défaillance de l'une ou l'autre partie.

TAILING TIGER ENTERPRISE CO., LTD.

N° 888, Sec. 3, Pa-Teh Rd., Taipei 107 Taiwan
Tel : 886 2 853 1177 / Fax : 886 2 853 6336

INVOICE

N° : __HY-011224__   Date : __March 11, 2010__

For account and risk of Messrs. __DOMOPLUS__

17, rue Charles de Gaulle, 69400 Villefranche-sur-Saône, France   EORI NR : FR 123 456 789 000 25

Shipped by __TAILING TIGER Enterprise Co., Ltd.__
Sailing on or about __March 15, 2010__   From   Taiwan   to   France
Terms of payment : At 30 days from FCR date i.e. by April 15th 2010
Terms of delivery : Sea-transport – FCA Taipei
Contract N°.   Order n° 865 A

Marks & Nos	Description of Goods	Quantity	Unit Price	Amount
			(FCA Taipei)	
	Hy-10 Motor Set	1000 SETS	@USD20.00	USD20,000.00
Total		1000 SETS		USD20,000.00
vvvv	vvvvvvvvvvvvvv	vvvvvvvvvv		vvvvvvvvvvvv
	EU customs tariff : 85.03.00.10.90			
	Origin : Taiwan			
	No discount for early payment			
	Interest for late payment : 1,5% per month			
	42 cartons as per enclosed packing list			

Tailing Tiger Enterprise Co., Ltd.

Tableau 6 : Les principales clauses contractuelles à faire figurer
sur le contrat ou à défaut, sur l'offre, la facture (CGV)
ou la commande (CGA)

Les clauses relatives à la formation du contrat	Les cocontractants	- Raison sociale, statut, adresse, signataire pouvant engager la société.
	La date d'entrée en vigueur	- Peut être liée à l'obtention d'une autorisation douanière (licence d'importation ou d'exportation), au paiement d'un acompte, à l'obtention d'autorisations diverses, à acceptation d'échantillon, etc.
	La durée de validité	- Fixer la date de validité du contrat ou bien le point de départ et la durée. *Exemple : 6 mois à compter de son émission.*
Les clauses relatives à la marchandise vendue	La désignation du produit	- Être très précis : désignation commerciale, description, dimensions et caractéristiques de fonctionnement éventuelles, nomenclature douanière, origine de fabrication, normes applicables, etc. - Peut faire l'objet d'un cahier des charges accompagné de plans, d'échantillons etc.
	La quantité	- Nombre, dimensions, volume, poids, tolérance éventuelle de plus ou moins 10 %.
Les clauses relatives à la livraison	L'Incoterm®	- Être précis. *Exemple : CPT Roissy Airport - Incoterms® 2010.*
	Les conditions d'expédition	- Mode de transport. - Emballage, conditionnement, marquage, étiquetage. - Selon l'Incoterm® : coordonnées du transitaire, itinéraire à emprunter, etc.
	Le délai de livraison	- Être précis sur les délais et le point de départ : X jours de fabrication, départ-usine, livraison domicile… - Préciser si nécessaire la cadence de livraison, les pénalités de retard…
Les clauses relatives au prix et aux conditions de paiement	Le prix	- Montant en chiffres et lettres et devise de facturation. - Éventuellement, indexation sur un cours de change ou d'une matière…
	Les modalités de paiement	- Mode, technique et délai de paiement. *Exemple : crédit documentaire irrévocable payable par virement à 60 jours date d'embarquement.*

Les clauses relatives au transfert de propriété	La clause de transfert de propriété	- Le vendeur cherchera à négocier une clause de réserve de propriété lui permettant de récupérer les biens en cas de non-paiement. - De son côté, l'acheteur peut se prémunir contre la non-conformité de la marchandise en soumettant le paiement à la réception sans réserves de sa part. Ceci ne concerne pas les sinistres dus au transport.
Les clauses relatives à la garantie et à la responsabilité du vendeur	Le service après-vente (SAV)	- Conditions de mise en service du matériel, la garantie, les conditions du SAV… - L'acheteur peut négocier un pourcentage de remise correspondant au taux moyen de marchandises défectueuses, ou un pourcentage de marchandises et emballages gratuits pour assurer localement le SAV…
Les clauses juridiques	La clause attributive de juridiction et droit applicable	- Négocier le droit applicable en cas de conflit et la juridiction compétente (tribunal de…), à moins de soumettre les différends à l'arbitrage international (recours à des arbitres privés choisis par les parties). - Possibilité de préciser que « toute question relative à l'exécution de ce contrat, qui ne serait pas expressément ou implicitement traitée par les stipulations du contrat lui-même sera régie par la CVIM[1] de 1980 ».
	Diverses clauses juridiques	- Clauses d'exonération : force majeure… - Sanctions de l'inexécution des obligations… - Procédure en cas de non-conformité des produits ou produits défectueux. - Clauses de résolution du contrat. - Versements de dommages et intérêts.
Les clauses particulières	Spécificités	- Exigences documentaires (documents et informations pour douane import et ICS[2], visas, mentions sur factures…). - Inspection avant expédition. - Exigences en matière de certification (ISO, OEA[3]…). - Autres…

---

1. CVIM : Convention des Nations Unies sur les Contrats de Vente Internationale de Marchandises (Convention de Vienne de 1980).
   Texte intégral sur le site www.uncitral.org
2. ICS (Import Control System). Voir chapitre Douane.
3. OEA : Opérateur Économique Agréé (Voir chapitre Douane).

Ces éléments contractuels peuvent être utilisés par l'acheteur pour élaborer ses conditions générales d'achat (CGA). Celles-ci peuvent être portées au dos de son bon de commande, de préférence en bilingue français-anglais, afin de sécuriser l'opposabilité à l'égard du vendeur.

BON À SAVOIR

La Chambre de Commerce Internationale[1] publie plusieurs contrats-modèles. Les opérations plus complexes méritent toutefois d'être présentées à des avocats ou des juristes internationaux, notamment les contrats de sous-traitance, les accords cadres et contrats OEM (*Original Equipment Manufacturer*)...

À RETENIR

- Il est essentiel de formaliser les conditions générales d'achat/vente pour réduire les risques de conflits.
- Plusieurs documents peuvent recevoir ces conditions :
  - Élaboré par les deux parties : le contrat de vente
  - Émis par le vendeur : l'offre commerciale – une facture *pro forma* – une facture commerciale
  - Émis par l'acheteur : le bon de commande
- En dehors d'un contrat en bonne et due forme, l'acheteur doit faire accepter par écrit ses conditions d'achat... si tant est qu'il soit en position de force !

---

1. ICC : www.iccwbo.org ou *via* la librairie du commerce international : www.ubifrance.fr

Chapitre 6

Négocier les règles Incoterms®

1 QU'EST-CE QU'UN INCOTERM® ?

Incoterm® : contraction d'**IN**ternational **CO**mmercial **TERM**. Il s'agit de conditions de vente liées à l'acheminement de la marchandise. Les Incoterms® sont à l'international ce que les « franco de port » ou « port dû » sont ou... étaient au national. Ils sont un élément incontournable du contrat de vente/achat international de marchandises. En effet, bien qu'ils ne soient pas obligatoires, il est inconcevable à l'export ou à l'import de fixer un prix sans l'associer à un Incoterm®, dans la mesure où l'acheteur n'achète pas seulement une « marchandise », mais une « marchandise rendue à un lieu convenu », que cette marchandise vienne du Canada (hors CE) ou d'Allemagne.

Les Incoterms® sont régis par la Chambre de Commerce Internationale (ICC) et sont révisés environ tous les dix ans. En 2011, une nouvelle version est entrée en vigueur, les Incoterms® 2010, dont le texte officiel est publié dans la brochure n° 715 de l'ICC qui détaille, pour chaque Incoterm®, la répartition des obligations entre vendeur et acheteur.

BON À SAVOIR

Si la Chambre de Commerce Internationale parle de « vendeur » et d'« acheteur », les Incoterms® s'appliquent également aux échanges sans paiement de marchandises (échantillons, bien confiés pour réparation ou sous-traitance...)

2 QUE DÉFINIT UN INCOTERM® ?

- **Le point de transfert des frais** : répartition des frais de transport, assurance et douanes (le cas échéant) entre vendeur et acheteur.
- **Le point de transfert des risques** : à partir de quel lieu l'acheteur est responsable des risques encourus par la marchandise durant le transport.

• **Les documents** (ou données informatiques équivalentes) dus par le vendeur à l'acheteur.

BON À SAVOIR

L'emballage des marchandises pour le transport international est toujours à la charge du vendeur, sauf usage contraire de la profession. Il doit être adapté au voyage prévu. Ainsi, si l'acheteur organise le transport, il doit informer le vendeur du mode de transport qui sera utilisé. Si le client exige un emballage plus élaboré, le vendeur est en droit de répercuter le surcoût sur son prix de vente.

3 Que ne définit pas un Incoterm® ?

• **Le point de transfert de propriété**. En effet, il est possible d'acheter EX-Works (départ usine) avec un paiement à 60 jours date de facture, associé à une clause de réserve de propriété stipulant que l'acheteur ne sera propriétaire de la marchandise qu'à l'issue du paiement intégral de celle-ci. EX-Works permet à l'acheteur d'avoir la possession matérielle de la marchandise dès la sortie d'usine, mais pas la propriété sur le plan juridique.

À noter que certaines entreprises utilisent le point de transfert des risques des Incoterms® pour déterminer à quel moment elles enregistrent le chiffre d'affaires ou l'achat dans leurs comptes.

4 Comment sont classés les Incoterms® ?

Les Incoterms® se présentent sous forme de codifications de trois lettres et sont classés en 2 catégories :

Tableau 7 : Les Incoterms® multimodaux :

Sigle	Traduction
EXW	EX-Works *À l'usine*
FCA	Free-CArrier *Franco-transporteur*
CPT	Carriage Paid To *Port payé jusqu'à*
CIP	Carriage Insurance Paid to *Port payé, assurance comprise jusqu'à*

DAT	Delivered At Terminal
	Rendu au Terminal
DAP	Delivered At Place
	Rendu au lieu de destination
DDP	Delivered Duty Paid
	Rendu droits acquittés

Tableau 8 : Les Incoterms® maritimes :

Sigle	Traduction
FAS	Free Alongside Ship
	Franco le long du navire
FOB	Free On Board
	Franco à Bord
CFR	Cost and Freight
	Coût et Fret
CIF	Cost, Insurance, Freight
	Coût, Assurance et Fret

Bien que l'ICC ne fasse plus clairement cette distinction dans l'ouvrage officiel, nous pouvons également répartir les Incoterms® selon le point de transfert des risques :

- **VD : vente au départ** : la marchandise voyage, sur le transport principal, aux risques et périls de l'acheteur. C'est le cas des Incoterms® des groupes E/F/C. En cas de sinistre durant le transport, l'acheteur doit payer la facture du fournisseur et faire le nécessaire auprès de la compagnie d'assurances pour obtenir le remboursement des marchandises manquantes ou abîmées… encore faut-il qu'il ait souscrit une assurance-transport, sinon, il s'en remettra à la responsabilité contractuelle du transporteur. Voir à ce sujet les chapitres « Faire acheminer la marchandise » et « Choisir une assurance-transport ».

- **VA : vente à l'arrivée** : la marchandise voyage, sur le transport principal, aux risques et périls du vendeur. C'est le cas des Incoterms® du groupe D. En cas de sinistre durant le transport, le vendeur devra faire le nécessaire auprès de la compagnie d'assurances ou du transporteur. Le client ne paie au vendeur que la marchandise en bon état, le vendeur se chargeant d'obtenir le remboursement du sinistre.

ATTENTION

Les Incoterms® ne règlent pas les litiges commerciaux liés à la non-conformité des marchandises à la commande. Ils ne règlent pas non plus la rupture du contrat : client ne venant pas chercher la marchandise à l'usine dans une vente EX-Works par exemple...

5 LES INNOVATIONS DES INCOTERMS® 2010

13 Règles Incoterms® 2000	11 Règles Incoterms® 2010
EXW (ex-works)	EXW (ex-works)
FAS (free alongside ship)	FAS (free alongside ship)
FCA (free carrier)	FCA (free carrier)
FOB (free on board)	FOB (free on board)
CFR (cost and freight)	CFR (cost and freight)
CPT (carriage paid to)	CPT (carriage paid to)
CIF (cost insurance and freight paid to)	CIF (cost insurance and freight paid to)
CIP (carriage insurance paid to)	CIP (carriage insurance paid to)
~~DEQ (delivered ex-quay)~~	DAT (delivered at terminal)
~~DAF (delivered at frontier)~~	DAP (delivered at place)
~~DES (delivered ex-ship)~~	
~~DDU (delivered duties unpaid)~~	
DDP (delivered duties paid)	DDP (delivered duties paid)

Par rapport à la version 2000, les règles Incoterms® 2010 prennent en compte :

- Les nouvelles obligations à des fins de sûreté/sécurité : celui qui réalise les opérations douanières (lorsqu'applicables) se charge de fournir les informations pour le contrôle sécuritaire. Si l'autre partie est mieux placée pour obtenir les informations, elle apportera son concours aux frais et risques de celui qui doit les fournir.

- L'évolution des procédures électroniques : possibilité de télétransmettre les documents originaux avec l'accord de l'acheteur ou si tel est l'usage.

- Les nouvelles règles en matière de couverture d'assurance-transport : les *Revised Institute Cargo Clauses* de 2009. Trois niveaux de couverture : A (tous risques) – B (avaries particulières) – C (avaries communes). En vente CIF/CIP, le vendeur a obligation de couvrir au minimum au niveau C et pour 110 % de la valeur facturée.

Cette version 2010 est également l'occasion d'apporter d'autres innovations ou des confirmations attendues :

- Les Incoterms® font désormais référence aux formalités douanières… lorsqu'applicables, c'est-à-dire lorsque passage en frontière il y a. Ils sont ainsi plus aisés de les utiliser dans les échanges intra-communautaires, voire même nationaux. C'est la raison pour laquelle les États-Unis ont décidé d'utiliser les Incoterms® 2010 de l'ICC pour remplacer leurs fameux « FOB's américains ».

- La notion du passage du bastingage pour le transport maritime est (enfin) abandonnée ! Les transferts des frais et des risques se situent en toute logique une fois la marchandise « à bord navire ».

- EX-Works devient l'obligation minimum dans les échanges « domestiques », c'est-à-dire les zones où il n'y a pas de formalités douanières (ventes nationales et intra-communautaires). Le vendeur doit juste mettre les marchandises à disposition. S'il souhaite charger le véhicule départ, le FCA est plus approprié.

- FCA « locaux de vendeur » devient l'obligation minimum dans les échanges internationaux : chargé à bord du véhicule d'enlèvement et douanes export faites (si applicables).

- L'emballage est toujours à la charge du vendeur. Il s'agit de choisir un emballage extérieur qui supportera le mode de transport utilisé.

- À chaque cotation, en dehors du DAT qui prévoit le déchargement, demander au prestataire ce que comprend le fret. Court-il de « bord à bord » ? De « bord à quai » ? De « quai à quai » ? De « terminal in-terminal out » ? Si les frais de déchargement n'ont pas été annoncés et acceptés par l'acheteur, le vendeur ne peut pas les répercuter.

- Chaque Incoterm® définit quelles informations chaque partie doit notifier à son partenaire. Le défaut d'information de l'un mettrait à sa charge les frais et risques logistiques générés par cette situation.

- Toute distance prise par rapport à l'Incoterm® de base est possible mais doit être clairement notifiée dans les conditions de vente ou dans le contrat. Exemples : CIP avec assurance complémentaire, CPT déchargé, DDP sans TVA…

6 Les Incoterms® multimodaux à la loupe

Le tableau ci-après permet de visualiser les points de transfert des frais et des risques pour chaque Incoterm® multimodal, en mettant en évidence les étapes qui incombent à chacune des parties.

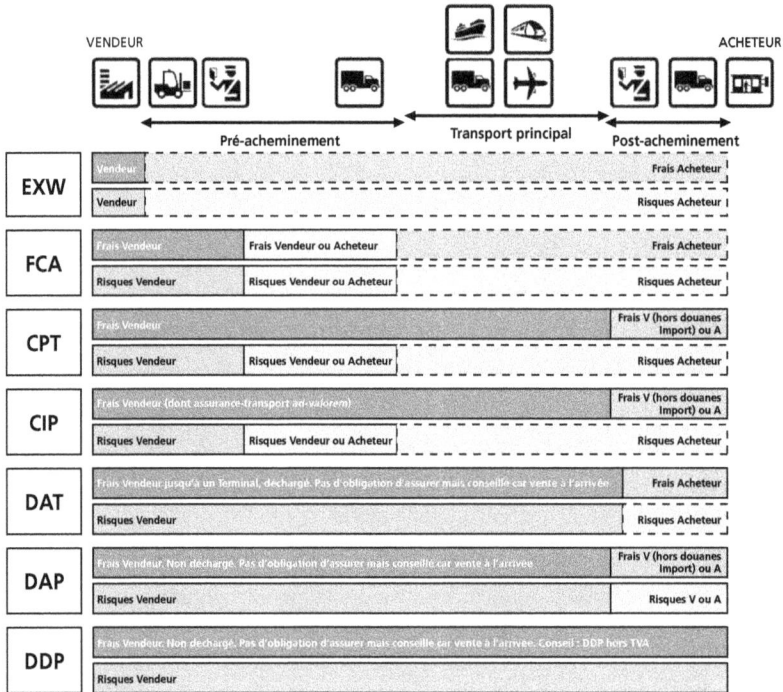

Figure 1 : Points de transfert des frais et risques des Incoterms® multimodaux

Transfert des frais : ce que le vendeur/exportateur doit organiser et avancer en termes de frais.
Transfert des risques : jusqu'où le vendeur/exportateur est responsable des risques que court la marchandise durant le transport.

Exemple

Import du Japon : « DAT Port du Havre, Terminal n° 3585 »

Le vendeur japonais organise et avance les frais de transport jusqu'au port du Havre, douane Export faite, marchandises non dédouanées à l'import en France, mais déchargées dans les entrepôts portuaires désignés.

Le vendeur n'a pas l'obligation de prendre une assurance. Néanmoins, la marchandise voyage aux risques et périls du vendeur. Ce dernier doit transmettre toute information au client lui permettant de récupérer la marchandise au terminal.

Avantages pour l'acheteur	Inconvénients pour l'acheteur	Commentaires
Ex-Works : départ usine ou autre lieu situé dans le pays exportateur		
La maîtrise du transport de bout en bout. L'acheteur a donc « la main » sur les prestataires, les délais, les coûts.	L'organisation du transport au départ d'un pays étranger et les risques afférents lui incombent. Notamment, chargement sur véhicule départ et douane export le cas échéant.	À réserver aux échanges intra-communautaires et lorsque le chauffeur peut charger la marchandise dans le véhicule. Nécessité de disposer de ressources en interne pour l'achat transport et assurance. Travailler avec des organisateurs de transport disposant de correspondants fiables dans le pays d'exportation. L'acheteur décidera ou non de souscrire une assurance-transport *ad-valorem*.
FCA : marchandises remises au transporteur dans le pays de l'exportateur		
L'acheteur demande à son fournisseur de remettre la marchandise au correspondant de son transitaire situé dans le pays exportateur (exemple FCA Hong-Kong Airport), ou bien de la charger à bord du véhicule affrété par l'acheteur (FCA à l'usine). L'acheteur maîtrise le transport de bout en bout ou bien au départ du pays vendeur, tout en laissant le chargement sur véhicule et la douane export éventuelle au vendeur.	L'acheteur doit organiser le transport dans un pays étranger.	Nécessité de disposer de ressources en interne pour l'achat transport et assurance. Travailler avec des organisateurs de transport disposant de correspondants fiables dans le pays d'exportation.

Avantages pour l'acheteur	Inconvénients pour l'acheteur	Commentaires
L'acheteur peut ainsi organiser des groupages au départ du pays exportateur, avec l'aide de son commissionnaire de transport.		L'acheteur décidera ou non de souscrire une assurance-transport *ad-valorem*. Voir chapitre « Choisir une assurance-transport ».
CPT : transport payé jusqu'à un lieu convenu dans le pays de l'acheteur		
L'acheteur qui n'a pas de structure import appréciera cette livraison à un point situé dans son pays ou en Union européenne.	Bien que le fournisseur prenne en charge le transport principal, il n'est pas responsable des risques encourus par la marchandise durant le transport international (vente au départ).	L'acheteur décidera ou non de souscrire une assurance-transport *ad-valorem*. Comparer les offres rendues en F et en C pour s'assurer que le vendeur est mieux placé que l'acheteur en matière de transport.
CIP : transport payé jusqu'à un lieu convenu dans le pays de l'acheteur, assurance *ad-valorem* comprise		
Idem ci-dessus. De plus, le vendeur souscrit une assurance-transport pour le compte de l'acheteur, qui couvre généralement 110 % de la valeur CIP.	En cas de sinistre durant le transport, c'est l'acheteur qui devra se charger de la réclamation auprès de la compagnie d'assurance afin d'obtenir le remboursement du sinistre (vente au départ). Il se doit de régler le fournisseur.	L'acheteur veillera à récupérer l'original du certificat ou de la police d'assurance auprès de son fournisseur. Exiger une assurance de niveau A (tous risques).
DAT : transport et risques pris par le vendeur jusqu'à un terminal portuaire d'arrivée, aéroportuaire, plateforme multimodale… marchandises déchargées du moyen de transport		
Une grande partie du transport principal peut être prise en charge par le vendeur, laissant à la charge de l'acheteur un trajet mieux maîtrisé par ce dernier (livraison dans son pays par exemple). La marchandise voyage aux risques du vendeur jusqu'à ce point.	Le vendeur négocie-t-il les coûts de transport au mieux des intérêts de l'acheteur, notamment ceux liés au placement au terminal, généralement dans le pays acheteur ?	L'acheteur doit obtenir toute précision quant à la date et au lieu exact de dépôt des marchandises afin de pouvoir les récupérer sans encombre.

Avantages pour l'acheteur	Inconvénients pour l'acheteur	Commentaires
DAP : transport et risques pris par le vendeur jusqu'à un lieu convenu à destination, port ou aéroport d'arrivée, frontière, locaux de l'acheteur, marchandises non déchargées du moyen de transport		
L'acheteur qui n'a pas de structure import appréciera cette livraison à un point situé à proximité de son entreprise voire même à domicile. Seules les formalités douanières import sont à sa charge si le vendeur est hors UE. Comme tout Incoterm® D, le vendeur est responsable des risques encourus par la marchandise durant le transport jusqu'au lieu convenu. En cas de sinistre, c'est le vendeur qui fera le nécessaire pour obtenir le remboursement. L'acheteur ne paie que les marchandises reçues en bon état.	L'acheteur ne maîtrise pas la chaîne transport (qualité du service, délai, coût…). Pour le fournisseur, il s'agit de prendre en charge la quasi-totalité des frais et risques de la chaîne transport. Il peut être tenté de prendre une marge sur cette prestation ou de ne pas négocier les coûts de transport au mieux des intérêts de l'acheteur.	L'acheteur ne doit pas hésiter à demander des offres selon plusieurs Incoterms® afin de comparer ses coûts de transport avec ceux de son vendeur.
DDP : rendu dédouané à l'import, lieu de destination convenu. Généralement, dans les locaux de l'acheteur		
L'acheteur qui n'a pas de structure import appréciera cette livraison à domicile, marchandises dédouanées par le vendeur si hors UE. Même commentaire que ci-dessus concernant la couverture des risques.	Idem ci-dessus. Il convient de s'assurer que le vendeur sera en mesure de fournir tous les documents nécessaires au dédouanement import le cas échéant et de remplir les formalités dans les règles de l'art. Attention notamment aux nouvelles exigences sécuritaires (voir chapitre « Douanes »).	L'acheteur doit prêter assistance au vendeur afin de garantir la bonne réalisation des opérations douanières Import (documents, autorisations, informations à des fins de sûreté/sécurité…). Assistance aux frais et risques du vendeur. Le vendeur préférera la variante « DDP hors TVA française » dans la mesure où l'acheteur a plus de facilité pour récupérer la TVA sur cet achat, en tant qu'entreprise assujettie à la TVA locale.

EXEMPLE

Un fabricant français de vêtements masculins importe des tissus du Sri Lanka en DDP entrepôts Lyon. S'agissant d'une PME ne disposant pas de structure import, le choix du DDP était dicté par la volonté de... ne s'occuper de rien sur les plans logistique et douane, persuadé que son fournisseur sri-lankais ferait les choses dans les règles de l'art. Il n'en fut rien : partant du principe qu'il répercuterait tous les frais engagés, le fournisseur embarqua sur le premier navire disponible (la compagnie maritime la plus chère), ne prit pas le temps d'obtenir le certificat d'origine spécifique au Sri Lanka permettant au français d'être exonéré de droits de douane et, en l'absence de représentation fiscale en France, ne s'acquitta pas de la TVA à l'import. De plus, il fit porter l'entreprise française en tant qu'importateur dans la déclaration douanière. C'est ainsi que l'importateur paya sa marchandise plus cher que prévu et se retrouva en situation de « fraude fiscale » vis-à-vis de la TVA à l'import, persuadé que son fournisseur l'avait payée. En conclusion, laissons à chaque partie le soin de « faire sa douane » !

---

7 LES INCOTERMS® MARITIMES À LA LOUPE

Les Incoterms® maritimes sont à utiliser exclusivement pour le transport, par mer ou par voies navigables intérieures, du fret conventionnel, c'est-à-dire vrac non conteneurisé et remis à la compagnie maritime le long ou à bord du navire. Pour les conteneurs, unités de transport multimodal, il convient d'utiliser les Incoterms® multimodaux.

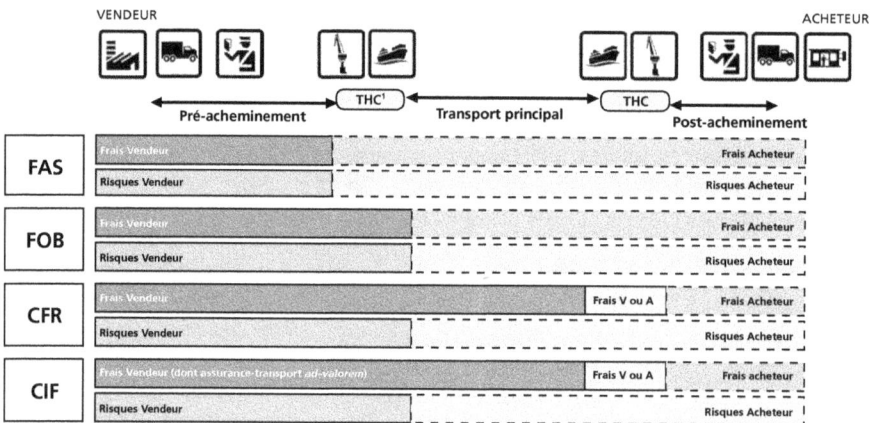

Figure 2 : Points de transfert des frais et risques des Incoterms® maritimes

---

1. *Terminal Handling Charges.*

Transfert des frais : ce que le vendeur/exportateur doit organiser et avancer en termes de frais.
Transfert des risques : jusqu'où le vendeur/exportateur est responsable des risques que court la marchandise durant le transport.

EXEMPLE

Import du Chili : « CIF Anvers au départ de Valparaiso »

Le vendeur chilien organise et avance les frais de transport, assurance-transport comprise, jusqu'au port du Havre, marchandises à bord navire (ou déchargées si prévu dans le contrat de transport et accepté par le client), mais non dédouanées à l'import en Union européenne. En revanche, il ne prend pas les risques que court la marchandise durant le transport à partir du port d'embarquement à Valparaiso. En cas de sinistre-transport, l'acheteur fera jouer l'assurance prise par le vendeur afin de se faire rembourser.

Avantages pour l'acheteur	Inconvénients pour l'acheteur	Commentaires
FAS franco le long du navire au port d'embarquement convenu, dans le pays exportateur		
L'acheteur prend en charge la marchandise, déjà dédouanée à l'export, le long du navire au port d'embarquement. Cet Incoterm® est très pratique à l'importation de vrac, matières premières, machines hors gabarit…	Risque d'une longue immobilisation de la marchandise au port, entre son arrivée au port et son embarquement sur le navire, aux frais de l'acheteur.	L'acheteur doit communiquer à son fournisseur : nom du navire, compagnie maritime, port, dates prévues d'arrivée et de départ du navire, n° du quai. L'acheteur choisira un commissionnaire de transport qui dispose de correspondants fiables dans le pays exportateur.
FOB franco à bord du navire au port d'embarquement convenu dans le pays exportateur		
L'acheteur prend en charge la marchandise, déjà dédouanée à l'export, à bord du navire.	Il réserve la place sur le navire mais ne maîtrise pas le chargement à bord.	Cet Incoterm® n'est pas des plus confortables pour le vendeur qui a rempli son obligation lorsqu'il a chargé à bord d'un navire réservé par son acheteur.

Avantages pour l'acheteur	Inconvénients pour l'acheteur	Commentaires
		L'objectif de l'ICC est de remplacer le FOB par le FCA pour une meilleure cohérence avec la réalité des contrats de transport qui incluent de plus en plus les frais de chargement dans le fret international.
CFR coût et fret port de destination convenu		
L'acheteur qui n'a pas de structure import appréciera cette livraison à un port français ou européen. Le déchargement ou non au port sera fonction du contrat de transport négocié.	Bien que le fournisseur prenne en charge le transport principal, il n'est pas responsable des risques encourus par la marchandise durant le transport international (vente au départ). L'acheteur ne maîtrise pas le transport principal et par voie de conséquence, ni les coûts, ni les délais.	L'acheteur décidera ou non de souscrire une assurance-transport *ad-valorem*. Néanmoins, les risques d'avaries étant accrus en maritime, cette assurance est fortement conseillée. L'acheteur aura intérêt à comparer les offres en F et en C afin de vérifier qui est le mieux placé en termes de transport.
CIF coût assurance et fret port de destination convenu		
Idem ci-dessus. De plus, le vendeur souscrit une assurance-transport pour le compte de l'acheteur qui couvre généralement 110 % de la valeur CIF.	Idem ci-dessus. En cas de sinistre durant le transport, c'est l'acheteur qui devra se charger de la réclamation auprès de la compagnie d'assurances afin d'obtenir le remboursement du sinistre (vente au départ).	Idem ci-dessus. L'acheteur veillera à récupérer l'original du certificat ou de la police d'assurance auprès de son fournisseur. Sans préjuger de la qualité des assurances étrangères, l'acheteur aura peut-être intérêt à acheter CFR et souscrire lui-même une assurance auprès d'un assureur dans son pays.

8 QUELQUES PRÉCISIONS ET CONSEILS SUPPLÉMENTAIRES

- Ne pas oublier de négocier le point exact de transfert des frais et de le stipuler après l'Incoterm®. Exemples à l'import : EXW usine à Canton, FOB Miami port, DAP entrepôts de Mâcon. Sinon, c'est le vendeur qui choisira le lieu qui lui convient le mieux.

- Dans l'offre, le contrat, la commande, la facture… faire systématiquement référence aux Incoterms® en vigueur. Exemple : *FCA Hong-Kong Airport Incoterms® 2010*. En effet, les Incoterms® sont des outils fort appréciables pour les commerçants internationaux, mais n'ont pas force de loi tant que les parties ne décident pas de les utiliser.

- L'engagement du fournisseur en termes de délai est généralement lié au lieu convenu de remise des marchandises, c'est-à-dire le point de transfert des frais. Exemples : dans le FCA New York airport, le vendeur s'engage à remettre les marchandises à New York à la date convenue ; dans un DAP chez le client à Lyon, les marchandises doivent arriver chez le client à la date convenue. En revanche, pour les Incoterms® C (CFR, CIF, CPT et CIP), seuls Incoterms® où les points de transfert des risques et des frais ne coïncident pas, le fournisseur s'engage à remettre la marchandise au départ de son pays, mais ne s'engage pas sur une date d'arrivée dans le pays client.

EXEMPLE

En achetant CIF le Havre une marchandise embarquée à Buenos Aires, le vendeur s'engage à charger à Buenos Aires à bord d'un navire en partance pour le Havre. Tout sinistre ou aléa survenant après le chargement, incombera à l'acheteur. Exemple : les conséquences d'une grève au port du Havre.

---

9 LE PRIX D'ACHAT DIFFÈRE SELON L'INCOTERM®

Moins le vendeur s'implique dans la chaîne logistique, moins sa facture est élevée, mais plus l'acheteur a du travail et des factures complémentaires de transport à payer (voir tableaux suivants) !

Par voie de conséquence plus le vendeur va loin dans la prestation logistique, plus la facture s'en ressentira puisque le vendeur veillera à répercuter les frais de transport, assurance et douane qu'il aura pris en charge, en les majorant parfois. Exceptionnellement, le vendeur n'en fera rien, soit parce qu'il dispose d'une marge conséquente et qu'il « offre » la prestation transport/douane à son client, soit parce que la part du transport dans son prix de vente est très faible.

Même si les frais avancés par le fournisseur sont répercutés sur le prix de vente, l'acheteur peut préférer lui laisser ces aspects logistiques pour des raisons de coûts, lorsque le fournisseur est mieux placé que l'acheteur vis-à-vis des prestataires du transport ; ou bien pour des raisons organisationnelles : l'entreprise importatrice ne dispose pas des ressources humaines suffisantes pour prendre en charge ces étapes de la chaîne import.

Autre argument qui séduit les acheteurs : négocier un prix d'achat sous un Incoterm® C ou D permet d'arrêter et d'intégrer la part transport/ assurance/ douane dans le prix pour une période donnée. L'acheteur échappe ainsi aux fréquentes fluctuations du fret international.

Toutefois, force est de constater que, compte tenu de ces fréquentes fluctuations des coûts de transport, nombreux sont désormais les exportateurs qui refusent de courir ce risque. Les vendeurs proposent ainsi un prix de base FCA usine ou FCA Terminal départ et répercuteront à l'identique les frais logistiques aux importateurs qui demandent une prestation supplémentaire, telle qu'un CIP port d'arrivée ou un DAP usine destinataire.

CONSEIL

L'acheteur ne doit pas hésiter à demander des devis selon plusieurs Incoterms®, afin de comparer par exemple une offre rendue FCA aéroport Hong-Kong (à laquelle il devra ajouter la facture transport pour le trajet Hong-Kong/entrepôt destinataire) avec une offre rendue CIP Roissy-CDG (à laquelle il aura juste à rajouter le trajet Roissy/usine destinataire).

Tableau 9 : Tableau de répartion des frais des Incoterms® multimodaux
(V = vendeur   A = acheteur)

Incoterm	Emballage	Chargement sur véhicule départ	Douanes Export et sécurité[1]	Pré-acheminement	Déchargement véhicule à plateforme multimodale départ	Chargement sur moyen de transport principal	Transport principal (international)	Assurance-transport	Déchargement plateforme arrivée	Douanes Import et sécurité[1]	Post-acheminement	Déchargement entrepôts destinataire
EXW... départ usine	V	A	A	A	A	A	A	A^2	A	A	A	A
FCA... franco transporteur ou franco locaux du vendeur	V	V	V	V sauf si FCA locaux du V	A	A	A	A^2	A	A	A	A
CPT... port payé jusqu'à	V	V	V	V	V	V	V	A^2	A ou V^3	A	A ou V^4	A
CIP... port payé, assurance comprise, jusqu'à	V	V	V	V	V	V	V	V	A ou V^3	A	A ou V^4	A
DAT... rendu au terminal	V	V	V	V	V	V	V	V^2	V	A	A	A
DAP... rendu au lieu de destination	V	V	V	V	V	V	V	V^2	A ou V^3	A	A ou V^4	A
DDP... rendu droits acquittés	V	V	V	V	V	V	V	V^2	A ou V^3	V^5	A ou V^4	A

1. Douane, si applicable.
2. Assurance-transport *ad-valorem* non obligatoire.
3. À l'arrivée des marchandises au lieu convenu, les frais de déchargement du véhicule d'arrivée restent à la charge de l'acheteur, sauf si inclus dans le contrat de transport, si demandé par l'acheteur, ou si livraison porte à porte.
4. Le vendeur peut livrer en porte à porte.
5. Le vendeur peut décider de ne pas prendre en charge la TVA étrangère = DDP without VAT.

Tableau 10 : Tableau de répartion des frais des Incoterms® maritimes
(V = vendeur   A = acheteur)

Incoterm	Emballage	Chargement sur véhicule départ	Pré-acheminement	Douanes Export et sécurité[1]	Embarquement sur navire	Transport maritime	Assurance-transport	Débarquement port d'arrivée	Douanes Import et sécurité[1]	Post-acheminement	Déchargement entrepôts destinataire
FAS... franco le long du navire	V	V	V	V	A	A	A[2]	A	A	A	A
FOB... franco à bord	V	V	V	V	V	A	A[2]	A	A	A	A
CFR... coût et fret	V	V	V	V	V	V	A[2]	A ou V[3]	A	A	A
CIF... coût assurance et fret	V	V	V	V	V	V	V	A ou V[3]	A	A	A

1. Douane, si applicable.
2. Assurance-transport *ad-valorem* non obligatoire.
3. Le vendeur n'a pas d'obligation de décharger, sauf si prévu dans contrat de transport ou si demandé par l'acheteur.

10 Y A-T-IL UN INCOTERM® DE PRÉDILECTION POUR L'ACHETEUR ?

Sans vouloir conseiller systématiquement le FCA à l'achat, il est préférable, en tant qu'acheteur, de chercher à maîtriser le transport international. Ceci pour plusieurs raisons :

- maîtrise des coûts de transport, assurance, douane,
- maîtrise de l'information et du suivi de l'acheminement,
- meilleure emprise sur les délais et les prestations.

Le fait est que le vendeur aussi peut souhaiter maîtriser le transport. Dans ce cas, la recherche d'un compromis s'impose. Pour sélectionner l'Incoterm® le plus approprié, vendeur et acheteur se poseront les questions suivantes :

- Qui **veut** maîtriser le transport ? Pour des raisons économiques notamment.
- Qui **peut** maîtriser le transport ? Celui qui dispose de personnel compétent à l'international.
- Qui **a intérêt** à maîtriser le transport ? Une portion du trajet dans un pays à risque sera de préférence laissée à la charge du partenaire local. De même qu'il est préférable de laisser à chaque partie le soin de « faire sa douane ».
- Qui **accepte** de courir les risques durant le transport international ? Dilemme : personne ne veut s'en occuper ! Si l'acheteur trouve les ventes à l'arrivée (Incoterms® D) très confortables, le vendeur préfère de loin s'arrêter aux Incoterms® F et C. À négocier !

CONSEIL

Avec les Incoterms® C : pour éviter le litige commercial ou la mauvaise compréhension de cette règle, il est possible de faire indiquer par le vendeur, en plus du lieu de transfert des frais, le lieu du transfert des risques. Exemple : CIP Anvers port (*via* New York Port).

EXEMPLE

Offre commerciale selon différents Incoterms®

Concerne :

- Importation de 10 colis d'appareils photographiques jetables.
- 150 kg – 2 m³ 500.

- Provenance : Hong-Kong.
- Destinataire : importateur à Lyon.
- Valeur marchandise EXW usine Hong-Kong : 5 000 €.
- Mode de transport : aérien.

L'acheteur qui souhaite comparer les tarifs de transport obtenus par son fournisseur avec ceux consentis par ses propres prestataires locaux peut demander une offre selon plusieurs Incoterms®.

EXW usine Hong-Kong		5 000,00 €
Enlèvement marchandise et présentation à la compagnie aérienne	100,00 €	
Douanes Export de Hong-Kong	50,00 €	
Valeur rendue FCA Hong-Kong airport		5 150,00 €
Fret aérien	350,00 €	
CPT aéroport Lyon		5 500,00 €
Assurance *ad-valorem* : 0,40 % de la valeur CIP Lyon[1] majorée de 10 %	24,31 €	
CIP aéroport Lyon		5 524,31 €
Droits de douane en vigueur sur les produits concernés : 4,2 %, à calculer sur la valeur CIP Lyon et arrondis à l'euro près	232,00 €	
Formalités douanes import en France	70 €	
Déchargement et livraison à Lyon	180 €	
TVA à 19,6 % applicable sur l'ensemble de l'opération : marchandises, transport, assurance et douanes, soit une base d'imposition de 6 006,31 € HT (TVA arrondie à l'euro près)	1 177 €	
DDP Lyon chez le client		7 183,31 €

---

1. Calcul de la prime d'assurance à partir de la valeur CPT connue :
   CIP = CPT/[1 − (1,1 × taux assurance)]

Surcoût à partir du coût d'achat pour livraison à domicile dédouané avant TVA : 20,12 %. Précisons qu'il s'agit d'une commande d'essai dont le volume ne permet pas de négocier au mieux les tarifs. Par ailleurs, le fournisseur peut décider de prendre une marge sur le transport.

CONSEIL

En tant qu'acheteur, il est possible d'assurer ou de faire assurer la marchandise sur la totalité du transport. L'objectif est, qu'en cas de sinistre, l'acheteur soit remboursé sur la valeur de la marchandise, transport, prime d'assurance et droits de douane compris ; le tout majoré de 10 % selon la pratique en transport international.

Ainsi, en fonction de l'Incoterm® retenu, l'acheteur complétera l'assurance *ad-valorem* au-delà de l'obligation du vendeur. Dans le cas d'un achat FOB Miami par exemple, l'acheteur peut demander à son commissionnaire de transport de souscrire une assurance couvrant le trajet de « bord navire Miami » à « rendu domicile dédouané ».

À RETENIR

- 11 Incoterms® mis à notre disposition par l'*International Chamber of Commerce*.
- L'Incoterm® définit la répartition des frais et des risques entre vendeur et acheteur dans une opération de transport, notamment international.
- Frais… d'emballage, de transport, d'assurance, de formalités documentaires et douanières (le cas échéant).
- Risques… que court la marchandise durant le transport.
- L'Incoterm® est intimement lié au prix de vente, notamment export. Ainsi, le prix diffère selon l'Incoterm® utilisé.
- Il convient de le négocier en amont de la démarche d'achat international.
- Les documents commerciaux doivent faire référence aux règles Incoterms® 2010.
- Conteneurs remis au parc à conteneurs : Incoterms® multimodaux.
- Vrac et conventionnel remis le long ou à bord navire : Incoterms® maritimes.
- À chaque Incoterm®… un lieu précis. Sinon, le vendeur choisira l'endroit qui lui convient le mieux.
- Le négocier au mieux de ses intérêts : l'acheteur veut-il… peut-il… a-t-il intérêt à maîtriser l'opération de transport international ?
- De l'importance des informations que chaque partie doit à l'autre. À défaut, la partie défaillante prendrait à sa charge les risques et les surcoûts logistiques.
- Dans la mesure du possible, chercher à maîtriser la chaîne logistique : pour des raisons de meilleure maîtrise des coûts, des délais, des informations, des prestataires.

À VOUS DE JOUER !

Vous êtes l'acheteur

Qui paie quoi ?

1. Vous achetez FAS Hong-Kong. Qui établit les formalités de douane Export ?
2. Vous achetez CIP Lyon aéroport Saint Exupéry. Une grève des aiguilleurs du ciel oblige l'avion à se poser à Roissy-Charles-de-Gaulle. Qui doit prendre en charge le surcoût du transport Paris/Lyon ?
3. Vous importez DAT Entrepôts port de Fos-sur-Mer. Des colis arrivent abîmés au port. Qui doit faire le nécessaire auprès de la compagnie d'assurance ?
4. Vous importez des marchandises CPT port de Bordeaux. Devez-vous prendre une assurance-transport ?
5. Vous importez des marchandises DAP aéroport de Strasbourg en provenance de Reykjavik/Islande. Qui doit se charger des formalités de douane en France ?

Quel Incoterm® choisir ?

6. Vous avez plusieurs fournisseurs en Espagne et souhaitez optimiser le transport en organisant vous-même la collecte des marchandises aux usines.
7. Vous passez commande auprès de plusieurs fournisseurs américains. Vous leur demandez à chacun de livrer la marchandise chez votre transitaire aérien à Miami qui se chargera du groupage.
8. Vous importez des machines-outils de Corée du Sud. Vous souhaitez vous occuper de réceptionner la marchandise débarquée à Marseille. Le vendeur se charge de l'assurance.
9. Vous importez de l'aluminium en rouleaux d'Afrique du Sud. Vous demandez à votre fournisseur de livrer la marchandise dédouanée à bord navire Le Cap.
10. Vous importez par avion des cartes-mères pour ordinateurs, en provenance de Kobé à destination de Montpellier. Vous ne souhaitez vous charger que du dédouanement import et de la livraison en vos usines.

Réponses en fin d'ouvrage.

Chapitre 7

Faire acheminer la marchandise

Pas d'importation sans flux physique de marchandises (hormis, bien entendu, les achats de services ou d'immatériels).

À l'international, le transport est souvent perçu comme une prestation de service supplémentaire rendue par l'exportateur et « vendue avec la marchandise », du moins en partie, selon l'Incoterm® utilisé. Mais qu'il soit organisé par le vendeur ou par l'acheteur, le transport est une étape-clé de la chaîne import. Une étape qui peut représenter de 1… à 100 % de la valeur de la marchandise, voire au-delà !

Mais réussir l'acheminement des marchandises ne saurait reposer sur le seul choix du mode de transport. Il s'agit d'appréhender tous les éléments permettant d'aboutir à la meilleure solution-transport.

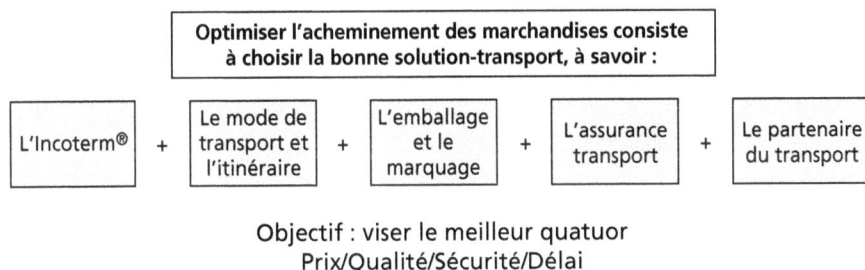

Optimiser l'acheminement des marchandises consiste à choisir la bonne solution-transport, à savoir :

| L'Incoterm® | + | Le mode de transport et l'itinéraire | + | L'emballage et le marquage | + | L'assurance transport | + | Le partenaire du transport |

Objectif : viser le meilleur quatuor
Prix/Qualité/Sécurité/Délai

Nous développons ces éléments dans les prochains chapitres. En premier lieu, et parallèlement à l'Incoterm®, le choix du mode de transport est la première des étapes qu'il est essentiel de soigner. En effet, les conséquences d'un mauvais choix de transport se traduisent toujours, au final, par des surcoûts financiers.

1 Quels sont les impacts du choix du transport ?

1.1 Impact sur les délais

Le vendeur communique généralement le délai de fabrication, de mise à disposition des marchandises à l'usine, au port ou à l'aéroport. Or, l'acheteur a besoin de connaître, au final, le délai de livraison dans ses locaux afin d'organiser la réception. Si besoin, il doit pouvoir localiser la marchandise au cours des différentes étapes. En fonction de l'Incoterm® d'achat, il se renseignera sur les délais des différentes étapes du transport :

Exportateur					Importateur
Pré-acheminement pays fournisseur	Passage douanes export	Transport international	Passage douanes import	Post-acheminement pays acheteur	

Les délais sont bien entendu fonction de la distance à parcourir et du mode de transport. Ils ont un impact direct sur les coûts : plus les délais sont courts, plus le prix du transport est élevé. Or, certaines marchandises s'accommodent mal de délais trop longs (marchandises attractives, périssables, rapidement obsolètes…). Pour choisir entre maritime et aérien, il faut comparer les délais de bout en bout. Si le temps de vol est en lui-même court, le délai de livraison s'alourdit lorsqu'il s'agit d'intégrer les pré et post-acheminements.

Voir chapitre « Travailler avec les partenaires du transport ».

EXEMPLE

Ainsi, une marchandise remise par le fournisseur un vendredi à l'aéroport de New York pour être embarquée sur un vol de groupage du dimanche, arrivant lundi en France, sera vraisemblablement dédouanée mardi, pour livraison à l'usine au mieux mardi, voire mercredi. Soit un délai de bout en bout entre 4 et 5 jours, sous réserve de non-blocage à l'aéroport de départ pour des motifs de sûreté du fret, ou de non-blocage lors du passage en douanes d'arrivée pour des questions de réglementation douanière, et sous réserve de desserte facile du lieu de destination.

Ce délai est à comparer avec le transport maritime. Les meilleures compagnies proposent un *transit time* de 7 jours entre New York et Le Havre, soit environ 12 jours de bout en bout. Les différences de prix et délais sont-elles proportionnelles ? Le choix de l'aérien est-il vraiment justifié dans ce cas ? Seul l'acheteur pourra l'évaluer en fonction de l'opération à réaliser et de ses contraintes. Le choix d'un bon partenaire transport permettra par ailleurs de réduire les aléas et sécuriser les délais.

1.2 Impact sur le stock

Des délais de transport longs = commandes de plus grande envergure pour éviter la rupture de stock.

☺	☹
- Des commandes volumineuses permettent de négocier au mieux le prix d'achat des marchandises et du fret. - Moins de commandes à gérer dans l'année. - Plus grande réactivité aux commandes urgentes ou de dépannage.	- Un stock qui dort coûte cher et peut être risqué (locaux, matériels, personnel, gardiennage, obsolescence des produits, risque de mévente...). - Les sorties de trésorerie sont plus importantes.

Des délais de transport courts = possibilité de commander plus fréquemment et en plus petite quantité.

☺	☹
- Économies de stockage. - Possibilité de travailler en flux tendus. - Les sorties de trésorerie pour payer le transport et le fournisseur sont plus fréquentes, mais moins importantes.	- En confiant des lots plus réduits, l'acheteur négociera moins facilement le prix du transport et risque de se voir appliquer les forfaits de transport minimum. - Coûts administratifs élevés : commandes fréquentes augmentant les frais de gestion.

À RETENIR

Il n'y a pas de solution de transport unique : à chaque importation sa réponse.

EXEMPLE

Une PME de la région lyonnaise qui importe des produits paramédicaux était, à ses débuts, contrainte au transport aérien alors qu'il représentait 30 % de la valeur de chaque commande. Motifs :

- Paiement d'avance imposé par ses fournisseurs asiatiques d'où une impossibilité d'acheter en quantité.
- Espace de stockage limité.
- Difficulté, au démarrage de l'activité, d'élaborer des prévisions de revente.

Après quelques mois d'activité, cette PME a enfin la possibilité de s'engager sur des quantités plus importantes. Ce qui a entraîné :

- Un prix d'achat plus intéressant.
- Une réduction de la part du transport sur la valeur des marchandises.
- La possibilité de négocier un paiement à réception de la marchandise couvert par une lettre de crédit stand-by (garantie bancaire). Les commissions bancaires étant compensées par une sortie de trésorerie retardée.

Voir chapitre « Payer les fournisseurs ».

En revanche, l'entreprise maintient le choix du transport aérien pour les raisons suivantes :

- Les délais de mer avec l'Asie sont relativement longs. Ils l'obligeraient à constituer des stocks trop importants et à élaborer des prévisions de vente à plus long terme.
- L'entreprise préfère la réactivité et la souplesse que lui procure le transport aérien, compensant largement un coût de transport plus élevé. Précisons que la marchandise est à forte valeur ajoutée et « peut s'offrir » l'avion.

1.3 Impact sur l'emballage et la sécurité de la marchandise

Les risques encourus par la marchandise en cours de transport varient en fonction :

- de la nature de la marchandise bien entendu,
- du mode de transport utilisé (air, mer, route, fluvial...),
- des modalités pratiques retenues (palettes, conteneur complet, groupage ou bien fret conventionnel, vrac...),
- du nombre et du lieu des ruptures de charge (transbordement, déchargement...),
- du délai de transport de bout en bout.

L'emballage est un moyen de protection de la marchandise contre les chocs, contre les aléas climatiques, chimiques, contre les vols. Il permet de faciliter la manutention et par conséquent d'en réduire les coûts. Il est d'autant plus cher qu'il est efficace. Mais il ne s'agit pas de sur-emballer. Il s'agit d'arbitrer entre coût et utilité.

> **ATTENTION**
>
> Le défaut d'emballage exonère transporteurs et assureurs. Ces derniers peuvent se dégager de leur responsabilité en apportant la preuve que les dommages ont été causés par un emballage ou un calage défectueux.

L'entreprise qui le souhaite peut externaliser l'étude et/ou l'emballage des marchandises à une société spécialisée qui s'en portera garante. Le cahier des charges peut être élaboré par le Syndicat des emballeurs industriels[1] et l'emballage certifié SEI. Il peut également s'appuyer sur des normes garantissant un emballage de qualité (normes ISO ou AFNOR). Le taux d'assurance-transport pourra ainsi être renégocié à la baisse.

L'opération de marquage est tout aussi importante dans la mesure où des colis mal marqués ont peu de chances d'arriver à destination. L'acheteur informera son fournisseur de la nature du marquage souhaité sur l'emballage destiné à la manutention et au transport. Il devra être :

* lisible,
* indélébile,
* suffisant : pictogrammes éventuels – nom de l'expéditeur – références de l'expédition – identification du colis – destination,
* bien placé,
* conforme aux réglementations du pays de destination,
* discret sur le contenu des colis,
* précis quant aux indications de colisage : colis 1/80, 2/80 etc., afin de faciliter l'identification du contenu en cas de sinistre transport.

Rappelons que l'emballage est toujours à la charge de l'exportateur, quel que soit l'Incoterm® utilisé, sauf usage contraire de la profession et pour

---

1. Voir les coordonnées du Syndicat de l'emballage industriel dans « adresses utiles » en fin d'ouvrage.

autant que les conditions de transport aient été communiquées par l'acheteur au vendeur avant la conclusion du contrat de vente. Tout niveau d'exigences supérieur en matière d'emballage et de marquage doit faire l'objet d'instructions précises au moment de la négociation du prix.

Le type d'emballage et la nature du marquage peuvent être imposés par la nature de la marchandise. C'est le cas notamment des marchandises dangereuses où le modèle, le matériau et la capacité des contenants mais aussi le marquage et la documentation accompagnant la marchandise sont réglementées.

BON À SAVOIR

Une norme internationale (NIMP n° 15), relative à la réglementation des matériaux d'emballages à base de bois brut a été adoptée. L'objectif de cette norme est de permettre de réduire de façon significative la dissémination éventuelle d'organismes nuisibles. Cette norme est déjà appliquée par 64 pays dont l'Union européenne (pour les importations des pays tiers sauf Suisse et les échanges de certains bois avec le Portugal). C'est ainsi que les palettes, le bois de calage, les caisses, les planches d'emballage notamment, constitués en tout ou partie de bois brut de conifères ou de feuillus, et d'une épaisseur supérieure à 6 mm doivent être soumis à un traitement thermique et pourvus d'une marque approuvée par la norme. Pour plus d'infos : www.agriculture.gouv.fr

Il est nécessaire par ailleurs de différencier l'emballage pour les besoins :

- du transport (conteneur à température dirigée par exemple),
- de la manutention et de l'entreposage (palettes, cartons avec marquages adéquats tels que « fragile » et contenant des produits permettant leur conservation),
- de leur utilisation dans le processus de production (emballages réutilisables par exemple),
- de la commercialisation (conditionnés prêts à être mis en rayon).

EXEMPLE

Lors d'une nouvelle importation, la conception de l'emballage n'est pas toujours aisée et requiert de visualiser l'ensemble de la chaîne logistique, de porte à porte. C'est souvent avec l'expérience des premières opérations qu'est défini l'emballage.

Voici trois exemples cocasses :

1. Un fabricant de jouets importait des puces électroniques, produisant son et lumière, destinées à être incorporées dans des véhicules miniatures. Les premières puces, d'une capacité de 5000 sons, ne supportaient pas les turbulences de l'avion et arrivaient pour la plupart... muettes ! L'entreprise a bien entendu très vite augmenté la capacité des puces et revu l'emballage de telle sorte qu'il soit digne d'un transport d'œufs en porcelaine ! La valeur ajoutée des composants pouvait encore s'offrir un tel emballage.

2. Une entreprise de la région Rhône-Alpes importe des articles de jardin, en bois exotique et rotin, en provenance de plusieurs fournisseurs au Vietnam. L'emballage des articles a été conçu pour supporter un transport maritime de 10 000 km en conteneur. Malgré tout, le pourcentage de casse était élevé. La raison ? La portion de trajet au Vietnam : de 200 à 400 km de routes difficiles, des camions en très mauvais état... ont eu raison de l'emballage et des produits. L'importateur est immédiatement intervenu auprès des différents fournisseurs pour améliorer l'emballage et l'arrimage des marchandises dans les camions, quitte à payer plus cher le transport maritime du fait d'une augmentation en poids et volume.

3. À l'inverse, cette autre entreprise soucieuse de recevoir ses très beaux articles en corne de buffle dans les meilleures conditions avait bien pris soin d'exiger de la part de ses fabricants locaux un emballage protecteur... peut-être trop ! Car au moment de revendre aux boutiques françaises, retirer l'emballage protecteur nécessitait une heure par carton ! D'où la nécessité de trouver un compromis...

CONSEIL

Un bon réflexe : définir clairement avec le fournisseur le type d'emballage et le marquage exigés et l'indiquer expressément sur le contrat commercial ou les conditions générales d'achat.

1.4 Impact sur la douane import

Les bureaux de douane ne sont pas tous habilités à dédouaner certains produits comme les matières précieuses, biens culturels, animaux vivants, produits pétroliers... Certains bureaux ont ainsi des compétences particulières. L'importateur de biens concernés doit se renseigner auprès de son commissionnaire de transport afin d'organiser la présentation de la marchandise au bureau de douanes compétent.

Par ailleurs, le nouveau programme de sécurisation des importations (ICS-*Import Control System*) va alourdir la gestion des importations. Celui-ci prévoit néanmoins une exemption des formalités lorsque le transport est assuré par des navires de lignes maritimes régulières dûment autorisées, fluidifiant ainsi certains flux import.

Voir chapitre « Maîtriser les opérations de douane ».

1.5 Impact sur l'échéance du paiement

À l'international, il est rare qu'un fournisseur fasse courir le délai de paiement à partir de la date d'émission de la facture. C'est en général le transport qui détermine le point de départ du délai de règlement. Exemple : paiement à la mise à bord ou à 30 jours d'émission du titre de transport. Si le délai de mer est long, l'acheteur peut être amené à payer son fournisseur bien avant la réception des marchandises...

1.6 Enfin... impact sur les coûts du transport

Qu'il soit organisé par le vendeur ou par l'acheteur, le coût du transport sera, au final, à la charge de l'acheteur, soit parce que payé par lui, soit parce que répercuté sur le prix de vente, à moins que le vendeur puisse se permettre « d'offrir » le transport à son client.

Le pourcentage de la part du transport sur la valeur des marchandises peut varier entre 1 % (produits à forte valeur ajoutée, chers, pas volumineux, pas lourds, transportés par voie maritime par exemple, en provenance d'un pays très bien desservi et où la concurrence des compagnies est vive), et... 100 %, voire au-delà dans certains cas diamétralement opposés. D'où l'intérêt de bien choisir le mode de transport et de suivre l'évolution des taux de fret. En effet, les prix de transport international ont la fâcheuse particularité d'évoluer en fonction de la conjoncture économique et géopolitique, en fonction des flux export ou import. L'acheteur ne peut figer la part de transport dans son prix de revient. Il doit suivre l'actualité du transport et ajuster régulièrement ses pourcentages. Nous reparlerons de ce point dans le chapitre consacré à l'achat de transport international.

Commençons par présenter les principaux modes de transport utilisés à l'international :

- maritime,
- aérien,
- routier,
- ferroviaire,
- fluvial,
- intégrateurs et messagerie express
- multimodal.

2 LE TRANSPORT MARITIME

Le transport maritime est le premier mode de transport à l'international, en tonnage comme en valeur. D'après la CNUCED, 8,17 milliards de tonnes ont été transportées par la mer en 2008, soit 90 % du commerce mondial. 66,3 % ont été chargés dans 137 millions de conteneurs équivalents 20'.

Tableau 11 : Les 10 principaux ports mondiaux de conteneurs en 2009
(Source : Port de Rotterdam)

Rang			Quantité de conteneurs équivalents 20' × 1000
1	Singapour	Singapour	25 870
2	Shanghai	Chine	25 002
3	Hong-Kong	Chine	20 900
4	Shenzhen	Chine	18 250
5	Pusan	Corée du Sud	11 980
6	Guangzhou	Chine	11 190
7	Dubai	EAU	11 124
8	Ningbo + Zhoushan	Chine	10 502
9	Qingdao	Chine	10 260
10	Rotterdam	Pays-Bas	9 743
			…
52	Le Havre	France	2 400
92	Marseille	France	971

Tableau 12 : Les 10 principales compagnies maritimes en 2009
(Source : CNUCED)

Rang		Nationalité	Capacité en conteneurs équivalents 20'
1	Maersk line	Danemark	1 740 936
2	Mediterranean Shipping Co (MSC)	Suisse	1 510 720
3	CMA CGM Group	France	864 893
4	Evergreen line	Taiwan	629 615

Rang		Nationalité	Capacité en conteneurs équivalents 20'
5	Hapag-Lloyd	Allemagne	496 724
6	Cosco container line	Chine	491 580
7	APL	Singapour	470 901
8	CSCL	Chine	431 582
9	MOL	Japon	387 107
10	Hanjin Shipping	Corée (rép)	365 605

2.1 Par quelles conventions le transport maritime est-il régi ?

- **La Convention de Bruxelles** (ou règles de La Haye) signée en 1924, ratifiée par environ 80 pays, unifiant les règles en matière de connaissement maritime (le titre de transport). Des protocoles modificatifs de 1968 et 1979 n'ont été ratifiés que par une partie des pays.
- **Les Règles de Hambourg** (en vigueur depuis fin 1992). 34 pays ont ratifié cette convention mais aucune des grandes compagnies maritimes n'a adhéré.
- **Les règles de Rotterdam** de 2009 devraient, à terme, remplacer les précédentes conventions.

L'organisation supranationale du transport maritime est l'**OMI**[1] : l'Organisation Maritime Internationale.

2.2 Quelles sont les techniques de transport en maritime ?

- Navires spécialisés : transport de vracs (navires citernes, minéraliers, céréaliers), navires polythermes pour denrées périssables…
- Navires non spécialisés : cargos conventionnels disposant à bord de leurs propres moyens de manutention, porte-conteneurs, navires rouliers équipés pour prendre appui sur les descentes du port (Roll on-Roll off ou RO-RO), navires mixtes RO-RO + Conteneur, navires porte-barges ou porte-péniches conçus pour des transports fluviaux-maritimes.

---

1. OMI : l'Organisation Maritime Internationale est l'organisme des Nations Unies spécialisé dans l'amélioration de la sécurité maritime et la prévention des accidents de pollution. www.imo.org

- Plusieurs types de conteneurs sont proposés par les compagnies maritimes (réfrigéré, citerne, toit ouvrant, plate-forme, etc.). Les plus courants sont les conteneurs 20' et 40' dry :

	20'	40'
Dimensions moyennes en cm (L × l × h)	5,9 × 2,34 × 2,30	5,9 × 2,34 × 2,30
Volume chargeable	Environ 32 m³	Environ 65 m³
Poids maximum chargeable	Environ 20 t	Environ 27 t
Quantité de palettes chargeables (type A = 0,80 m × 1,20 m ou type B = 1 m × 1,20 m)	11 palettes A	24 palettes A
	10 palettes B	20 palettes B
	Le double bien entendu si les palettes sont superposables (gerbables).	

Les poids et volumes chargeables sont fonction de la marchandise : nature, densité, type et dimensions des emballages, possibilité d'empiler ou non. Par ailleurs, les compagnies maritimes peuvent imposer leurs propres limites de chargement.

2.3 Quelles sont les bases de la tarification ?

- **Le lot à transporter ne représente pas un conteneur complet** : la tarification sera appliquée sur « l'unité payante » ou UP. C'est-à-dire soit la tonne, soit le mètre cube, à l'avantage du navire.

MISE EN APPLICATION

Lot de 8 m³ – 5 t en provenance de Houston USA :

- 135 USD l'UP

Soit un total de 135 USD × 8 = 1080 USD. Le colis est en « léger », taxation sur le volume.

- **Le conteneur est complet** : la compagnie maritime ou le prestataire de transport proposera un prix au conteneur en fonction de sa capacité (20', 40'…) pour le trajet concerné + forfait de manutention au port : THC ou CSC ou Lo-Lo.[1]

---

1. *Terminal Handling Charges, Container Service Charges, Lift-on Lift-off.*

- Les taux de fret sont pratiquement toujours communiqués en devise étrangère, notamment USD et donc soumis à variation.
- Au taux du fret (de port à port), il convient d'ajouter le coût pour les pré et post acheminements éventuels en fonction de l'Incoterm®.
- **Les correctifs conjoncturels sont possibles** sur le fret international (CAF[1], BAF[2], risque de guerre, surcharge lors des périodes de pics d'activité pour les importations d'Asie, pour financer les retours à vide ou la pénurie des conteneurs, pour couvrir le risque de piraterie dans le Golfe d'Aden, pour utilisation de fuel à faible teneur en soufre, pour risque de grève, etc.
- D'autres frais annexes peuvent venir se greffer en fonction des compagnies maritimes, des opérations de manutention, des exigences documentaires, des aléas du transport, des programmes portuaires de sécurisation du fret (ISPS)[3]. Exemples : taxe pour colis lourd, taxe pour marchandises dangereuses…
- Des taux spéciaux et ristournes de fidélité peuvent être consentis en fonction du volume de fret remis et de la position du chargeur.

BON À SAVOIR

Certains commissionnaires de transport ou groupements de professionnels proposent un service de diffusion des actualités du transport : évolution des tarifs et des surcharges conjoncturelles, prévisions de grèves…
Exemples : www.flash-transport.com ou la lettre Atmosphère internationale sur www.acte-international.com.

MISE EN APPLICATION

Un conteneur 40' en provenance de Shanghai/Chine à destination du Havre. Incoterm® FCA Shanghai :

THC (forfait chargement port départ) : 70 USD

Fret de base : 1 500 USD

Surcharge BAF : 300 USD

---

1. *Currency Adjustment Factor* qui prend en compte les variations de la devise dans laquelle est libellé le tarif. Sous forme de pourcentage ou forfait, pour une période et une destination données.
2. *Bunker Adjustment Factor* : même principe que ci-dessus mais dans le cas de hausse de carburant. Communément appelé « surtaxe fuel ».
3. ISPS : *International Ship and Port Facility Security code.*

Surcharge « peak season » : 150 USD

ISPS : 10 USD

Transit time (délai de mer) : 25 jours

Soit un total de : 2 030 USD de quai Shanghai à bord navire Le Havre.

2.4 Quel document de transport utiliser ?

- **Le connaissement maritime ou *bill of lading*** constate la prise en charge ou la mise à bord des marchandises. Il fait preuve du contrat de transport selon lequel le chargeur/*shipper* s'engage à payer un fret déterminé et le transporteur à acheminer une marchandise détermi-née d'un port à un autre.

- Il peut s'agir également d'un contrat d'affrètement : les contractants (armateur et affréteur) conviennent librement de la « location » d'un navire pour une période de temps ou un voyage déterminés (charte-partie).

- **Le connaissement est un titre représentatif de la marchandise embarquée.**[1] Un original signé est exigé pour retirer les marchan-dises au port de destination, portant le nom de la personne qui réclame la marchandise.

- **Le connaissement est négociable** : possibilité de changer de desti-nataire/*consignee* en cours de route.

- Il est émis par la compagnie maritime ou son agent, sur la base des indications du chargeur ou de son commissionnaire.

- Généralement émis dans les 24 heures de l'embarquement.[2] Les pro-cédures informatisées des principaux ports permettent une émission immédiate du document.

- Il existe **plusieurs types de connaissement maritime** :

  – *Ocean B/L*. Il couvre le transport de port à port.

---

1. Nous préférons cette formulation à celle de « titre de propriété » de la marchandise qui peut être confondue avec le transfert de propriété du vendeur à l'acheteur. Il s'agit là de transférer à l'acheteur les droits sur la marchandise et notamment le droit d'en prendre livraison au port d'arrivée, par voie d'endos éventuellement.

2. Les conventions de Bruxelles et Hambourg n'exigent plus l'obligation de l'émet-tre dans les 24 heures.

– Connaissement direct ou *Through bill of lading* (TBL). Couvre un pré ou postacheminement pour lequel la compagnie est simple mandataire du chargeur (responsabilité réduite).

– Connaissement de transport combiné ou *Combined transport bill of lading* (CTBL) ou *Door to Door*. Émis par la compagnie de transport lorsqu'elle assume aussi la responsabilité d'un pré ou postacheminement (en « *carrier haulage* »).

– Connaissement FIATA (Fédération Internationale d'Associations de Transitaires et Assimilés) ou *Negociable FIATA bill of lading* (FBL). Émis par un commissionnaire de transport, agissant souvent comme NVOCC (transporteur sans navire. Voir chapitre « Travailler avec les partenaires du Transport »).

– L'express *bill of lading* ou *sea-waybill*. Lorsque le *transit time* est court ou pour éviter de payer des frais d'immobilisation de conteneur par exemple, *l'express BL* est très utilisé. Document non négociable, transmis par fax ou voie électronique, il permet de retirer la marchandise du port sans attendre l'original, avec l'accord de la compagnie maritime. La marchandise sera soit placée sous régime de transit douanier, soit délivrée au destinataire final avec l'accord du fournisseur.

– Voir modèle ci-après.

❶ Les coordonnées du chargeur/*shipper* : expéditeur réel ou commissionnaire de transport.

❷ La compagnie maritime.

❸ S'il est à « personne dénommée », apparaîtront dans cette rubrique les coordonnées du destinataire réel/*consignee* de la marchandise. S'il est « à ordre de », seront portées les coordonnées de l'intermédiaire (commercial, bancaire, du transport) qui, par voie d'endos transmettra au destinataire final le droit de réclamer la marchandise au port.

❹ Nom de la personne qui sera notifiée par la compagnie maritime de l'arrivée du navire : le destinataire réel, un commissionnaire de transport, une banque…

❺ Dans ces cases apparaissent toutes les indications relatives au transport même : port de départ, de déchargement, nom du navire et n° de voyage, lieu ou le conteneur a été empoté, lieu de livraison final.

❻ Le connaissement doit fournir des indications précises quant à la marchandise : n° de conteneur et du plomb (le cas échéant),

Page Two

SHIPPER			ORIGINAL	VOYAGE NUMBER
████ NATIONAL LTD ████ ONG ████ ER ████ ROAD,NZNGBO,CHINA	**1**		**BILL OF LADING**	VA031WANL/VA031
				BILL OF LADING NUMBER
				ZBXW301806

CONSIGNEE		EXPORT REFERENCES
IMPORTATEUR France	**3**	**2** ANL

NOTIFY PARTY, Carrier not to be responsible for failure to notify		
████ LS ████ AS ████ 90 ████ 90	**4**	**CARRIER:** ANL Singapore Pte Ltd

7

PRE CARRIAGE BY*	PLACE OF RECEIPT*	FREIGHT TO BE PAID AT	NUMBER OF ORIGINAL BILLS OF LADING
		NINGBO	THREE (3)
OCEAN VESSEL	PORT OF LOADING **5**	PORT OF DISCHARGE	FINAL PLACE OF DELIVERY*
CMA CGM AMERIGO VESPUCCI	NINGBO	LE HAVRE	

MARKS AND NOS CONTAINER AND SEALS	NO AND KIND OF PACKAGES	DESCRIPTION OF PACKAGES AND GOODS AS STATED BY SHIPPER SHIPPERS LOAD STOW AND COUNT	GROSS WEIGHT CARGO	TARE	MEASUREMENT
			KGS	KGS	CBM
TGHU9527197 SEAL A1864468	1 x 40HC	212 CARTONS	8268.000	3900	67.416
████ ITEM NO.: CARTON NO.: **6**		CY/CY FCL/FCL FREIGHT PREPAID			

Shipped on Board CMA CGM AMERIGO VESPUCCI 17-OCT-2010 ANL (China) Limited As agents for the Carrier

Weight in Kgs Total: 1 CONTAINER(S)	Sheet 1 of 1	8288.000	3900	67.416

ABOVE PARTICULARS DECLARED BY SHIPPER. CARRIER NOT RESPONSIBLE.

ADDITIONAL CLAUSES

- SHIPPERS STOW, LOAD AND COUNT
- FREIGHT PREPAID

RECEIVED from the Shipper in apparent good order and condition unless otherwise indicated, herein, the Goods, or the container(s) or package(s) said to contain the cargo herein mentioned, to be carried subject to all terms and conditions provided for on the face and back of this Bill of Lading, by the vessel named herein or by any additional or substitute vessel or means of transport chosen at the Carrier's option, from the place of receipt or the port of loading to the port of discharge or the place of delivery shown herein and there to be delivered. If required by the Carrier, this Bill of Lading duly endorsed must be surrendered in exchange for the Goods or delivery order. None of the terms of this Bill of Lading can be waived by or for the Carrier except by express waiver signed by a duly authorised agent of the Carrier.

IN ACCEPTING THIS BILL OF LADING, the Merchant agrees to be bound by all the stipulations, exceptions, terms and conditions on the face and back hereof, whether written, typed, stamped, or printed, as fully as if signed by the Merchant, any local custom or privilege to the contrary notwithstanding, and agrees that all agreements or freight engagements for and in connection with the carriage of the Goods are superseded by this Bill of Lading.
IN WITNESS WHEREOF, the undersigned, on behalf of the Carrier, has signed the number of Bill(s) of Lading stated above, all of this tenor and date, one of which being accomplished, the others to stand void.

8

PLACE AND DATE OF ISSUE NINGBO	17 OCT 2010	SIGNED FOR THE CARRIER ANL Singapore Pte Ltd BY
SIGNED FOR THE SHIPPER *APPLICABLE ONLY WHEN THIS DOCUMENT IS USED AS A COMBINED TRANSPORT BILL OF LADING		as agents for the carrier ANL Singapore Pte Ltd

nombre et marquage des cartons, palettes, nature de la marchandise, poids brut, tare et éventuellement dimensions. Dans le cas de crédit documentaire, toutes les mentions exigées sont reportées dans ces rubriques, entre autres le n° du crédit et le nom de la banque émettrice.

D'AUTRES MENTIONS IMPORTANTES

- Marchandises à bord « *on board* » (cas du FOB, des Incoterms® C et D) ou reçues pour embarquement « *received for shipment* » (cas du FAS ou du FCA).
- En ce qui concerne le contenu même des colis et conteneurs, la pratique veut que la compagnie maritime se décharge en apposant des mentions de type « *said to contain*[1] » (STC) ou, dans le cas de conteneur complet « *loaded, stowed and counted by the shipper*[2] ».
- Mentions : « *freight collect* » lorsque le fret international est payé par le destinataire ou « *freight prepaid* » lorsque celui-ci est payé par l'expéditeur.
- Dans le cas de groupage, LCL « *less than a container loaded* ». Dans le cas d'un conteneur complet, mention FCL « *full container loaded* ».
- Lorsque le fret inclut les chargements départ et arrivée, cy/cy : du *container yard* au *container yard*.

---

❼ Nombre d'originaux émis. Entre 2 et 4 parfois plus si les règlements douaniers à destination l'exigent. La production d'un seul original suffit pour obtenir la livraison de la marchandise. C'est pourquoi dans le cas d'un crédit documentaire, l'exportateur se doit de récupérer tous les originaux émis afin de les adresser au client *via* le canal bancaire.

❽ Les conditions générales de transport sont généralement celles portées au dos, conformes à la convention qui régit le voyage. Toutefois, certaines compagnies maritimes annotent des spécificités liées aux usages du port ou au transporteur. Il est important d'en prendre bonne note.

2.5 Quelle est la responsabilité du transporteur maritime ?

Une présomption de responsabilité pèse sur le transporteur en cas de **pertes ou d'avaries**. Pour conserver ses recours contre le transporteur, le réceptionnaire doit émarger des réserves et prendre les mesures conservatoires sans retard.

Voir chapitre suivant « Choisir une assurance-transport ».

Les niveaux d'indemnité sont variables en fonction de la convention qui régit le voyage tenant compte ou non des protocoles modificatifs. Il faut

---

1. « Supposé contenir ».
2. « Chargé, arrimé et compté par le chargeur ».

compter un plafond de remboursement de **2 à 2,5 DTS**[1] **le kilo ou de 667 à 835 DTS le colis ou l'unité**. La formule la plus favorable au demandeur sera retenue.

Par ailleurs, la responsabilité du transporteur maritime est réduite par les causes d'exonération prévues dans les conventions :

- Innavigabilité du navire : ne peut exonérer le transporteur que s'il a satisfait à ses obligations de mise en état avec une diligence raisonnable.
- Vices cachés du navire : c'est à l'armateur de prouver qu'il avait correctement examiné le navire.
- Faute nautique : commise lors d'une opération intéressant le navire et non la cargaison.
- Actes d'assistance et de sauvetage.
- Événements non imputables au transporteur : énumérés en détail dans la convention (périls, dangers et accidents de la mer, faits de guerre…). La loi française exonère totalement le transporteur de tous les événements qui ne lui sont pas imputables.
- Freinte de route : manquants en volume ou en poids admis par les usages du port de destination.
- Vice propre de la marchandise. Le transporteur doit en apporter la preuve.
- Défaut d'emballage. Si aucune réserve n'avait été émise au chargement.
- Défaut de marquage, autres fautes du chargeur.

Toutefois, malgré l'existence d'un cas exonératoire, le chargeur peut invoquer et démontrer la faute du chargeur. La jurisprudence en matière de périls et dangers de la mer confirme qu'il n'y a pas de réponse type.

EXEMPLE

Le cyclone est classé dans les « périls, dangers ou accidents de la mer » et constitue un cas exonératoire. Or, selon une jurisprudence de 1991, « commet une faute le transporteur qui, bien qu'informé de l'existence d'un cyclone ne choisit pas l'itinéraire permettant de le contourner ».

---

1. DTS : droit de tirage spécial, monnaie internationale fictive constituée d'un panier des principales monnaies internationales et soumise aux fluctuations. Il valait 1,15 € en janvier 2011.

Le retard à la livraison : à défaut de délai convenu entre les parties, le transporteur se doit de respecter un « délai normal » d'acheminement. Les tribunaux se chargeront de juger du caractère normal ou non du délai de mer. Les connaissements peuvent insérer des clauses de non-responsabilité pour retard. Les règles de Hambourg sont toutefois plus favorables au chargeur puisqu'elles prévoient un remboursement du fret en cas de retard si une réclamation écrite a été adressée dans les 60 jours de la livraison et si le chargeur apporte la preuve du préjudice causé par le retard.

2.6 Pourquoi choisir le transport maritime ?

Avantages	Inconvénients	À utiliser en priorité pour :
- Peu cher - Incontournable pour les transports en quantités - Diversité et adaptation des navires et péniches	- Lent - Deux ruptures de charge avec manutentions brutales - Assurance et emballage plus chers - Pré et post acheminement souvent plus onéreux - Immobilisations financières en cours de route - Obligation de stock - Espacement des liaisons (fréquences)	- Les envois importants - Le vrac - Les marchandises dangereuses - Le « Grand Export » - Les marchandises pouvant supporter un long trajet - Les marchandises ne pouvant pas se « permettre l'avion » car à faible valeur ajoutée → S'adapte à tous types de produits hors opérations urgentes.

3 LE TRANSPORT AÉRIEN

C'est le deuxième mode de transport dans les échanges extra-communautaires en **valeur** de fret transporté.

3.1 Par quelle convention le transport aérien est-il régi ?

- La Convention de Montréal de 1999 a remplacé, en 2004, la Convention de Varsovie. Elle prévoit notamment un meilleur régime en cas d'accident, de retard ou de perte de marchandise.
- L'organisation supranationale du transport aérien est l'OACI[1] : l'Organisation de l'Aviation Civile Internationale.

---

1. OACI : Organisation de l'Aviation Civile Internationale. Institution spécialisée des Nations Unies, regroupe 190 États membres www.icao.int. Principales activités : élaboration de normes, pratiques recommandées et procédures internationales dans les différents domaines techniques de l'aéronautique.

3.2 Quelles sont les techniques de transport en aérien ?

- Appareils mixtes transportant principalement des passagers mais dont les soutes peuvent charger du fret.
- Appareils combis, dont seule la partie arrière de la cabine accueille du fret, souvent sur 50 % de la longueur du fuselage.
- Appareils « tout cargo » uniquement destinés au fret.
- Les marchandises remises par le chargeur peuvent être constituées en unités de chargement (*ULD - Unit Load Device*) telles que palettes (avec filet et/ou bâche de protection), conteneurs (de formes et dimensions variables en fonction des appareils et leur emplacement à bord).

3.3 Quelles sont les bases de la tarification ?

- Au kilo, **taxation dégressive selon la tranche de poids**, avec un rapport poids volume de **1 t = 6 m^3**. Les tarifs varient selon la destination, la provenance, la distance, le volume et la nature de la marchandise.
- Ainsi, pour les marchandises volumineuses, le volume en mètre cube est divisé par 6 afin de calculer le **poids équivalent** (ou poids théorique). La taxation s'appliquera sur le poids le plus favorable au transporteur : soit le poids réel, soit le poids théorique (ou poids volumétrique, ou poids équivalent).
- **Règle du « payant pour »** : les tarifs étant dégressifs, il peut être intéressant de « payer pour » la tranche supérieure. C'est le cas lorsque le poids réel se situe en fin de tranche.
- Certaines compagnies ne proposent qu'une ou deux tranches de poids (*flat*) avec un **forfait minimum** pour les petits lots.

MISE EN APPLICATION

Lot de 70 kg et 0,540 m^3. Fret en provenance de Tokyo

1 EUR = 119 JPY (Yen)

Minimum : 15 000 JPY

< 45 kg : 700 JPY/kg

≥ 45 kg : 660 JPY/kg

≥ 100 kg : 550 JPY/kg

≥ 500 kg : 450 JPY/kg

≥ 1 000 kg : 400 JPY/kg

> Volume 0,540/6 = 0,090 t soit 90 kg. Poids équivalent supérieur au poids réel. Facturation sur le poids équivalent, soit 90 kg × 660 JPY = 59 400 JPY soit 499,16 EUR. Or, 90 kg se trouve en fin de tranche 45-100. Si nous acceptons de « payer pour » 100 × 550 JPY = 55 000 JPY soit 462,18 EUR.

- Une **conférence** regroupe la plupart des grandes compagnies de transport aérien (230 membres appartenant à plus de 130 pays) qui ont signé la convention **IATA** (*International Air Transport Association*). Les membres de la convention s'engagent à respecter un certain nombre de normes de sécurité et de qualité du service et appliquent des tarifs communs de base, qui peuvent être négociés par les chargeurs, notamment en cas de groupage. Pour le flux à l'intérieur de l'Espace Économique Européen toutefois, les tarifs sont fixés librement par les transporteurs.

- Il existe également d'autres associations d'organisations liées au transport aérien (ATAF,[1] associations d'aéroports, d'agents de fret aérien, de compagnies aériennes, le SYCAFF[2] par exemple…).

- **La taxe de sûreté** : l'une des préoccupations majeures du transport aérien aujourd'hui est liée à la sûreté du fret transporté. Depuis quelques années, des contrôles sont effectués sur le fret en partance des aéroports internationaux afin de s'assurer que le fret embarqué à bord des avions ne contient aucun explosif ou objet pouvant porter atteinte à la sûreté. Ainsi, le prix du transport aérien est désormais grevé d'une taxe de sûreté (*security fee*). Selon les pays, il peut s'agir d'une taxe sur le kilo réel ou bien d'un forfait. En France, les contrôles sont effectués aux rayons X dans les entrepôts aéroportuaires avant chargement à bord. Toutefois, les entreprises exportant du fret hors-gabarit ou opaque ont l'obligation de sécuriser elles-mêmes le fret confié aux compagnies aériennes. À l'importation, ce sont les procédures et la taxe du pays départ qui s'appliquent.

- **Frais annexes éventuels** : préacheminement en fonction de l'Incoterm®, taxe de port dû (lors d'un achat EXW ou FCA), taxe à l'arrivée, taxe pour marchandises dangereuses, taxe de LTA, correctifs conjoncturels dus à la fluctuation de l'USD ou du fuel, aux risques politiques (assurance risques de guerre)...

---

1. Association des Transporteurs Aériens de la zone Franc (Afrique et DOM-TOM).
2. SYCAFF : Syndicat des Compagnies Aériennes de Fret en France.

3.4 Quel document de transport utiliser ?

- La lettre de transport aérien international (LTA) ou *air way bill* matérialise le contrat de transport.
- 3 parties au contrat : l'expéditeur, l'agent de fret aérien (qui organise le transport de fret aérien), le transporteur (la compagnie aérienne).
- La LTA est généralement établie par les compagnies (ou plutôt remplie par l'agent de fret aérien et signée par la compagnie). L'expéditeur reste responsable de l'exactitude des indications portées.
- Elle se compose de trois exemplaires originaux et au moins six feuillets valant copies : un original destiné au transporteur, un deuxième pour le destinataire et qui accompagne la marchandise, un troisième pour l'expéditeur.
- La LTA est exclusive et rédigée sur document de la compagnie aérienne lorsque l'agent agit en tant que courtier ou commissionnaire. Elle lie dans ce cas la compagnie au chargeur.
- Dans le cas de groupage, c'est le groupeur de fret qui est lié à la compagnie par le contrat de transport. Il devient alors le chargeur sur le document de transport principal : la LTA de consolidation ou de groupage (*Master Air Way Bill*), émise pour l'ensemble des lots qui constituent le groupage. Chaque chargeur recevra un extrait de cette Master concernant son propre lot : la *House Air Way Bill (HAWB)* ou LTA domestique qui liera le chargeur au groupeur.
- La LTA est émise sous forme non négociable. Les marchandises sont remises à l'arrivée au destinataire mentionné dans la case 4, qui sera en général porteur de « l'avis d'arrivée » émis par la compagnie, puisqu'elle est tenue de signifier cette arrivée. La LTA peut toutefois être « à ordre » dans le cas par exemple d'un crédit documentaire ou d'une remise documentaire. La banque intermédiaire sera portée en case 4. Le transporteur ne remettra alors la marchandise au destinataire réel que sur mandat exprès de la banque.
- Voir modèle ci-après.
    - ❶ Code IATA du transporteur émetteur + Code 3 lettres IATA de l'aéroport de départ + N° de LTA qui permet de retracer le fret.
    - ❷ Le transporteur émetteur (compagnie aérienne).
    - ❸ Coordonnées de l'expéditeur.
    - ❹ Coordonnées du destinataire.
    - ❺ Nom, coordonnées et code IATA du transitaire aérien.

❻ Éléments relatifs au transport : aéroports départ et arrivée, itinéraire, n° de vol…

❼ Code ISO de la monnaie dans laquelle a lieu la taxation, indications de fret payé ou dû, de valeur déclarée pour le transport ou pour la douane.

❽ Éléments relatifs à la taxation : nombre de colis, poids brut réel, poids taxable, taux de fret, ensemble des frais annexes en port payé ou port dû et leurs codes.

❾ Nature et quantité des marchandises, toute information d'ordre commercial et documentaire.

❿ Signatures de l'expéditeur ou son agent et du transporteur ou son agent.

3.5 Quelle est la responsabilité du transporteur aérien ?

Comme pour tous les modes de transport, le point de départ de la responsabilité du transporteur aérien est la prise en charge de la marchandise. L'absence de réserves sur la LTA vaut présomption, sauf preuve contraire, que le transporteur a pris la marchandise en charge alors qu'elle était saine.

Le plafond de remboursement pour **perte, avarie et retard** est de **17 DTS le kilo**, selon la Convention de Montréal sauf si le transporteur aérien a commis une faute inexcusable ou si l'expéditeur a opté pour la « déclaration de valeur » ou souscrit une « déclaration spéciale d'intérêt à la livraison ». Ces déclarations permettent d'élever le plafond de l'indemnité à hauteur de la valeur stipulée, mais sans modifier les principes de responsabilité du transporteur. Elles s'accompagnent d'une taxe relativement élevée.

Pour s'exonérer de sa faute, le transporteur aérien doit prouver :

- le vice propre de la marchandise ou son emballage défectueux,
- un fait de guerre ou un conflit armé,
- un acte de l'autorité publique en relation avec l'acheminement de la marchandise.

3.6 Pourquoi choisir le transport aérien ?

Avantages	Inconvénients	À utiliser en priorité pour :
- Très rapide - Sécurité des manutentions - Assurance et emballage moins chers - Pré et post-acheminements courts - Économie sur les frais financiers - Économies sur les stocks - Fréquence des liaisons - Accessibilité à toute région	- Très cher - Capacité de transport limitée - Inapte aux transports de masse - Interdit à certains produits dangereux - Deux ruptures de charge	- Les marchandises sensibles, chères et pressées - Les rotations rapides de stocks - Lorsque les infrastructures routières sont de mauvaise qualité → Particulièrement utilisé pour le transport des objets manufacturés et par les expressistes (DHL, Fedex, UPS, Chronopost...).

4 LE TRANSPORT ROUTIER

Extrêmement utilisé dans les échanges intra-communautaires où il occupe la première place en valeur comme en tonnage, il est le troisième mode de transport dans les échanges extra-communautaires (en tonnage).

4.1 Par quelle convention le transport routier est-il régi ?

- La convention de Genève ou **convention CMR** de 1956 (Convention Marchandises Route) s'applique à tout contrat de transport de marchandises (sauf courrier, déménagements, transports funéraires) à titre onéreux, au départ ou à destination de la France, empruntant le territoire d'au moins un état adhérent (la totalité des pays européens). La convention TIR[1] peut s'appliquer à la place de la convention CMR.
- Il existe un grand nombre de réglementations nationales et internationales. Elles concernent principalement : la tarification, le poids et la dimension des véhicules, la sécurité (transport des marchandises dangereuses ou hors-gabarit, les conditions de travail des chauffeurs…). La réglementation européenne est en cours d'harmonisation.
- l'IRU (*International Road Transport*)[2] représente l'ensemble de la profession routière à travers le monde.

4.2 Quelles sont les techniques de transport par la voie routière ?

- Les véhicules isolés (camions).
- Les véhicules articulés (tracteur + semi-remorque). Dimensions intérieures d'une semi-remorque, en mètres : 12,20 × 2,43 × 2,30. Soit une capacité d'environ 68 m^3, 29 tonnes, 30 palettes de 0,80 m × 1,20 m ou bien 24 palettes de 1 m × 1,20 m. Le double bien entendu si les palettes sont superposables.
- Les trains routiers (camion + remorque).

4.3 Quelles sont les bases de la tarification ?

- Grande liberté des tarifs. La concurrence est sévère et laisse une large place à la négociation.

---

1. TIR : Transit International Routier. Voir chapitre « Maîtriser les opérations de douane ».
2. www.iru.org

- Tarifs selon la destination ou la provenance, la distance, le volume, la nature des marchandises.
- **Pour le groupage**, tarification au kilo, selon la tranche de poids, avec un rapport poids volume de **1 t = 3 m³** (1 m³ = 333 kg mais pour certains transporteurs 1 m³ = 250 kg). Tout comme en transport aérien, la règle du « payant pour » la tranche supérieure peut également être appliquée.
- Pour les marchandises non gerbables et pour les marchandises palettisées, un prix au **mètre plancher** (MPL) est appliqué en fonction de l'utilisation du sol (mètre linéaire) avec un rapport MPL/poids. Exemple : 1 MPL = 1,5 t maximum.
- Le choix de la méthode de tarification (au volume ou au mètre linéaire) est très variable selon les transporteurs.
- Tarification forfaitaire pour **camion complet**.
- Certains pays appliquent des taxes spécifiques notamment lorsque les véhicules ne sont pas conformes à la réglementation locale, ou bien imposent un droit de passage ou d'emprunt des voies routières.

MISE EN APPLICATION

Lot de 13 000 kg – 27,600 m³ – 8,4 mètres plancher – Marchandises non gerbables. En provenance de Varsovie/Pologne.

Tarif transport routier depuis l'usine à l'entrepôt du transporteur à Lyon :

Tarif aux 100 kg indivisibles ; 1 m³ = 333 kg

> 3 tonnes : 14,30 EUR	> 4 tonnes : 12,95 EUR
> 5 tonnes : 11,45 EUR	> 7,5 tonnes : 9,90 EUR
> 10 tonnes : 9,30 EUR	> 12,5 tonnes : 8,80 EUR
> 15 tonnes : 8,65 EUR	> 17,5 tonnes : 8,50 EUR

Camion complet, 24 tonnes : 1 800 EUR

Tarifs forfaitaires au mètre plancher : 1 MPL = 1 700 kg :

6 MPL = 900 EUR	7,2 MPL = 1 000 EUR
8,4 MPL = 1 165 EUR	9,6 MPL = 1 300 EUR
10,8 MPL = 1 450 EUR	

Tarif au kg sur la base du volume : 27,600 m³ × 333 = 9 190 kg. Poids théorique inférieur au poids réel. Taxation sur poids réel : 13 000 kg × 8,80/100 = 1 144 EUR.

Tarif au mètre plancher : 8,4 MPL = 1 165 EUR normalement mais devons tenir compte du poids théorique par MPL : 8,4 × 1 700 = 14 280 kg arrondis à 14 300, poids théorique au MPL supérieur au poids réel.

Le transporteur peut décider de facturer sur cette base en reprenant le tarif au kg, au motif que la marchandise n'est pas gerbable : 14 300 × 8,80/100 = 1258,4 EUR Cela dépendra des accords entre le transporteur et le chargeur.

4.4 Quel document de transport utiliser ?

- **La CMR** ou lettre de voiture internationale matérialise le contrat de transport.
- Il n'y a pas de document type mais l'IRU en propose un modèle.
- Elle est théoriquement émise par l'expéditeur. Les commissionnaires de transport se chargent très souvent de sa rédaction, mais les chauffeurs peuvent également le faire et sont réputés agir pour le compte de l'expéditeur.
- Émise en 4 exemplaires plus un certain nombre de copies éventuelles : pour l'expéditeur, le destinataire, le transporteur et la souche à conserver par le transporteur.
- Les exemplaires originaux sont signés par le transporteur et l'expéditeur au moment de l'émission.
- La CMR n'est pas un document négociable.
- L'attestation de prise en charge ou *Forwarder's Certificate of Receipt (FCR)* atteste la prise en charge de la marchandise par le commissionnaire de transport, agréé FIATA (Fédération Internationale d'Associations de Transitaires et Assimilés). Elle est souvent établie en cas de groupage notamment lorsque l'exportateur ne maîtrise pas le transport international.
- Voir modèle de CMR ci-après
  1. Les coordonnées du chargeur/*sender.*
  2. Les coordonnées de l'expéditeur réel et du destinataire/*consignee.*
  3 et **4.** Indications de lieu et date de prise en charge et lieu de livraison prévu. Cette date est prise en compte pour déterminer le délai au-delà duquel la marchandise est réputée perdue.
  5. Documents annexés (feuille de route, facture commerciale, note de colisage…).
  6 à **12.** Dans ces cases apparaissent toutes les indications relatives à la marchandise chargée, que doit vérifier le transporteur.

13 et **19.** Indications éventuelles concernant les jours et heures de la prise en charge et du déchargement, déclaration de valeur et toute autre mention spécifique à l'expéditeur.

16. Coordonnées du transporteur.

18. Les réserves éventuelles du transporteur.

14, 15 et **20.** Instructions de paiement du fret, de livraison contre remboursement…

21. Date d'établissement.

22, 23 et **24.** La CMR doit être signée par les trois parties : expéditeur – transporteur – destinataire. Elle prouve la livraison à destination.

4.5 Quelle est la responsabilité du transporteur routier ?

En l'absence de réserves, le transporteur reconnaît avoir pris en charge la marchandise en bon état apparent.

Le plafond de remboursement pour **perte et avarie** est de **8,33 DTS le kilo**, sauf si l'expéditeur a souscrit une déclaration de valeur ou une déclaration spéciale d'intérêt à la livraison. Ce type de déclaration permet d'élever le plafond de l'indemnité à hauteur de la valeur stipulée, mais sans modifier les principes de responsabilité du transporteur.

Le transporteur routier est tenu d'une obligation de résultat. Il peut toutefois s'exonérer de sa faute s'il prouve que le dommage résulte de façon certaine de la force majeure, d'une faute ou d'un ordre de l'ayant-droit ou du vice propre de la marchandise.

Il peut également limiter sa responsabilité s'il peut établir que le dommage a pu résulter d'un risque inhérent à un des faits suivants :

• emploi de véhicules ouverts non couverts avec l'accord du chargeur,
• absence ou défectuosité d'emballage,
• manutention, chargement ou déchargement par l'expéditeur ou le destinataire,
• nature de la marchandise l'exposant naturellement à perte,
• insuffisance de marquage des colis,
• transport d'animaux vivants.

En cas de retard reconnu comme « anormal » par les tribunaux, le remboursement sera limité au prix du transport.

4.6 Pourquoi choisir le transport routier ?

Avantages	Inconvénients	À utiliser en priorité pour :
- Très souple - Rapide - Pas de rupture de charge pour les camions complets - Accessibilité à toute région	- Saturation des circuits, accidents fréquents - Peu apte aux transports de masse	- Tous types de marchandises - Les transports européens → Pour une livraison en porte à porte avec un minimum de rupture de charge. Utilisé par les expressistes en complément de l'aérien.

BON À SAVOIR

Pour traverser la mer Méditerranée, il est souvent préférable d'utiliser des navires rouliers « RO-RO » qui permettent à un camion au départ de Tunis d'embarquer directement dans le navire, pour livraison de porte à porte en France, sans rupture de charge. Dans ce cas, le transport sera régi par la CMR.

5 LE TRANSPORT FERROVIAIRE

Les trafics internationaux représentent 40 % du trafic de fret de la SNCF. FRET SNCF peut actuellement circuler librement en Belgique, Luxembourg, Pays-Bas, Italie, Grande-Bretagne et bientôt Allemagne.

Toutefois, malgré la libéralisation du fret ferroviaire, les efforts de certains États membres et des grandes entreprises de la chimie, sidérurgie et automobile pour développer ce mode de transport, le rail continue de perdre des parts de marché au profit du transport routier. Le rail détenait près de 70 % des parts de marché du transport de marchandises en 1950. En 2004, il ne représentait plus que 13 % du transport de marchandises dans l'Union européenne. Le nouveau plan de développement de FRET SNCF s'est donné pour objectif de renouer avec la croissance d'ici 2012.

5.1 Par quelle convention le transport ferroviaire est-il régi ?

La Convention **CIM de Berne**, signée en 1890 et la Convention **COTIF** de 1980 ont été plusieurs fois révisées. La dernière réforme est intervenue avec le protocole de 1999 qui tient compte du développement des chemins de fer communautaires et vise à moyen terme (après ratification de tous les États) à élargir le champ d'application de la CIM/COTIF.

5.2 Quelles sont les techniques de transport par la voie ferroviaire ?

- Réseau ferroviaire relativement dense en Europe.
- Possibilité de raccorder l'entreprise au réseau ferroviaire par des embranchements particuliers.
- Plusieurs types de wagons : wagons plats, tombereaux, couverts, frigorifiques.

• Les wagons plats peuvent transporter des conteneurs, caisses mobiles, semi-remorques rail-route (Unités de Transport Intermodal). Ces UTI peuvent emprunter d'autres modes de transport : route, voie fluviale ou maritime afin de réduire les manutentions.

5.3 Quelles sont les bases de la tarification ?

• Les règles de tarification sont très variables et fonction : des classes des marchandises, des tonnes/km parcourus, de l'existence ou non de tarifs bilatéraux ou multilatéraux.

• Sont facturés : le prix du transport, les frais accessoires éventuels (pesage, formalités douanières…), les droits et taxes en fonction de l'Incoterm®.

5.4 Quel document de transport utiliser ?

• **La lettre de voiture internationale (LVI**, nouveau modèle de 1999) accompagnée des documents nécessaires au dédouanement par les services du chemin de fer.

• Envoi de détail : le chemin de fer qui a apposé son timbre sur la lettre de voiture est réputé avoir pris en charge le poids et le nombre de colis indiqués.

• Envoi par wagons : le chargement est en principe réalisé par l'expéditeur. Le chemin de fer n'est alors responsable que s'il a vérifié ce poids et a apposé sur la lettre un « timbre de pesage ». Il est conseillé au chargeur et au destinataire d'exiger la vérification.

• L'original de la LVI est remis au destinataire.

• Le chemin de fer délivrera la marchandise au destinataire désigné sur la lettre de voiture.

5.5 Quelle est la responsabilité du transporteur ferroviaire ?

• La limite de remboursement est fixée à 17 DTS le kilo, sauf déclaration d'intérêt à la livraison (qui, outre un remboursement sur la valeur déclarée, permet d'obtenir réparation du préjudice autre que matériel).

• Le transporteur ferroviaire est réputé responsable des pertes, avaries et retards survenus entre l'acceptation et la livraison, mais conserve la faculté d'invoquer une cause exonératoire. Il doit apporter la preuve de la cause étrangère ou bien que le sinistre est dû à un des neuf risques particuliers énumérés dans la convention CIM (transport en wagon découvert, opérations de manutention effectuées par l'expéditeur ou le destinataire, défaut d'emballage…).

5.6 Pourquoi choisir le transport ferroviaire ?

Avantages	Inconvénients	À utiliser en priorité pour :
- Plus économique, moins polluant et plus sécurisé que la route. - Adapté aux transports de masse. - Embranchements particuliers permettant le transport de porte à porte. - Ferroutage (transport combiné rail-route) en développement afin de désengorger les routes.	- L'écartement des rails n'est pas totalement harmonisé (Finlande, Espagne, Russie…). - Plusieurs ruptures de charge pour les petits colis. - Plus lent que la route. - Les services des chemins de fer méritent de gagner en fiabilité.	- La desserte des ports. - Le transport de masses : pondéreux, vrac, machines, véhicules, combustibles, minerais, déchets… lorsque les entreprises disposent d'embranchements particuliers.

6 LE TRANSPORT FLUVIAL

Le transport fluvial est très peu utilisé dans les échanges extra-communautaires, bien plus dans les échanges intra-communautaires où il occupe la troisième place en tonnage, après la route et le maritime.

Au niveau national, il représente environ 3,7 % de l'ensemble du trafic terrestre. Entre 2000 et 2010, le trafic fluvial a néanmoins progressé de 10 % en tonne-km. À noter que, contrairement à la Belgique, aux Pays-Bas et à l'Allemagne, le trafic fluvial français est fortement handicapé par l'absence d'interconnexions entre ses bassins fluviaux.

De grandes entreprises ont choisi le transport fluvial : Atochem, Soufflet, Ikea, Michelin, Auchan, Carrefour, Rhodia…

6.1 Par quelle convention le transport fluvial est-il régi ?

- La « Convention Internationale sur le contrat de transport de marchandises en navigation intérieure (CMNI) » a été adoptée en 2000.

- Pour l'heure, une juxtaposition de réglementations en fonction des fleuves et quelques accords bilatéraux régissent le transport fluvial international.

- En France, VNF (Voies Navigables de France) a succédé en 1991 à l'Office National de la Navigation. Rôle : gérer, entretenir et développer le réseau navigable français et le domaine public qui le borde, promouvoir la voie d'eau.

6.2 Quelles sont les techniques du transport fluvial ?

- Les chargeurs ont le choix entre deux types de matériels : les automoteurs et les barges. Quelques exemples avec leur charge utile.
- Automoteurs Freycinet de 250 à 380 t.
- Bateaux grands rhénans de 3 000 t et 4 000 t.
- Barges rassemblées en convois dont le déplacement est assuré par un pousseur : 5 000 t en France, 12 000 t sur le Rhin.
- Péniches de 160 t à 1 500 t.
- Convois poussés de 260 conteneurs EVP[1].
- Caboteurs fluvio-maritimes de 1 000 à 5 000 t.

6.3 Quelles sont les bases de la tarification ?

- Jusqu'à présent, la tarification était fixée et contrôlée par VNF. Avec l'entrée en vigueur de la loi relative à l'exploitation commerciale des voies navigables de 1994, la liberté des prix devient la règle pour se conformer au droit communautaire avec, toutefois, un contrôle visant à éviter la pratique de prix trop bas.
- Sur le Rhin et la Moselle, une « conférence » a été mise en place harmonisant les règles de tarification et les taux de fret.
- L'accès au réseau navigable repose par le versement de droits de péage à VNF.
- Des bureaux d'affrètement sont chargés de percevoir les différentes recettes procurées par la navigation de plaisance, de tourisme et de transport de marchandises, d'enregistrer les déclarations de chargement et déchargement, de contrôler la conformité des contrats de transport et de promouvoir le transport des marchandises. En revanche, ils n'ont plus à organiser le tour de rôle d'affrètement entre les bateaux ; ce système ayant disparu.
- Pour entrer en relation avec un transporteur fluvial, l'expéditeur a fréquemment recours aux services d'un courtier de fret fluvial ou d'un commissionnaire de transport.

---

1. Équivalent Vingt Pieds.

6.4 Les différents types de contrats

Il existe 3 types de contrat :

- **Le contrat au voyage** ou convention d'affrètement peut avoir pour objet un seul ou plusieurs voyages.
- **Le contrat à temps** : mise à disposition pour une durée déterminée d'une capacité de cale contre le paiement d'un prix convenu à l'année, au mois ou à la journée.
- **Le contrat au tonnage** : engagement par le transporteur d'acheminer pendant une période fixée un tonnage déterminé, moyennant un prix par tonne.
- **Le contrat de sous-traitance ou de location** dont les caractéristiques s'apparentent aux autres modes de transport.
- Chaque contrat donne lieu à une **lettre de voiture** ou un **connaissement fluvial négociable**.

6.5 Quelle est la responsabilité du transporteur fluvial ?

La signature de la lettre de voiture vaut reconnaissance de la prise en charge des marchandises en bon état.

N'existant pas de convention internationale pour fixer le plafond d'indemnisation, celui-ci fait l'objet d'une négociation entre les parties. La jurisprudence exige que ce plafond ait été connu et accepté par les parties au contrat et qu'il ne soit pas dérisoire par rapport à la valeur de la marchandise perdue ou avariée.

En ce qui concerne la responsabilité du transporteur, celui-ci peut s'exonérer de sa faute en invoquant le vice propre de la marchandise, la force majeure ou la faute de l'expéditeur ou du destinataire. Par ailleurs, il est conseillé lors de l'élaboration du contrat de préciser le droit applicable en cas de conflit.

6.6 Pourquoi choisir le transport fluvial ?

Exemples de durées de transport			
Londres-Paris	2 jours	Marseille-Lyon	24 heures
Lisbonne-Paris	5 jours	Casablanca-Lyon	4 jours
Helsinki-Paris	6 jours		

Avantages	Inconvénients	À utiliser en priorité pour :
- Respect de l'environnement et du voisinage (pas de nuisances sonores), écologique. - Grande capacité de transport : un convoi (un pousseur et deux barges) équivaut à 220 camions de moins sur la route. - Désengorgement des routes. - Économique. - Pas de rupture de charge lorsque expéditeur et destinataire sont situés en bord de fleuve. - Très sûr (particulièrement adapté aux produits dangereux).	- 2 ruptures de charge pour les entreprises situées dans les terres. - Le mode de transport le plus lent et le moins réactif compte tenu de la faible rotation des porte-conteneurs dans certains ports fluviaux (en cours de développement toutefois). - Inégalité géographique.	- Le transport de masses : matériaux de construction (32,2 % du total en M tonnes-km), produits agroalimentaires (30,4 %), produits énergétiques (15,1 %), conteneurs, colis lourds et véhicules (9,8 %), produits chimiques (6,4 %), produits métallurgiques (6,1 %) et de plus en plus de produits manufacturés chargés en conteneurs[1]. - Convois exceptionnels et colis encombrants. - Moyen de pré ou post-acheminement autour d'un transport principal maritime.

7 LE TRANSPORT MULTIMODAL

Le transport multimodal n'est pas un mode de transport en soi mais une combinaison de plusieurs modes de transport. L'idée est de confier à un organisateur de transport le soin d'acheminer une marchandise, généralement de porte à porte, en utilisant au moins deux modes de transport, sous couvert d'un seul document de transport multimodal. Cette opération se caractérise par : « un seul transporteur – un seul contrat – une seule responsabilité ».

L'objectif est de fluidifier le flux logistique en réduisant les ruptures de charge et en facilitant la mise en place de régimes de transit. L'entreprise confiera ce type de fret à des commissionnaires de transport, organisateurs de la chaîne dans son intégralité.

Les Incoterms® de prédilection pour ce type de prestation sont les Incoterms® CPT/CIP et les Incoterms® D lorsque l'exportateur prend en

---

1. Source : VNF-2009.

charge le transport, mais aussi EXW lorsque l'acheteur décide d'organiser l'intégralité de la chaîne.

Les combinaisons pour couvrir le pré-acheminement ainsi que le transport principal sont diverses et variées :

- Fluvio-maritime utilisant des bateaux qui peuvent naviguer aussi bien sur la mer que sur les fleuves,
- Rail-route ou ferroutage,
- Mer-Air ou *Sea-Air* qui offre un délai plus court qu'en « tout maritime » et un prix plus intéressant qu'en « tout aérien »,
- Route-Mer avec les navires rouliers ou RO-RO,
- Rail-mer.

BON À SAVOIR

Le *sea-air* se développe avec l'Asie. Un importateur français de petit outillage utilise fréquemment ce transport multimodal avec son fournisseur chinois. Les marchandises empruntent un premier transport Shanghai/ Corée par la voie maritime puis terminent leur voyage en avion pour le trajet Séoul/Lyon. Le *transit time* passe ainsi de 25 jours en maritime à moins de 10 jours en *sea-air*. L'économie sur le fret s'élève à près de 30 % par rapport au « tout aérien ».

L'organisateur de transport privilégiera l'utilisation d'unités de transport multimodal (UTI) telles que des caisses mobiles, des conteneurs, des semi-remorques routières préhensibles par pinces et transportées sur des wagons.

La Convention des Nations Unies sur le transport multimodal international de marchandises (1980) régit ce type de transport[1] en statuant notamment en matière de document de transport (il peut être négociable comme non-négociable) ainsi qu'en matière de limite de remboursement en cas de sinistre transport (2,75 DTS le kilo).

Toutefois, le transport multimodal peut être également régi par la convention du principal mode de transport utilisé.

---

1. *United Nations Convention on International Multimodal Transport of Goods (Geneva, 24 May 1980)* disponible en anglais sur le site www.lexmercatoria.org et en français sur le site www.jurisint.org

---

EXEMPLE

Pour une expédition de Cordoba/Argentine à Anvers, soit de « porte à port », le commissionnaire établira un « *through bill of lading* » qui prendra en charge le positionnement du conteneur, chargement à bord navire départ ainsi que le transport maritime jusqu'au port de Anvers.

Un *combined transport bill of lading* sera utilisé dans le cas d'un transport route-mer-rail de Pekin à Paris par exemple. Il définira le lieu de prise en charge initial (*place of receipt*) et le lieu de livraison final (*place of delivery*).

---

8 AUTRES MODES DE TRANSPORT

8.1 Quand et comment utiliser les intégrateurs ?

Il s'agit des services de messagerie express assurant le service porte à porte avec un minimum de rupture de charge : Chronopost, Federal Express, UPS, DHL, etc.

Généralement soumis à la convention de transport aérien, ils peuvent, dans certains cas, être régis par la convention CMR, mais utilisent toutefois leurs propres bordereaux de livraison.

Limitation de remboursement : 17 DTS le kilo.

Incoterms® de prédilection : CIP/DAP. Certains intégrateurs offrent la possibilité d'utiliser EXW, lorsque le destinataire est en compte chez eux.

Les conditions générales de vente (CGV) varient d'un intégrateur à un autre, notamment à l'international en matière de :

- exigences documentaires,
- restrictions sur certaines destinations, les poids autorisés, les valeurs transportées, certains produits (marchandises prohibées, œuvres d'art, pierres précieuses, bijoux, or, produits dangereux…), certains clients (foires, salons, boîtes postales, navires…),
- limites des engagements pris par l'intégrateur : délai donné à titre indicatif et pas systématiquement garanti… produits périssables transportés aux risques et périls de l'expéditeur, délai garanti… sous réserve de non-blocage en douane…

Il est nécessaire de consulter plusieurs intégrateurs avant de choisir sa solution-transport et de comparer les offres avec le transport aérien traditionnel, notamment lorsque les lots dépassent les 50 kg.

Les intégrateurs sont par ailleurs en Procédure de Dédouanement Express (PDE). Si cette procédure permet un dédouanement accéléré, elle n'autorise pas la mise en place de régimes douaniers particuliers (admission temporaire, perfectionnements…). Le cas échéant, l'intégrateur sous-traitera la gestion de ces facilités douanières.

À réserver pour les petits colis, les marchandises à forte valeur ajoutée, les prototypes, les échantillons ou les marchandises très urgentes.

8.2 Les colis postaux

Face à la vive concurrence des intégrateurs, les postes nationales tentent de développer leur offre à l'export. L'amélioration du service porte essentiellement sur les services intégrés (de porte à porte), les délais (J+1 à J+8), les solutions informatisées de suivi de l'acheminement et de livraison, la preuve de dépôt, l'assurance, le SAV.

Les fournisseurs étrangers peuvent choisir leur entreprise postale pour expédier des colis inférieurs à 30 kg, accompagnés d'un bulletin de livraison CP72. La qualité du service dépend de la fiabilité et du sérieux des systèmes postaux locaux. À l'export de France, la Poste propose un guide « courrier-colis international » à demander sur le site www.laposte.fr/courrierinternational.

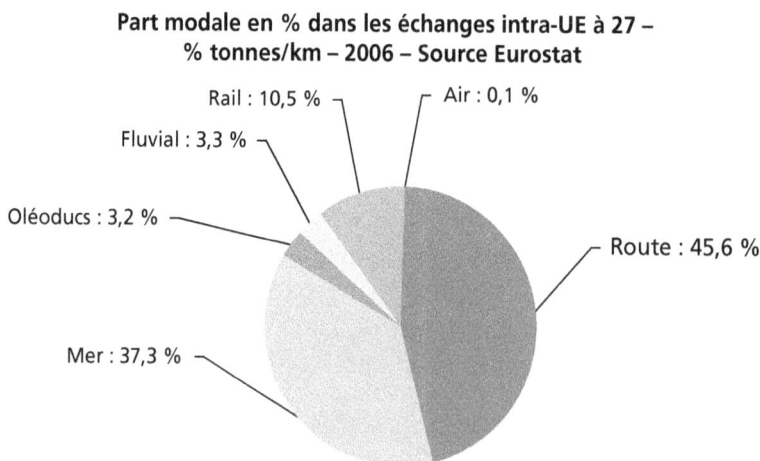

Part modale en % dans les échanges intra-UE à 27 – % tonnes/km – 2006 – Source Eurostat

Rail : 10,5 %
Air : 0,1 %
Fluvial : 3,3 %
Oléoducs : 3,2 %
Route : 45,6 %
Mer : 37,3 %

© Groupe Eyrolles

**Part modale en % dans les échanges UE-pays tiers à 27 –
% tonnes/km – 2006 – Source Eurostat 2007**

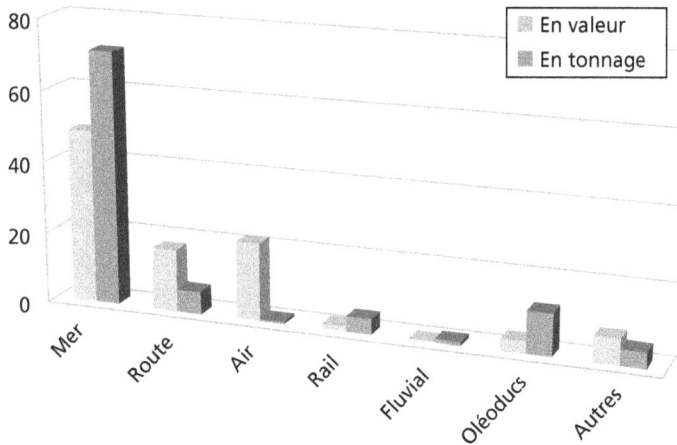

Graphiques 5 : Les principaux modes de transport

BON À SAVOIR

La croissance asiatique déséquilibre les échanges Est-Ouest et par voie de conséquence, les flux transportés :

- en aérien, lorsqu'une tonne de marchandises s'envole de l'Europe vers l'Asie, 7 tonnes sont parallèlement importées d'Asie ;
- en maritime, lissées sur l'année, les statistiques démontrent que sur 10 conteneurs qui partent d'Asie, 5 reviennent à vide !

À RETENIR

Dans tout acte d'achat international, excepté un achat rendu domicile, l'acheteur aura toujours une part de transport à organiser.

L'acheminement de la marchandise est une étape-clé de la démarche Import.

Étape qui peut représenter de 1… à 100 % de la valeur de la marchandise, voire au-delà !

Les conséquences d'une mauvaise solution-transport ou d'une non-maîtrise de la chaîne logistique se traduiront inéluctablement par des surcoûts financiers.

Les principaux modes de transport utilisés à l'international : mer – air – route – fer – fluvial – multimodal – messagerie express.

Le choix du mode de transport a un impact sur : les délais – le stock – l'emballage et le marquage – la douane import – l'échéance de paiement - les coûts.

À chaque mode de transport : une convention – des techniques – une tarification – un document de transport – des limites de responsabilités...

Que l'acheteur doit maîtriser pour aboutir au meilleur quatuor Prix/Qualité/ Sécurité/Délai.

Chapitre 8

Choisir une assurance-transport

Aléas de transport, ruptures de charge et nombreux intervenants font que la chaîne transport n'est pas un long fleuve tranquille. Les choix d'un mode de transport et d'un emballage adaptés sont essentiels pour une livraison dans de bonnes conditions. 45 % des dommages proviennent de manutentions ou d'entreposages peu soignés. En maritime tout particulièrement, l'emballage doit permettre de supporter les longs trajets, les conditions de transport difficiles et faciliter les manutentions. Le conteneur étanche s'impose, qu'il soit loué dans sa totalité ou que l'entreprise profite d'un groupage.

CONSEIL

Il est souvent préférable sur le plan financier de charger une commande de 22 m³ dans un conteneur 20' d'une capacité bien supérieure (environ 30 m³). Préférable aussi sur le plan sécuritaire car un conteneur complet subira moins de rupture de charge qu'un lot de palettes, même chargées dans un conteneur de groupage qui sera forcément dépoté à l'arrivée au port ou à la plate-forme multimodale.

D'où l'importance de faire le bon choix en matière de couverture des risques transport.

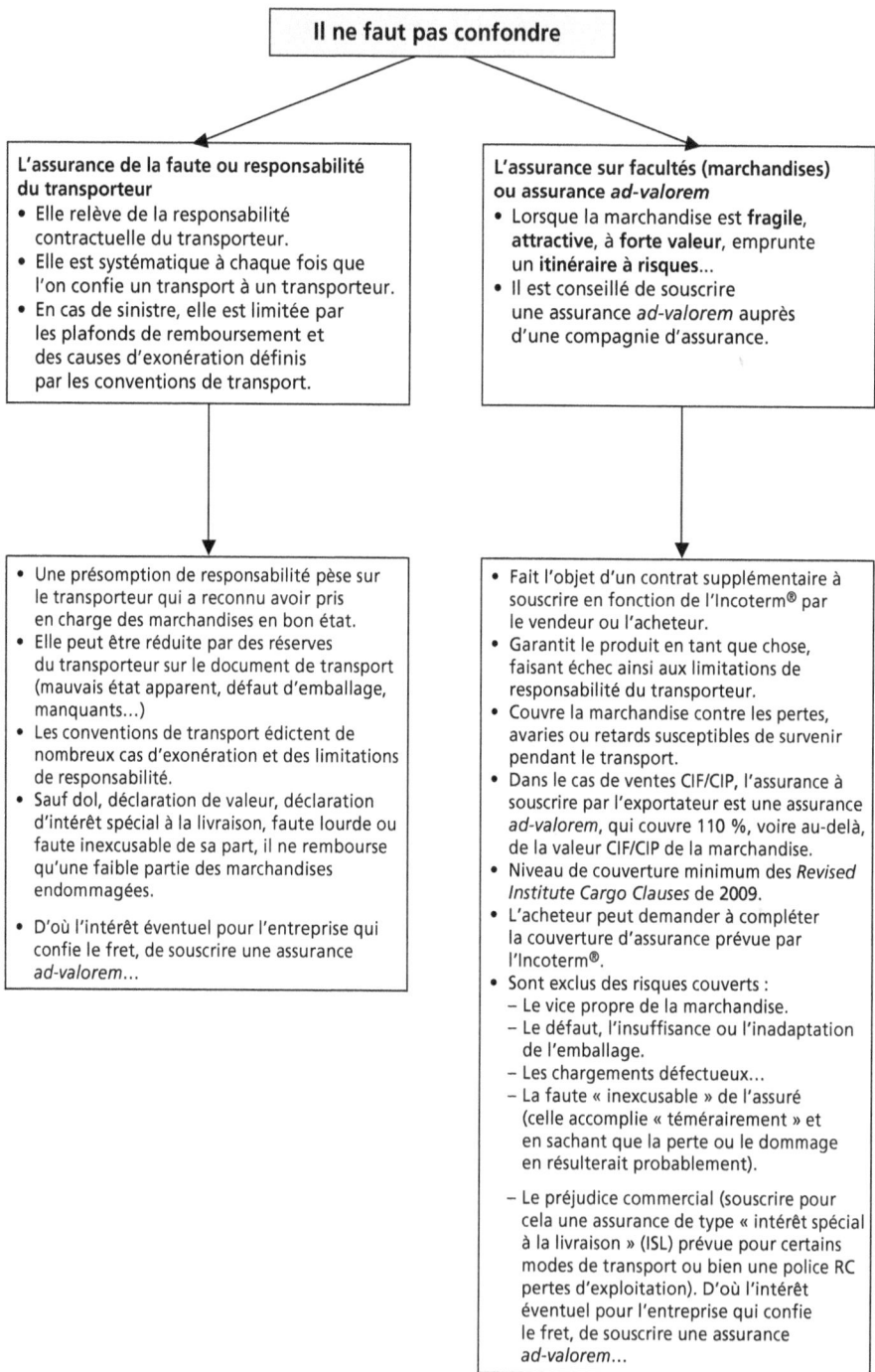

Il ne faut pas confondre

L'assurance de la faute ou responsabilité du transporteur
- Elle relève de la responsabilité contractuelle du transporteur.
- Elle est systématique à chaque fois que l'on confie un transport à un transporteur.
- En cas de sinistre, elle est limitée par les plafonds de remboursement et des causes d'exonération définis par les conventions de transport.

L'assurance sur facultés (marchandises) ou assurance *ad-valorem*
- Lorsque la marchandise est **fragile**, **attractive**, à **forte valeur**, emprunte un **itinéraire à risques**...
- Il est conseillé de souscrire une assurance *ad-valorem* auprès d'une compagnie d'assurance.

- Une présomption de responsabilité pèse sur le transporteur qui a reconnu avoir pris en charge des marchandises en bon état.
- Elle peut être réduite par des réserves du transporteur sur le document de transport (mauvais état apparent, défaut d'emballage, manquants...)
- Les conventions de transport édictent de nombreux cas d'exonération et des limitations de responsabilité.
- Sauf dol, déclaration de valeur, déclaration d'intérêt spécial à la livraison, faute lourde ou faute inexcusable de sa part, il ne rembourse qu'une faible partie des marchandises endommagées.

- D'où l'intérêt éventuel pour l'entreprise qui confie le fret, de souscrire une assurance *ad-valorem*...

- Fait l'objet d'un contrat supplémentaire à souscrire en fonction de l'Incoterm® par le vendeur ou l'acheteur.
- Garantit le produit en tant que chose, faisant échec ainsi aux limitations de responsabilité du transporteur.
- Couvre la marchandise contre les pertes, avaries ou retards susceptibles de survenir pendant le transport.
- Dans le cas de ventes CIF/CIP, l'assurance à souscrire par l'exportateur est une assurance *ad-valorem*, qui couvre 110 %, voire au-delà, de la valeur CIF/CIP de la marchandise.
- Niveau de couverture minimum des *Revised Institute Cargo Clauses* de 2009.
- L'acheteur peut demander à compléter la couverture d'assurance prévue par l'Incoterm®.
- Sont exclus des risques couverts :
  – Le vice propre de la marchandise.
  – Le défaut, l'insuffisance ou l'inadaptation de l'emballage.
  – Les chargements défectueux...
  – La faute « inexcusable » de l'assuré (celle accomplie « témérairement » et en sachant que la perte ou le dommage en résulterait probablement).

  – Le préjudice commercial (souscrire pour cela une assurance de type « intérêt spécial à la livraison » (ISL) prévue pour certains modes de transport ou bien une police RC pertes d'exploitation). D'où l'intérêt éventuel pour l'entreprise qui confie le fret, de souscrire une assurance *ad-valorem*...

1 QUELLE EST L'ÉTENDUE DE L'ASSURANCE-TRANSPORT ?

1.1 L'assurance-transport par la voie maritime

- **Avaries communes** : risque spécial aux transports sur mer, Rhin et Moselle. Pour échapper à un danger menaçant à la fois le navire et la cargaison, le commandant peut être conduit, dans l'intérêt commun, à effectuer des dépenses extraordinaires, à sacrifier une partie de la marchandise. Le transporteur maritime et toutes les personnes dont les marchandises ont été sauvées contribueront au dédommagement des marchandises sacrifiées pour le bien commun et aux avaries et frais supplémentaires supportés par le navire (proportionnellement à la valeur des marchandises sauvées).

CONSEIL

Compte tenu des fréquents accidents de mer, il est fortement conseillé à l'acheteur qui importe selon les Incoterms® E/F/CFR/CPT de couvrir au moins l'avarie commune.

- **Avaries particulières** : ne concerne que les pertes et/ou dommages subis par la marchandise à la suite d'un événement qui n'affecte que l'intérêt de l'assuré : détériorations, manquants ou pertes de la marchandise elle-même au cours du transport.
- **Risques de guerre et assimilés** : ceux entraînés par l'homme (guerre, terrorisme, conflits de travail, piraterie…).
- **Les différentes couvertures possibles selon les Revised Institute Cargo Clauses de 2009 (*Underwriting Association (IUA) and Lloyd's Market Association (LMA)*)**
  - *Institute Cargo Clauses C* couvre les accidents caractérisés affectant tant le moyen de transport que la cargaison (avarie commune, collision, abordage, incendie, tremblement de terre…).
  - *Institute Cargo Clauses B* garantit les dommages et pertes résultant des seuls événements énumérés dans le contrat (avarie commune + quelques avaries particulières).
  - *Institute Cargo Clauses A* : couvre tous les dommages et pertes matériels causés aux objets assurés pendant le voyage (vol, casse, avarie, manutention) sous réserve des exclusions et limitations au contrat.

– Surprime « risques de guerre et assimilés » (émeutes, troubles populaires, grèves, piratage…).
– L'assurance cesse 60 jours après le déchargement du dernier navire de mer, mais avant la prise de livraison par le destinataire.

1.2 L'assurance-transport par la voie aérienne

- **Police spéciale « tous risques »** : elle garantit les objets acheminés par avion et par des transports préliminaires ou complémentaires, terrestres ou fluviaux.
- La garantie cesse à l'expiration d'un délai de 15 jours à compter de la date d'arrivée de l'avion à l'aéroport de destination, d'où l'intérêt pour l'acheteur de ne pas tarder à retirer la marchandise de l'aéroport.
- Ce délai peut être prolongé, moyennant convention et surprime spéciale, jusqu'à l'entrée des marchandises dans les magasins du destinataire.

1.3 L'assurance-transport par la voie routière

- L'acheteur peut ne couvrir que les conséquences des « événements caractérisés » énumérés dans le contrat ou tous les risques pouvant affecter la marchandise.
- La couverture s'entend de « magasin à magasin ».
- La garantie prend effet lorsqu'on remet la marchandise au premier transporteur et cesse à la livraison au destinataire ou au plus tard 15 jours à compter de la notification de la mise à disposition de la marchandise par le consignataire à destination.

2 QUELS TYPES DE POLICE UTILISER ?

- **La police au voyage** : pour des expéditions occasionnelles. Couvre une expédition, pour une valeur et un trajet déterminés. L'acheteur prend contact avec un agent ou un courtier d'assurance qui recherchera les conditions les mieux adaptées.
- **La police tiers-chargeur** : police souscrite par le transporteur ou le commissionnaire de transport et sur laquelle il impute des marchandises pour différents clients. Très utilisée par les acheteurs lorsqu'il s'agit d'assurer ponctuellement un voyage. Il suffit de l'indiquer dans la lettre d'instructions remise au commissionnaire de transport.

ICICI Lombard
— GENERAL INSURANCE —

CERTIFICATE OF INSURANCE
Marine Cargo Policy (export)

Certificate Number: CERT/2002/0006018/232

ICICI Lombard Marine Cargo Policy No.2002/0006018 dated **24-May-2004**, has been issued at MUMBAI by ICICI Lombard General Insurance Company Limited to the Insured, M/s **ORIENTAL EXPORT CORPORATION**,Shop No. 5,Guru Nanak Shopping Center,Shankar Lane,Kandivali(W),Mumbai and governed by the subject to the terms, conditions and exclusions therein contained or otherwise expressed in the said Policy, but not exceeding the Sum Insured as specified in Part I of the Schedule to the said Policy.

This confirmation numbered CERT/2002/0006018/232, bearing a system-generated/facsimile signature of an authorised official of the Company, is valid subject to the Insured, or an authorized signatory on behalf of the Insured, having signed this Confirmation, at the place as indicated below, and represents the availability of benefit to the Insured subject to the terms, conditions and exclusions contained or otherwise expressed in the said Policy, but not exceeding the Sum Insured is specified in Part I of the Schedule to the said Policy.

To the Order Of/Importer's Name	FRANCE	Cargo SI declared value (EURO)	13105.42 (Rs.745885.805506)
Subject Matter Insured/Packing Details	On a consignment in 149 CARTONS IN 3 PALLETS said to contain ELECTRICAL GOODS - 426300 PCS	Balance Cargo Sum Insured(EURO)	404086.879215733 (Rs.22998321.869748)
Marks & No.	1840 MARSIELLE C/N NO 1 TO 149	Financial Interest	
Basis of Valuation	CIF+10%	Marine Premium (EURO)	3.931626 (Rs.223.77)
Invoice No. and Date	351/2004-05,28-Feb-2005	War & SRCC Premium (EURO)	6.55271 (Rs.372.94)
Vessel/Flight Details	AL IHSA A V 347	Stamp Duty (Rs.)	3
Weight of Goods	2138.150 KGS.	Total Premium (after Discount)(EURO)	10.484336 (Rs.596.71)
No. of Packages	149 CARTONS	Shipment Remarks	
Voyage Number		Clauses	1.) Institute Cargo Clauses (A) 1/1/82 (Warehouse to Warehouse)
L/C No			2.) War and Warlike Operation and strikes, riots and civil commotion endorsement
BL/AWB/RR/LR No.	NHS/MAR/LCL/20051443		3.) INSTITUTE CARGO CLAUSES (AIR) (Excluding sendings by Post)
BL/AWB/RR/LR Date	22-Mar-2005		4.) INSTITUTE WAR CLAUSES (CARGO) 1.1.82
From	JAMNAGAR, INDIA		5.) INSTITUTE WAR CLAUSES (Excluding sendings by Post) 1.1.82
To	MARSEILLE, FRANCE		6.) INSTITUTE WAR CANCELLATION CLAUSE (CARGO)
Via			7.) INSTITUTE STRIKES, RIOT, CIVIL COMMOTIONS CLAUSE
Port Of Loading	JNPT		8.) INSTITUTE STRIKES, RIOT, CIVIL COMMOTIONS CLAUSE (AIR)
Port Of Discharge	MARSEILLE		9.) INSTITUTE CLASSIFICATION CLAUSE 1.08.1997
Mode Of Transit	Sea		10.) INSTITUTE RADIOACTIVE CONTAMINATION EXCLUSION CLAUSE 01.11.02
Settlement Agent Country	FRANCE		11.) IMPORTANT NOTICE CLAUSE
Settlement Agent Town	MARSEILLE		

Warranted that in the event of the goods hereby insured arriving at destination in a damaged condition, the Consignee shall obtain a Carriers' Survey as per the terms of the Bill of Lading and/ or other contract of affreightment and shall lodge an immediate claim against the carriers concerned. Loss or damage certificate to be obtained from the Carriers and immediate notice in writing should be given to the ICICI Lombard General Insurance Company Limited.

Policy Remarks	Open Policy Clause. Mode of Conveyance is by Air and Sea. Packing Details : Customary Packing. Subject to an excess of 1% of claim amount or Rs.5000/- whichever is higher. Subject to Cargo Termination of Storage in Transit Clause. The declaration for the cargo should be given on or before the 5th of every month. In the event of loss or damage which may involve a claim under this insurance policy, immediate notice thereof and application for survey should be given to: Nearest Office of W. K. Websters Pvt. Ltd.

Survey & Claim Settlement :
In the event of loss or damage which may involve a claim under this insurance policy, immediate notice thereof and application for survey should be given to:
NAVYCLAIM., (AGENTS OF WEBSTERS - LONDON),66 RUE GRIGNAN,13001 MARSEILLE CEDEX 01
Phone: (4) 91338090 & 91338093,Fax: (4) 91330408,Email: patrick.rocchia.navyclaim@wanadoo.fr
Claims payable by:
W K WEBSTER & CO,CHRISTOPHER HOUSE,STATION ROAD,SIDCUP, KENT DA15 7BS,UNITED KINGDOM
Phone: 20 8300 7744,Fax: 20 8309 1266,Email: info@wkwebster.com

*Not to exceed balance sum insured under the Policy
Date: 28-Mar-2005   Place: MUMBAI
For ICICI LOMBARD GENERAL INSURANCE CO. LTD

Counter-signed by the Authorised Signatory of the Insured

Authorised signatory

Oriental Export Corporation

Authorised Signatory

This is a digitally signed document. Pl. click here to authenticate.

Secure Site

ICICI Lombard General Insurance Company Limited
Zenith House, Keshavrao Khadye Marg, Opp. Race Cource, Mahalaxmi, Mumbai - 400 034

- **La police à alimenter** (à éteindre) : pour des expéditions d'objets de même nature, échelonnées sur une période indéterminée. L'assureur est prévenu avant chaque expédition par l'envoi d'un bordereau. La valeur totale des marchandises et le nombre d'expéditions prévues sont indiqués au contrat. La notion de « plein » précise la valeur maximale autorisée par mode de transport (ex. 300 000 EUR par navire).

- **La police d'abonnement** (ou police flottante, globale, au chiffre d'affaires) : conclue d'avance avec une compagnie d'assurances pour une période donnée, elle couvre automatiquement tous les envois d'un même chargeur (importateur, exportateur). Elle convient aux commerçants internationaux qui exportent et/ou importent fréquemment des marchandises variées. La notion de « plein » à ne pas dépasser s'applique également par voyage.

CONSEIL

Une marchandise à faible valeur ajoutée et peu attractive peut s'accommoder des limitations de remboursement du transporteur édictées par les conventions internationales (environ 2,4 euro/kg en maritime et 20 euro/kg en aérien), si tant est que le transporteur ne renverse pas la charge de la faute sur le chargeur...

À l'opposé, les acheteurs de produits de haute technologie, de biens de grande consommation ne manqueront pas d'opter pour une assurance *ad-valorem* prise auprès d'une compagnie d'assurances ou tout simplement auprès du commissionnaire de transport. Cette assurance offre une bien meilleure couverture en cas de sinistre, pour un coût modique : environ 0,40 % si souscrite au voyage, et jusqu'à 0,015 % si souscrite sur un chiffre d'affaires annuel important.

La prime varie selon :
- la nature de la marchandise,
- la nature de l'emballage,
- le mode de transport (pour le maritime : le nom et l'âge du navire),
- l'itinéraire assuré,
- la valeur de la marchandise,
- la nature des garanties couvertes.

Elle est également tributaire de la conjoncture économique et politique.

---

3 QUE FAIRE EN CAS DE SINISTRE ?

Voici la marche à suivre dans le cas de constatation de pertes ou de dommages durant le transport.

Réserves	Le réceptionnaire qui constate un sinistre-transport doit faire des réserves circonstanciées sur le bordereau de livraison pour conserver à la compagnie d'assurances, le cas échéant, des possibilités de recours.
	Confirmer ces réserves au transporteur :
	– Maritime : adresser les réserves écrites au transporteur au plus tard au moment de la livraison. Dommages non apparents : dans les 3 jours après la livraison.

.../...

Réserves (suite)	– Route : à la livraison. Dommages non apparents : 7 jours. – Aérien : protestation immédiate dès la découverte des dommages et au plus tard, 14 jours après la livraison.
Protection	Prendre les mesures nécessaires pour éviter l'aggravation des dommages. Veiller à la conservation des recours contre tous les tiers éventuellement responsables.
Constat	Demander un constat de dommages, dans les délais prévus au contrat, au commissaire d'avaries mentionné sur le certificat d'assurance. Le rapport doit préciser notamment la cause des dommages. Le commissaire d'avaries peut imposer des mesures de protection particulières s'il le juge utile.
Déclaration	L'assuré (ou bénéficiaire de la garantie) doit expédier dans les meilleurs délais une déclaration de sinistre à l'assureur ou à l'agent payeur désigné sur le certificat. Dans le cas de police tiers-chargeur, c'est au transitaire de rassembler les pièces nécessaires. L'assuré doit présenter sa réclamation à l'assureur avant que la prescription n'ait joué au bénéfice du transporteur (un an pour les transports maritimes et terrestres, deux ans si le transport est couvert par la convention de Hambourg et pour le transport aérien). À défaut, l'assureur a le droit de diminuer l'indemnité du montant qu'il ne peut plus récupérer auprès du transporteur.
Réclamation	Constituer un dossier avec : – L'original de la police ou du certificat d'assurance. – L'original du titre de transport. – Le certificat d'avaries délivré par le commissaire d'avaries, complété éventuellement d'un rapport d'expertise. – Le certificat de non-livraison, le bon de manquant ou le bulletin de poids pour les pertes totales ou partielles (délivrés par le transporteur). – La facture des marchandises, les éventuelles notes d'honoraires des experts et commissaires d'avaries. – La preuve de la conservation des recours : double du bon de livraison émargé des réserves, copies des lettres de réserves adressées aux transporteurs avec les réponses de ces derniers.
Règlement des sinistres	Dossiers convenablement constitués = règlement rapide. Le règlement de l'indemnité est versé au bénéficiaire de l'assurance : l'assuré, le destinataire ou un tiers porteur régulier du certificat d'assurance.

BON À SAVOIR

Dans le cas de trafics stables et réguliers, mais aussi lorsque la constatation de l'état des marchandises au moment de la livraison s'avère difficile, les parties peuvent librement décider d'élaborer un accord-litige afin de régler les éventuels sinistres dus au transport. Il s'agit d'une convention, acceptée par le transporteur, le chargeur mais également le destinataire, dont l'objet est de définir à l'avance, pour une période donnée et sur un trafic concerné, les procédures à suivre en matière de constatation des dommages et indemnisation des préjudices. L'accord-litige est particulièrement recommandé lorsque les avaries de transport ne sont décelables qu'après des tests, au moment de la mise en service des matériels livrés, ou bien lorsque l'envergure de l'envoi ne permet pas un déballage immédiat.

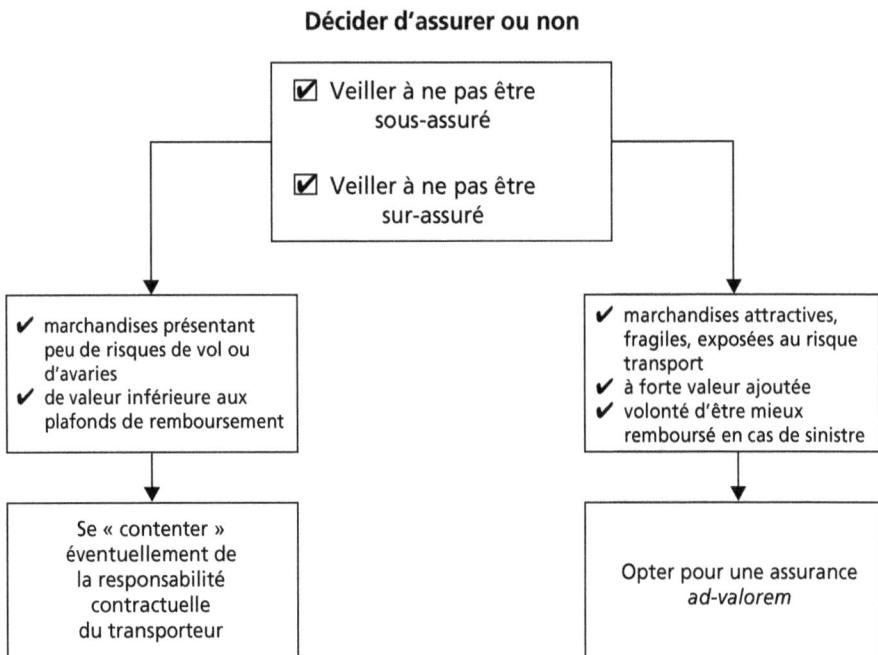

Décider d'assurer ou non

☑ Veiller à ne pas être
sous-assuré

☑ Veiller à ne pas être
sur-assuré

✔ marchandises présentant
peu de risques de vol ou
d'avaries
✔ de valeur inférieure aux
plafonds de remboursement

✔ marchandises attractives,
fragiles, exposées au risque
transport
✔ à forte valeur ajoutée
✔ volonté d'être mieux
remboursé en cas de sinistre

Se « contenter »
éventuellement de
la responsabilité
contractuelle
du transporteur

Opter pour une assurance
ad-valorem

À RETENIR

- Une présomption de responsabilité pèse sur le transporteur qui a reconnu avoir pris en charge des marchandises en bon état.
- Cette responsabilité peut être réduite par :
  – des réserves à la livraison
  – des causes d'exonération prévues dans les conventions de transport
  – des limites d'indemnisation
- L'acheteur peut avoir intérêt à souscrire en complément une assurance *ad-valorem*.
- L'assurance *ad-valorem* garantit le produit en tant que chose. Elle permet un meilleur remboursement.
- Elle est obligatoire dans les Incoterms® CIF/CIP : elle est dans ce cas souscrite par le vendeur pour le compte de l'acheteur et couvre au minimum 110 % de la valeur CIF/CIP.
- L'acheteur doit décider s'il est opportun de compléter l'assurance prise par le vendeur en termes de risques couverts ou au-delà du point de transfert des risques édicté par l'Incoterm® choisi.
- Souscrire une assurance *ad-valorem* consiste à négocier la nature des flux couverts, l'étendue de la couverture, les causes d'exonération, le type de police, les modalités financières (prime – franchise) et particulières (notion de plein par voyage).
- L'assuré doit être informé de la procédure à suivre en cas de sinistre et la respecter le moment venu.
- Incontournable : l'émargement des réserves sur le document de transport et la confirmation par écrit au transporteur ou *via* le commissionnaire de transport.

Chapitre 9

Travailler avec les partenaires du transport

À moins de disposer de ses propres moyens de transport et de manutention, l'acheteur sous-traitera le transport des marchandises importées à des partenaires extérieurs à l'entreprise. En fonction de l'Incoterm® d'achat, il peut avoir affaire aux intermédiaires suivants :

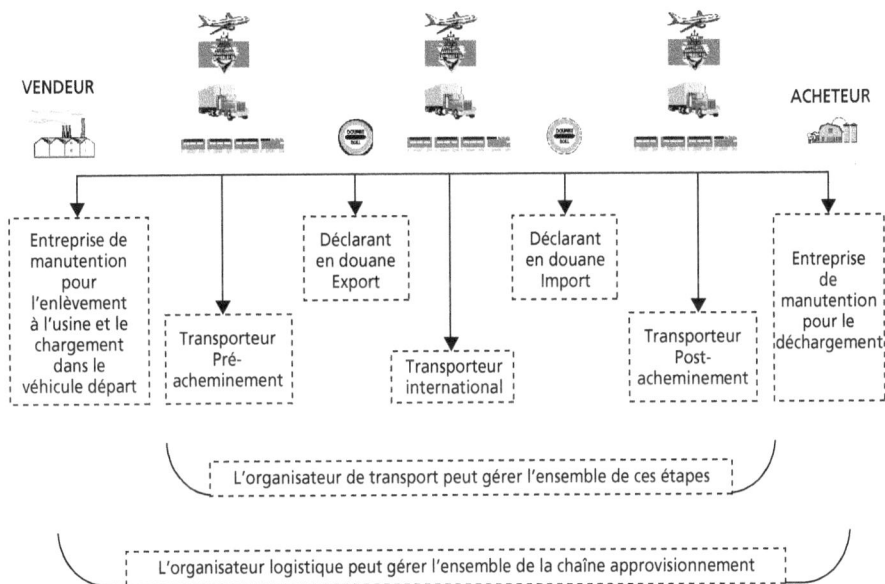

À ces intervenants de la chaîne-transport, il convient d'ajouter les entreprises de manutention présentes aux ports et aéroports afin d'assurer les éventuels passages en magasin, entrepôts ou quais, ainsi que le chargement sur les navires ou avions.

Pour éviter d'avoir un si grand nombre d'interlocuteurs, la majorité des importateurs confie l'ensemble des étapes à des organisateurs de transport, que l'on appelle communément « transitaires ».

Le terme « organisateur de transport » regroupe traditionnellement plusieurs métiers : mandataire, commissionnaire de transport, commissionnaire agréé en douane. Ces professionnels organisent le transport et le dédouanement de marchandises pour le compte de clients exportateurs ou importateurs. Ils assurent la continuité de la distribution du fret et de l'information entre tous les acteurs de la chaîne.

Depuis une vingtaine d'années, ils sont de plus en plus sollicités pour intervenir également en amont et en aval des opérations de transport, assurant gestion de stocks, préparation de commande, emballage et entreposage.

Pour mieux cerner l'offre de ces prestataires, faisons un tour d'horizon des principaux intervenants de la chaîne transport-logistique.

1 Quels sont les principaux intervenants de la chaîne transport-logistique ?

1.1 Au cœur de la chaîne du transport : le transporteur

Le transporteur est le propriétaire du moyen de transport qui réalise tout ou partie du transport : transporteur routier, compagnies maritime, aérienne ou ferroviaire.

Il est bien entendu possible de traiter directement avec lui, notamment dans le cas de transports terrestres sur le territoire de l'Union européenne où les formalités douanières sont supprimées. Bon nombre de grandes entreprises importatrices négocient les taux de fret directement avec les transporteurs.

Toutefois, ils ne sont pas seuls dans la chaîne du transport, d'autres corps de métiers peuvent être sollicités comme nous l'avons vu. Or, les transporteurs purs n'ont pas toujours l'effectif ou le personnel compétent pour traiter avec ces sous-traitants, gérer et suivre la chaîne de bout en bout, établir les documents de transports internationaux et ceux exigés dans le cadre d'un crédit documentaire, mettre en place une relation purement commerciale avec le chargeur.

C'est la raison pour laquelle il est souvent préférable de confier le fret à des intermédiaires du transport qui se chargeront de l'organiser. Ils sont fréquemment en meilleure position que l'importateur pour négocier avec les transporteurs. En effet, ils collectent du fret pour plusieurs chargeurs et connaissent les rouages du métier qui leur permettent de choisir et gérer au mieux les sous-traitants.

1.2 Le mandataire

- Intermédiaire du transport, il reçoit et réexpédie les marchandises sur instruction du mandant.
- Il est responsable de ses fautes personnelles mais pas de celles de ses sous-traitants qu'il ne choisit d'ailleurs pas.
- Il répond d'une obligation de moyens.
- Il dispose d'un droit de rétention sur la marchandise en cas de frais impayés de conservation de la marchandise. Mais son droit de rétention est limité aux créances afférentes à cette marchandise.
- Relèvent de ce statut : le transitaire portuaire et aéroportuaire, le consignataire de marchandise, le courtier de fret maritime, fluvial, l'entrepreneur de manutention, l'agent de fret aérien qui a procuration pour signer les LTA pour le compte des compagnies aériennes…

1.3 Le commissionnaire de transport

- Intermédiaire professionnel du transport, il se charge de faire exécuter, sous sa responsabilité et en son nom propre, un transport de marchandises pour le compte d'un client, en ayant le choix des voies et des moyens.
- Il soigne le transport de bout en bout et il est tenu d'une obligation de résultat sur le choix de ses sous-traitants.
- Il est seul responsable vis-à-vis de l'expéditeur (vendeur ou acheteur) de ses propres fautes comme de celles des prestataires auxquels il a fait appel.
- Il bénéficie d'une créance privilégiée sur la valeur de la marchandise qui lui est confiée et peut se rembourser pour les créances relevant d'opérations antérieures.
- Relèvent de ce statut : le groupeur (de fret aérien, routier, maritime), l'organisateur de transport multimodal, le commissionnaire de transport maritime, l'affréteur routier, l'intégrateur (messagerie express internationale)…

Certaines structures peuvent agir en tant que mandataire pour une opération donnée et en tant que commissionnaire lors d'une autre.

1.4 Le NVOCC (*non vessel operating common carrier*)

Il s'agit d'un organisateur de transport multimodal qui exploite une partie du navire sans être armateur. Les entreprises qui doivent faire charger des lots ne constituant pas un conteneur complet peuvent s'adresser à un NVOCC qui organise des groupages au départ de ports où la massification du trafic permet des départs hebdomadaires. Cette société est maître du transport depuis la prise en charge des marchandises jusqu'au point de destination finale. Elle émet, à ce titre, un connaissement maritime NVOCC pour son chargeur, contrairement au simple transitaire groupeur qui ne peut émettre de document de transport.

Juridiquement, à l'égard de son client, elle agit comme une compagnie maritime, certes sans navire ! Aux USA, ces sociétés ont un statut à part entière. En France, elles sont assimilées à des commissionnaires de transport. On peut les répertorier au sein de TLF (Transport Logistique de France) ou de A.O.T.M. (Association des Transitaires-Organisateurs de Transports Multimodaux).

1.5 Le commissionnaire en douane

- Il s'agit d'un déclarant en douane mandataire, bien qu'on le nomme commissionnaire en douane.
- Il décharge les commerçants internationaux des formalités douanières.
- Il peut agir en représentation directe (au nom et pour compte d'autrui). Il dispose, pour ce faire, d'une autorisation délivrée par l'Administration des Douanes et est mandaté par son client (exportateur ou importateur). Ce dernier est le seul débiteur des droits et taxes.
- Il peut agir en représentation indirecte (en son nom propre mais pour le compte d'autrui). Il est dans ce cas tenu solidairement avec son mandant au paiement de tous les droits et taxes.
- Il combine souvent cette activité avec une fonction de commissionnaire de transport.

Voir chapitre « Maîtriser les opérations de douane ».

CONSEIL

À l'importation, si l'entreprise n'est pas en procédure de dédouanement à domicile, il est préférable de travailler avec un **commissionnaire de transport agréé en douane** qui se chargera de faire enlever la marchandise à un point convenu pour la livrer dédouanée aux entrepôts de l'acheteur.

1.6 L'opérateur logistique

La fédération TLF le définit comme « un prestataire de service qui organise, exécute ou fait exécuter, sous sa responsabilité et en son nom propre, toute opération destinée à gérer des flux physiques de marchandises, ainsi que des flux documentaires et/ou d'informations s'y rapportant ».

L'organisation et la gestion des flux logistiques sont ainsi externalisées et confiées à des organisateurs de transport. Ces derniers voient leur rôle étendu à d'autres fonctions comme l'entreposage, le conditionnement et l'emballage, la gestion des commandes, la préparation et la distribution des marchandises, le suivi et la diffusion de l'information par voie informatique… Les grandes structures peuvent également prendre en charge la réparation ou la finition des produits finis, le retour des pièces défectueuses…

Cette profession est en plein développement. Les raisons en sont bien entendu la globalisation des échanges, le développement des flux tendus qui ont contribué à placer la gestion de la chaîne d'approvisionnement au cœur des stratégies des entreprises. Le principal objectif visé est l'optimisation à tous les niveaux : stocks, coûts logistiques, flux de marchandises, flux informatifs et documentaires.

Le développement du commerce électronique a aussi grandement contribué à l'essor des prestataires de services logistiques… ou serait-ce plutôt l'inverse ? En effet, un site marchand se doit d'être réactif aux besoins du consommateur, de respecter les délais, d'offrir une prestation de transport de qualité et une capacité à retracer l'acheminement des envois de petite taille. Gages de pérennité : un site Internet sécurisé et sécurisant, et une prestation logistique irréprochable.

En plus des grands industriels et du commerce électronique, le « petit importateur » trouve également son compte à travailler avec des opérateurs logistiques.

La PME/PMI qui ne dispose pas des moyens matériels et humains en interne (entrepôts, personnel suffisant) peut sous-traiter tout ou partie de la chaîne approvisionnement : passation des commandes, organisation du transport et du dédouanement, entreposage, conditionnement, marquage, mais aussi contrôle avant expédition, reprographie des notices techniques, distribution aux clients finaux…

À noter que tous les opérateurs logistiques n'assurent pas les relations administratives avec les fournisseurs étrangers (passation des commandes, ouverture des crédits documentaires…). Les primo-importateurs peuvent être accompagnés dans cette démarche par une société de gestion à l'import.

Voir chapitre « Les intermédiaires de l'importation ».

Ainsi, externaliser permet de s'appuyer sur des spécialistes et libère le chef d'entreprise, le primo-importateur, le créateur d'entreprise qui préférera se consacrer à des tâches qui lui tiennent à cœur : la définition des produits, le *sourcing*, la négociation avec les fournisseurs et le commerce pur.

Le prestataire logistique peut agir comme un véritable partenaire industriel et économique. Il contribue à réaliser des gains de productivité et apporte la flexibilité de la relation en tant que fournisseur extérieur.

2 COMMENT CHOISIR LES PRESTATAIRES DU TRANSPORT ET DE LA LOGISTIQUE ?

Rappelons les sources citées dans le chapitre « Méthodologie Import » qui permettent de répertorier ces prestataires :

- Fédération « Transport et Logistique de France » (TLF).
- Association française pour la logistique (ASLOG).
- Les annuaires d'entreprises.
- Les sites-portails du transport et de la logistique.

Mais comment les sélectionner ? Voir tableau ci-après.

Compte tenu de ces critères de sélection, il n'est pas toujours aisé de sélectionner les meilleurs prestataires. S'en tenir à leur plaquette, leur site Internet, leur publicité dans les annuaires peut s'avérer insuffisant,

Tableau 13 : La sélection du partenaire de transport/logistique

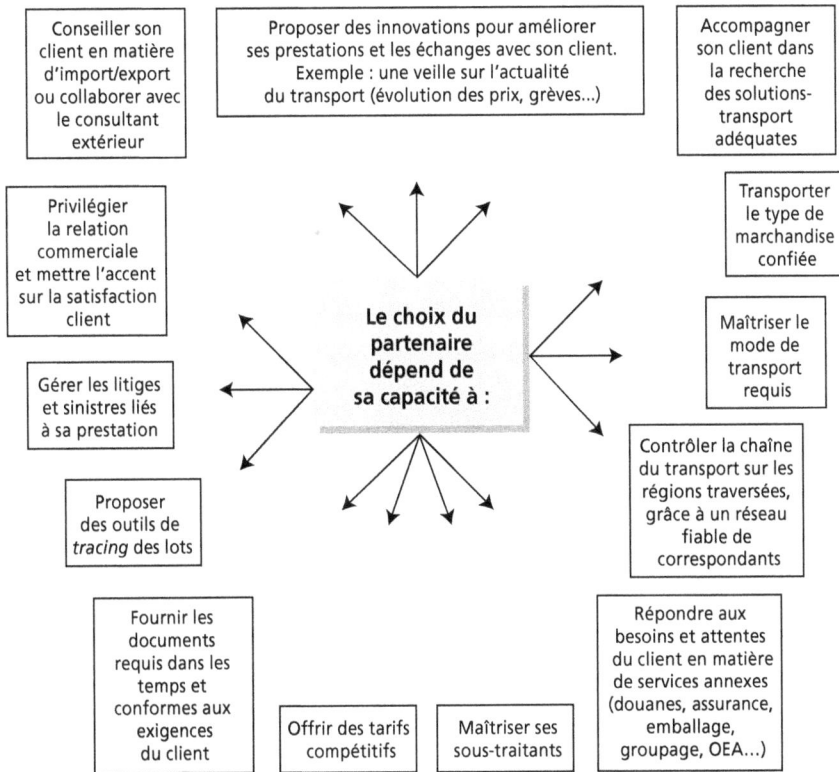

Conseiller son client en matière d'import/export ou collaborer avec le consultant extérieur	Proposer des innovations pour améliorer ses prestations et les échanges avec son client. Exemple : une veille sur l'actualité du transport (évolution des prix, grèves...)	Accompagner son client dans la recherche des solutions-transport adéquates

Le choix du partenaire dépend de sa capacité à :

- Privilégier la relation commerciale et mettre l'accent sur la satisfaction client
- Gérer les litiges et sinistres liés à sa prestation
- Proposer des outils de *tracing* des lots
- Fournir les documents requis dans les temps et conformes aux exigences du client
- Offrir des tarifs compétitifs
- Maîtriser ses sous-traitants
- Répondre aux besoins et attentes du client en matière de services annexes (douanes, assurance, emballage, groupage, OEA...)
- Contrôler la chaîne du transport sur les régions traversées, grâce à un réseau fiable de correspondants
- Maîtriser le mode de transport requis
- Transporter le type de marchandise confiée

notamment lorsque les opérations concernées méritent une attention particulière (lot important, envois fréquents, marchandise délicate à transporter, parcours à traverser risqué…)

Il est bien entendu primordial de prendre le temps de les mettre en concurrence mais aussi de les rencontrer et créer avec ces prestataires une relation commerciale de qualité. L'organisateur de transport est un partenaire privilégié en ce sens qu'il est le prolongement des services import et export.

3 ACHETER DU TRANSPORT À L'INTERNATIONAL

L'acheteur doit régulièrement mettre en concurrence les organisateurs de transport. Cela ne veut pas dire en changer trop fréquemment !

Si certains types de flux s'accommodent du « premier prestataire venu », du fait de l'absence de complexité des opérations et de la présence d'une vive concurrence sur la zone géographique concernée, il n'en est pas de même lorsqu'il s'agit d'importer du matériel hors-gabarit d'Afrique du Sud !

En effet, des relations pérennes permettent de travailler avec un interlocuteur qui connaît et maîtrise les flux de l'entreprise, qui anticipe les attentes de son client face à un problème. Des relations pérennes permettent aussi de bénéficier de ristournes de fidélité et de gestes commerciaux au nom des « bonnes relations ».

Mais, comme pour tout fournisseur, l'acheteur doit maintenir son organisateur de transport en alerte et le positionner régulièrement par rapport à la concurrence, ne serait-ce que pour constater qu'il reste effectivement le meilleur ! Sur le plan purement tarifaire, il est nécessaire de mettre en concurrence les prestataires :

- une fois par an pour les flux importants et réguliers,
- au cas par cas pour les opérations ponctuelles.

L'acheteur procède soit par appel d'offres en remettant aux prestataires potentiels un cahier des charges détaillé, listant les caractéristiques des flux à traiter, soit par des demandes de cotation plus simples. Deux prestataires sollicités semblent un minimum, six seraient un maximum.

Lorsque la nature et le volume des flux confiés s'y prêtent, élaborer un cahier des charges permet :

- de faire le point sur les besoins précis de l'entreprise,
- de définir le cadre des relations avec le prestataire,
- de compléter l'appel d'offres et/ou le contrat avec le prestataire de transport ou de logistique.

Le cahier des charges doit :

- décrire de manière exhaustive les marchandises à transporter et leurs caractéristiques,
- donner un maximum d'information sur la nature du trafic,
- détailler les exigences vis-à-vis de la prestation,
- lister les exigences vis-à-vis des prestataires.

Tableau 14 : Le cahier des charges Transport

Présentation de la société et de son activité. **Contexte et objectif du cahier des charges.** **Clause de confidentialité des données.**	
❶ **La marchandise**	**1. Caractéristiques précises** Nature (fragile, dangereuse…), poids, dimensions, nomenclature douanière, valeur éventuellement, etc. **2. Identification des marchandises** Étiquetage, emballage, fermeture des colis. **3. Supports de manutention, palettisation** Unités de chargement, de conditionnement : cartons, palettes, vrac… Conditions de manutention particulières.
❷ **Le trafic**	**4. Caractéristiques du trafic** Flux import ou export, nature du trafic, entrepôts départ, destinations, provenances, modes de transport, volume à transporter par lot, par période, importance et fréquence des envois, gestion des flux en retour… **5. Incoterm® ICC** Selon clients, provenances ou destinations. **6. Caractéristiques du matériel à mettre à disposition** Porteurs ou semis, citernes, conteneurs, etc. **7. Impératifs ou contraintes de chargements ou déchargements, d'itinéraire…** **8. Délais et dates de livraison** Date impérative, jour de fermeture, horaire ou rendez-vous fixe.
❸ **Exigences vis-à-vis de la prestation**	**9. Prestations annexes** : douanes, assurance, emballage, conditionnement, manutention, contrôle avant expédition… **10. Mode de passation des commandes de transport** Fax, mail, E.D.I.… **11. Information à transmettre par le chargeur** *Via* lettre d'instructions. **12. Documents à remettre par le chargeur** Accompagnant la marchandise, fournis par le prestataire, l'exportateur ou l'importateur. **13. Retours d'information et de documents** Avis d'expédition, tracing, statistiques… retours documents douaniers, titres de transport, modalités de facturation. **14. En cas de litiges** Démarche à suivre par les parties en présence.

❹ Exigences vis-à-vis du prestataire	15. Son positionnement par rapport à la concurrence Taille, chiffre d'affaires, situation financière, références, domaines de prédilection, assurance-qualité, responsabilité, conditions générales de vente.
	16. Qualité de la prestation Choix et régularité des transporteurs, restrictions quant à la sous-traitance, image de marque, propreté du véhicule, tenue du personnel de conduite.
❺ Divers	17. Forme et délai de remise des offres. 18. Le donneur d'ordre s'engage à transmettre le motif du refus éventuel.

Puis l'acheteur reçoit les offres ou cotations. Leur présentation n'étant pas normalisée, il n'est pas aisé de les comparer. La terminologie employée diffère d'un prestataire à un autre, les tranches de poids varient également.

Pour preuve ces deux cotations reçues pour une importation de blocs-notes imprimés en EXW Minsk en Biélorussie :

EXEMPLE

Prestataire A
- Enlèvement : 76 €
- Douanes Biélorussie : 38 €
- Dépôt/dépôt :
- 0,20 /kg de 1 t à 3 t inclus
- 0,15 /kg de 3 t à 6 t inclus
- 0,12 /kg de 5 t à 7 t inclus
- Livraison : 100 €
- Formalités Import : 61 €
- Frais de dossier : 15,24 €
- Suivi T1 : 45 €
- Assurance *ad-valorem* : 0,5 % sur 110 % valeur assurée

Prestataire B
- Transport Minsk-Lyon :
- 16 € les 100 kg de 1 t à 5 t inclus
- 19 € les 100 kg de 5 à 8 t inclus
- Carnet TIR : 46 €
- Douanes Biélorussie : 50 €
- Douanes France : 80 €
- Frais de cession : 45 €
- Assurance *ad-valorem* : 0,45 % sur valeur CIP Lyon
- Délai : 4/5 jours
- Validité : 15 jours

Certes, l'acheteur peut toujours proposer sa propre grille de réponse. Les prestataires l'utiliseront certainement dans le cadre d'une consultation d'envergure, d'un courant continu de marchandises mais rarement dans le cadre d'une consultation ponctuelle ou urgente.

Pour faciliter la comparaison, il est souvent préférable de partir des cas concrets et des opérations passées ou à venir.

MISE EN APPLICATION

à partir des cotations ci-dessus

Concerne : un lot de 2 tonnes – 8 m³ – 17 500 € EXW Minsk

Postes	Prestataire A	Prestataire B	Observations
Transport de bout en bout	76 + 450,15 + 100 = 626,15 €	416,00 €	Poids taxable : 8 m³ / 3 = 2,6 tonnes (poids équivalent selon le rapport P/V du routier : 1 t = 3 m³). Pour le prestataire A, la règle du « payant pour » nous conduit à payer pour 3 001 kg × 0,15 € = 450,15 € au lieu de 520 € (sur 2,6 t)
Douanes export	38,00 €	50,00 €	
Douanes import	61,00 €	80,00 €	
Frais annexes	60,24 €	91,00 €	
Assurance sur 110 % de la marchandise assurée	101,13 €	99,22 €	Nous décidons en tant qu'acheteur d'assurer la marchandise + toutes les prestations annexes de bout en bout (DAP LYON)[1]
Coût prestations hors droit et taxes	**886,52 €**	**727,22 €**	

CONSEIL

Il est bien entendu possible de demander aux organisateurs de transport une cotation « all-in » ne faisant état que du forfait pour l'ensemble de la prestation demandée. Si cela peut convenir dans certains cas, nous préférons de loin les cotations détaillant la structure des coûts, afin de mettre en avant les points forts et les points faibles des prestataires et surtout, en cas de litige, bien cerner ce que l'offre englobe et n'englobe pas.

---

1. Rappel : CIP = CPT/1 - (1,1 × taux assurance). Dans cet exemple, le CPT est la valeur de la marchandise rendue DPA avant assurance :
   A = 18 285,39 € - B = 18 137,03 €.

En ce qui concerne la validité des offres, précisons qu'il est de plus en plus difficile d'obtenir des durées de validité au-delà de 3 mois pour les prestations nationales et au-delà de 15 jours pour les prestations internationales ! En effet, la conjoncture mondiale ne permet plus de figer des tarifs à l'année… à moins de faire partie des plus gros chargeurs nationaux !

Le prix du transport international est tributaire de plusieurs éléments tous aussi instables les uns que les autres. Il s'agit principalement du niveau des volumes transportés… selon les routes empruntées… selon le flux concerné (export ou import) et selon le contexte géopolitique !

EXEMPLE

- Le prix du transport peut être influencé par les possibilités de fret de retour. Les chargeurs (entreprises confiant du fret) participent régulièrement aux frais de retour des conteneurs vides (à destination de Chine notamment).
- Traditionnellement, le dernier trimestre de l'année voit flamber le fret en provenance d'Asie, dû à l'explosion du volume des importations à réceptionner avant les fêtes de fin d'année.
- Rareté des conteneurs vides dans certains ports, utilisation de fuel sans soufre, fluctuations du dollar ou du prix du fuel … autant de raisons d'augmenter le fret…
- Les aléas géopolitiques viennent renforcer cette instabilité des prix. Ceci peut se traduire par des surtaxes pour risque de guerre ou bien par l'impossibilité d'emprunter des routes maritimes jugées trop dangereuses, obligeant l'acheteur à choisir l'aérien et à renchérir son coût de transport. Exemple : la surtaxe du Golfe d'Aden pour couvrir les risques de piraterie.

Tous ces éléments aboutissent à la difficulté de négocier avec les transporteurs des tarifs annuels pour le fret international. Le trajet domestique est, quant à lui, moins touché par ces aléas, bien que la notion de volume des flux et zones de provenance influe fortement le prix du post-acheminement.

Paradoxalement, un trajet Le Havre/Lyon peut revenir plus cher qu'un New York/Le Havre !

Seuls les très gros chargeurs sont en position de force pour maintenir les tarifs de fret au-delà de deux mois. Comme tout fournisseur, les transporteurs sont sensibles à l'importance quantitative globale du trafic, à celle de chaque expédition, aux cadences d'envois.

CONSEIL

Cette instabilité des éléments entrant dans la structure du prix de transport rend d'autant plus difficile l'élaboration des coûts d'acquisition et implique que l'acheteur surveille de près l'actualité, contrôle et actualise régulièrement la part de transport dans son coût final d'achat. Certains commissionnaires de transport proposent un service de diffusion des actualités du transport.

---

4 Comment transmettre les instructions à l'organisateur de transport ?

Il arrive encore, malgré toutes les nouvelles techniques de communication, que des entreprises transmettent leurs instructions à l'organisateur de transport par voie orale ! Or, il est préférable, pour l'organisateur comme pour l'importateur, de confirmer par voie écrite ce que le chargeur attend de son prestataire. Ceci, pour plusieurs raisons évidentes :

- La charge de travail des prestataires est trop importante pour avoir en tête les détails de toutes les opérations à réaliser.
- Les envois confiés sont très variés.
- Les documents commerciaux remis par les entreprises (facture, note de colisage) ne sont pas normalisés ce qui multiplie les risques d'erreurs et de malentendus.
- Les ordres et contre-ordres ne sont pas rares.
- En cas de litige, seuls les écrits font foi.

Il est relativement facile d'automatiser une lettre d'instructions. En effet, la plupart des informations à communiquer à l'organisateur peuvent être extraites des fichiers « facturation », « gestion des stocks » et « fournisseurs ».

Par ailleurs, un grand nombre d'outils informatiques existent pour faciliter la gestion de l'information entre chargeurs et commissionnaires de transport : les logiciels de gestion import/export prévoient l'édition automatisée de la lettre d'instructions, l'E.D.I. (échanges de données informatisées) existe depuis de nombreuses années, les grands organisateurs de transport proposent leur propre système de transmission des données...

Voir chapitre « Gestion Administrative à l'import ».

La lettre d'instructions à l'organisateur de transport peut prendre la forme d'un courrier simple transmis par fax ou par courrier électronique[1]. Elle peut également être adressée sous forme de formulaire à remplir ou à cocher selon les données de l'importation. Dans ce cas, la présentation se veut plus exhaustive.

Modèle de lettre d'instructions à l'organisateur de transport – opération Import

---

À l'attention de : ....
Nous avons le plaisir de vous confier l'organisation de l'opération import suivante :
L'opération
Marchandises à enlever le :
De (lieu précis d'enlèvement) :
Pour livraison à (lieu précis de présentation du camion) :
Heure de livraison souhaitée :
La marchandise
N° de commande :
Nature de la marchandise :
Particularités (ex : code UN pour les marchandises dangereuses) :
Le colisage
Nombre de colis (préciser rouleaux, cartons, fûts...) :
Nombre de palettes :
Lot complet (conteneur 20', 40', camion...) :
N° de plomb ou scellé éventuel :
Dimensions des colis ou palettes :
Volume total :
Poids total :
Marquage :
Les modalités de l'opération
Montant et devise de la facture : Incoterm® 2010 et/ou toute précision utile :
Modalités financières (si paiement par crédit documentaire, contre-remboursement...) :
Contrôle au moment du chargement par ☐ SGS ☐ Bivac/Véritas ☐ Autre :
Instructions particulières :

---

1. Le fax et le courriel ne sont pas considérés comme des documents originaux au même titre qu'un courrier original, mais sont retenus par les tribunaux comme commencement de preuve en cas de litige.

Le transport

☐ Aérien ☐ Maritime ☐ Ferroviaire ☐ Routier ☐ Fluvial ☐ Combiné ☐ Autre :

Imposition d'itinéraire éventuel : (passer par telle frontière par ex. ou tel port/aéroport)

Obligation ou interdiction de certains pavillons :

L'assurance

Déclaration de valeur ☐

Intérêt spécial à la livraison ☐

Assurance *ad-valorem* à souscrire par vos soins ☐

Étendue de l'assurance ☐ A Tous risques ☐ B couverture moyenne

☐ C couverture basse

Depuis...................................Jusqu'à...................................

Valeur assurée (dans la devise de facturation) :

Les formalités douanières

Réalisées par nos soins ☐ par vos soins ☐

Nomenclature douanière :

Origine de la marchandise :

Régime douanier à assigner :

Données sûreté/sécurité (ICS) :

N° EORI :

Instructions particulières :

Les documents remis (nombre d'exemplaires à porter dans les cases) :

(tous ces documents n'ont pas à être systématiquement remis. D'autres peuvent être exigés pour les besoins de l'opération)

☐ **Facture n°.............. du.................... de........................**

☐ **Note de colisage**

☐ **Titre de transport (originaux des connaissements, LTA, CMR...)**

☐ Certificat d'origine

☐ Certificat d'origine FORM A

☐ Certificat de circulation (EUR1, EUR-MED, ATR...)

☐ Copie du Renseignement contraignant sur l'origine (RCO)

☐ Copie du Renseignement tarifaire contraignant (RTC)

☐ Certificat d'assurance

☐ Licence d'importation

☐ Document de surveillance

☐ Fiche d'imputation en cas de Perfectionnement Actif/Passif

☐ Certificat phytosanitaire ou sanitaire

☐ Déclaration de marchandise dangereuse

☐ Autres pièces, à détailler :

Achats EXW/FCA/FAS/FOB

Nous adresser un avis d'expédition dès émission du document de transport.

Les documents à nous retourner

☐ Justificatif de dédouanement (pour les opérations avec les pays tiers).

☐ Justificatif de transport.

Observations.

BON À SAVOIR

L'organisateur de transport se rémunère essentiellement de la différence entre le prix d'achat du fret au transporteur et autres prestations annexes et le prix de revente au chargeur (exportateur ou importateur). Il s'agit de marges bénéficiaires auxquelles peuvent s'ajouter des commissions reversées par les transporteurs, compagnies aériennes ou maritimes sur le volume de fret confié. La facture du « transitaire » est traitée au chapitre « Maîtriser les opérations de douane ».

À RETENIR

- Un partenaire de choix en commerce international : le commissionnaire de transport agréé en douanes.
- Son rôle : organiser totalité ou partie du transport international, en fonction de l'Incoterm® négocié avec le fournisseur.
- Pérenniser la relation, mais le ou les maintenir en alerte en les mettant régulièrement en concurrence.
- Les demandes de cotation sont gratuites… Ne pas en abuser pour autant !
- Informer les prestataires des raisons pour lesquelles ils n'ont pas été retenus.
- Pour les flux importants ou délicats, remettre un cahier des charges précis et signer des contrats.
- Suivre de près l'évolution des coûts de transport. Ils ne sont pas figés !
- Transmettre des instructions écrites et précises aux partenaires du transport.

Chapitre 10

Maîtriser les opérations de douane

*Parler de la Douane nous conduit à parler des formalités douanières uniquement dans le cadre des **échanges extra-communautaires**, c'est-à-dire avec les pays tiers à la Communauté. En effet, il n'y a plus, depuis 1993, de frontières physiques avec les autres États membres de la Communauté, et à ce titre, plus de déclaration douanière dans nos échanges avec eux. Par ailleurs, si nous continuons d'utiliser les termes « exportation » et « importation » lorsque nous commerçons avec les pays tiers, nous devons employer les termes « expédition » et « introduction » pour des opérations avec les pays de l'Union européenne[1].*

Voir chapitre suivant « Les opérations intra-communautaires ».

Une des raisons pour lesquelles on ne passe pas aussi aisément de l'export à l'import tient à la place majeure qu'occupent les mécanismes douaniers dans la procédure d'achat international. Ceci explique l'importance du présent chapitre « Douane ».

Les acheteurs internationaux voient la réglementation douanière comme une contrainte supplémentaire, et non des moindres, à la fonction importation. Eh oui ! N'oublions pas qu'une partie de cette réglementation vise à protéger un tant soit peu la fabrication communautaire, au détriment du négoce pur.

Précisons également que la Douane ne fait qu'appliquer ou transcrire les décisions prises au niveau communautaire ou national. Ces décisions sont le fruit d'un compromis entre les organisations internationales, les États et les industries nationales. D'un côté, les États membres de

---

1. Les 27 États membres de l'Union européenne en 2010 : Allemagne, Autriche, Belgique, Bulgarie, Chypre, Danemark, Espagne, Estonie, Finlande, France, Grèce, Hongrie, Irlande, Italie, Lettonie, Lituanie, Luxembourg, Malte, Pays-Bas, Pologne, Portugal, République Tchèque, Roumanie, Royaume-Uni, Slovaquie, Slovénie, Suède.

l'OMC ont pour « consigne » de réduire, voire supprimer les obstacles au commerce. De l'autre côté, les industriels peuvent faire pression pour préserver la main-d'œuvre et les intérêts communautaires en demandant aux autorités la mise en place de barrières telles que quota ou droits anti-dumping par exemple.

EXEMPLE

Des bicyclettes, déjà assujetties à droits de douane de 14 %, font l'objet d'un **droit anti-dumping** de 48,50 % lorsqu'elles sont originaires de Chine.

Ce droit est le résultat d'une enquête minutieuse menée par la Commission de Bruxelles, après une plainte déposée par les industriels européens. La finalité de ce droit anti-dumping est de limiter les importations massives à des prix artificiellement bas laissant pressentir une pratique anticoncurrentielle, préjudiciable aux fabricants communautaires. Ce type de mesure, tout à fait compréhensible en tant que fabricant, pénalise les activités de négoce et parfois les importateurs de produits semi-finis.

Rappelons que l'Union européenne est membre de l'OMC et qu'à ce titre, les décisions prises tendent plutôt à ouvrir les frontières en réduisant les obstacles au commerce.

Certes, la réglementation douanière est plus contraignante à l'import qu'à l'export. Mais l'acheteur ne doit pas voir cette réglementation comme une ennemie, encore faut-il qu'il sache en apprivoiser les mécanismes et tirer profit des nombreuses facilités existantes. C'est l'objectif que nous visons à travers ce chapitre : mieux appréhender les mécanismes douaniers afin de fluidifier les opérations import.

ATTENTION

Une nouvelle problématique est apparue par ailleurs avec le développement des approvisionnements hors Union européenne de produits finis ou de composants à intégrer dans les fabrications nationales. Dans leur course effrénée aux *low cost countries*, moult entreprises n'ont pas compris qu'un changement d'origine de leurs produits finis pourrait être lourd de conséquences sur leurs clients export, notamment ceux situés dans des pays avec lesquels l'Union européenne a signé des accords préférentiels. Ce point sera traité dans les pages qui suivent et permettra de démontrer que, plus que jamais, maîtriser les aspects douaniers constitue une véritable arme stratégique pour l'entreprise.

---

1 Quelles sont les missions de la Direction Générale des Douanes et Droits Indirects ?

La D.G.D.D.I. est l'intitulé exact de l'Administration des douanes française. Elle est rattachée au Ministère de l'économie, des finances et de l'industrie, par l'intermédiaire du Secrétaire d'État au Budget.

Ses missions sont de plusieurs ordres :

- **Mission fiscale** : la Douane participe à la collecte de l'impôt en percevant les droits de douane, les taxes parafiscales sur certains produits comme le textile, les accises sur les produits pétroliers, alcools et tabacs et bien entendu la TVA sur les importations. Elle est également chargée de contrôler la réalité du flux physique avec les pays tiers et le passage en douane.

- **Mission économique** : la Douane est chargée de faire respecter les règles de politique commerciale commune édictées par l'Union européenne : respect des pratiques commerciales loyales, application correcte des accords commerciaux visant à réduire les droits de douane ou bien à réguler les échanges (Politique Agricole Commune…), contrôle des paramètres douaniers sur lesquels s'appliquent les droits de douane. Elle élabore également les statistiques du commerce extérieur.

- **Missions particulières** : la Douane surveille les échanges extérieurs dans un but de protection de la santé publique, du consommateur, de l'environnement, de la sûreté publique, de la propriété intellectuelle, du patrimoine national.

- **Protection des intérêts financiers nationaux et communautaires** : les fraudes touchent essentiellement : les droits et taxes, les préférences et contingents tarifaires, le non-respect du marquage CE, la contrebande de produits prohibés et la contrefaçon.

2 Quelles sont les formalités douanières à l'import ?

L'importation est l'opération qui consiste à introduire dans la Communauté des marchandises de pays tiers pour y être :

- revendues en l'état sur le territoire douanier communautaire,

- transformées, usinées, en vue d'obtenir un nouveau produit destiné à être commercialisé,

- incorporées à d'autres produits lors de la fabrication de ceux-ci,
- exportées en l'état ou après transformation.

ATTENTION

Ces marchandises doivent être dédouanées avant d'être utilisées. Il s'agirait dans le cas inverse d'un acte de contrebande !

Le dédouanement consiste :
- à présenter la marchandise dans un bureau de douane (en procédure normale),
- à déposer une **déclaration douanière dûment remplie** à l'aide du D.A.U.[1]
- à produire les documents requis par la réglementation,
- à payer les droits et taxes exigibles.

La déclaration douanière que nous développerons plus loin exige de fournir certaines informations indispensables à une application correcte de la réglementation douanière. Il s'agit entre autres de trois notions essentielles :
- **l'espèce tarifaire,**
- **l'origine,**
- **la valeur en douane**.

L'importateur doit également assigner à cette importation un **régime douanier** : importation définitive ou temporaire selon plusieurs formules proposées par le code douanier communautaire.

La réglementation applicable est intimement liée à ces éléments et à l'existence ou non d'accords préférentiels entre la Communauté et les pays tiers fournisseurs.

---

1. D.A.U. : Document Administratif Unique, actuellement dématérialisé.

3 LE TRIO ESSENTIEL : L'ESPÈCE TARIFAIRE, L'ORIGINE, LA VALEUR EN DOUANE

Il s'agit des trois paramètres qui permettent d'appliquer la réglementation douanière en vigueur. De ce trio dépendent :

- le taux de droit de douane et de TVA,
- les éventuelles taxes parafiscales et droits antidumping,
- les formalités diverses (documents à fournir, normes à respecter, certificats sanitaires…),
- les préférences tarifaires éventuelles (exonération ou réduction de droits de douane…),
- les prohibitions, restrictions quantitatives éventuelles ou autres mesures de surveillance.

CONSEIL

L'importateur doit porter une attention toute particulière à ces trois notions. En effet, les fausses déclarations d'espèce, valeur et origine sont des infractions qui peuvent être qualifiées de contravention voire délit par l'Administration des douanes, notamment lorsqu'elles éludent ou compromettent des droits et taxes. En ne déclarant pas correctement ces trois éléments, l'entreprise pourrait être amenée à appliquer une réglementation différente de celle qui s'impose. Lorsque la réglementation indûment appliquée favorise l'entreprise, elle peut être accusée de fraude et passible de pénalités… À l'inverse, la réglementation peut s'avérer profitable à l'État… dommage !

3.1 L'espèce tarifaire

L'espèce tarifaire d'une marchandise est l'identification codée qui lui est attribuée dans le Tarif Douanier Commun. Ce tarif comprend, d'une part, une liste de marchandises avec la nomenclature correspondante, d'autre part, la quotité des droits applicables. Déterminer l'espèce tarifaire du produit permet de connaître et d'appliquer la réglementation douanière adéquate et répond aux besoins statistiques.

À chaque produit doit correspondre une espèce tarifaire (communément appelée « code douanier », « nomenclature douanière », SH (système harmonisé) ou HS (*harmonized system*), « *customs tariff* » par nos fournisseurs étrangers).

ATTENTION

Quels sont les risques d'un classement erroné des marchandises ?

- Éluder des droits de douane tout d'abord : en faisant l'impasse sur la matière, des cadenas en aluminium (« ouvrages en aluminium » taxés à 6 %) seraient spontanément classés en « cadenas en métaux communs » taxés à 2,7 %.
- Se soustraire à une réglementation spécifique : tels ces appareils photographiques pour la photographie aérienne classés comme de simples appareils photographiques, échappant ainsi aux mesures de contrôle sur les biens à double usage civil et militaire.
- Risque économique enfin en classant tout naturellement des pièces en cuivre comme ouvrages en cuivre (taxées à 5,2 %) alors que ces pièces, exclusivement conçues pour une pompe centrifuge, pourraient être classées en tant que parties de pompe centrifuge (taxées à 1,7 %).

Sur la déclaration douanière à l'importation en France, il convient de porter le Tarif Intégré des Communautés européennes (TARIC) constitué de 10 chiffres.

Mais auparavant, l'importateur ou son déclarant en douane doit choisir :

- parmi les XXI sections du Tarif douanier commun,
- puis, parmi les 99 chapitres répartis dans les sections,
- enfin, parmi les espèces tarifaires proposées dans chaque chapitre.

Tableau 16 : Les sections du tarif douanier

Section I	Animaux vivants et produits du règne animal
Section II	Produits du règne végétal
Section III	Graisses et huiles animales ou végétales ; produits de leur dissociation ; graisses alimentaires élaborées ; cires d'origine animale ou végétale
Section IV	Produits des industries alimentaires ; boissons, liquides alcooliques et vinaigres ; tabacs et succédanés de tabac fabriqués
Section V	Produits minéraux
Section VI	Produits des industries chimiques ou des industries connexes
Section VII	Matières plastiques et ouvrages en ces matières ; caoutchouc et ouvrages en caoutchouc
Section VIII	Peaux, cuirs, pelleteries et ouvrages en ces matières ; articles de bourrellerie ou de sellerie ; articles de voyage, sacs à main et contenants similaires ; ouvrages en boyaux

Section IX	Bois, charbon de bois et ouvrages en bois ; liège et ouvrages en liège ; ouvrages de sparterie ou de vannerie
Section X	Pâte de bois ou d'autres matières fibreuses cellulosiques ; déchets et rebuts de papier ou de carton ; papier et ses applications
Section XI	Matières textiles et ouvrages en ces matières
Section XII	Chaussures, coiffures, parapluies, parasols, cannes, fouets, cravaches et leurs parties ; plumes apprêtées et articles en plumes ; fleurs artificielles ; ouvrages en cheveux
Section XIII	Ouvrages en pierres, plâtre, ciment, amiante, mica ou matières analogues ; produits céramiques ; verre et ouvrages en verre
Section XIV	Perles fines ou de culture, pierres gemmes ou similaires, métaux précieux, plaqués ou doublés de métaux précieux et ouvrages en ces matières ; bijouterie de fantaisie ; monnaies
Section XV	Métaux communs et ouvrages en ces métaux
Section XVI	Machines et appareils, matériel électrique et leurs parties ; appareils d'enregistrement ou de reproduction du son, appareils d'enregistrement ou de reproduction des images et du son en télévision, parties et accessoires de ces appareils
Section XVII	Matériel de transport
Section XVIII	Instruments et appareils d'optique, de photographie ou de cinématographie, de mesure, de contrôle ou de précision ; instruments et appareils médico-chirurgicaux ; horlogerie ; instruments de musique ; parties et accessoires de ces instruments ou appareils
Section XIX	Armes, munitions et leurs parties et accessoires
Section XX	Marchandises et produits divers
Section XXI	Objets d'art, de collection ou d'antiquité

EXEMPLE

Il s'agit d'importer des bouchons en liège de forme cylindrique.

La **SECTION IX** semble être la bonne section. « Bois, charbon de bois et ouvrages en bois ; liège et ouvrages en liège ; ouvrages de sparterie ou de vannerie. »

Nous avons le choix entre trois chapitres :

Chapitre 44 : Bois, charbon de bois et ouvrages en bois
Chapitre 45 : Liège et ouvrages en liège
Chapitre 46 : Ouvrages de sparterie ou de vannerie

Détail du chapitre 45 :

1. Le présent chapitre ne comprend pas :

a) les chaussures et leurs parties, du chapitre 64

b) les coiffures et leurs parties, du chapitre 65

c) les articles du chapitre 95 (jouets, jeux, engins sportifs par exemple)

45.01

Liège naturel brut ou simplement préparé ; déchets de liège ; liège concassé, granulé ou pulvérisé :

Liège naturel brut ou simplement préparé........................ 4501.10.00.00

Autres : 4501.90.00.00

45.02 Liège naturel, écrouté ou simplement équarri, ou en cubes, plaques, feuilles ou bandes de forme carrée ou rectangulaire (y compris les ébauches à arêtes vives pour bouchons).................................... 4502.00.00.00

45.03 Ouvrages en liège naturel :

Bouchons

  – cylindriques.. **4503.10.10.00**

  – autres... 4503.10.90.00

→ Classement final : espèce tarifaire : **4503.10.10.00**

Figure 3 : La composition de l'espèce tarifaire
Partons des bouchons en liège, cylindriques

4	5	0	3	1	0	1	0	0	0
1	2	3	4	5	6	7	8	9	10

Nomenclature du système harmonisé (S.H.) définie par l'Organisation Mondiale des Douanes et utilisée par plus de 190 pays. Le fournisseur étranger peut guider l'acheteur dans la nomenclature en lui communiquant les 4 ou 6 premiers chiffres

Nomenclature Combinée (NC) communautaire qui intègre notamment les droits de douane et permet l'élaboration des statistiques du commerce extérieur de la Communauté. À porter sur la déclaration intra-communautaire (D.E.B.)

Tarif intégré des Communautés européennes (TARIC) qui permet d'intégrer des mesures communautaires telles que préférences tarifaires, droits antidumping.

S'il est aisé de classer certains produits lorsque la désignation douanière correspond à la désignation commerciale, le classement est moins évident lorsqu'il s'agit de produits en pièces détachées, d'assortiments, de nouveaux produits…

Des règles générales permettent d'interpréter la nomenclature combinée. Voici celles qui régissent le Tarif douanier 2011.

Tableau 17 : Les règles générales pour l'interprétation
de la nomenclature combinée

Extrait du Règlement (CE) N° 861/2010 de la Commission du 5 octobre 2010 relatif à la nomenclature tarifaire et statistique et au tarif douanier commun. Source : Journal officiel de l'Union européenne n° L 284 du 29/10/2010 en vigueur au 01/01/2011.

A. Règles générales pour l'interprétation de la nomenclature combinée

Le classement des marchandises dans la nomenclature combinée est effectué conformément aux principes ci-après.

1. Le libellé des titres de sections, de chapitres ou de sous-chapitres est considéré comme n'ayant qu'une valeur indicative, le classement étant déterminé légalement d'après les termes des positions et des notes de sections ou de chapitres et, lorsqu'elles ne sont pas contraires aux termes desdites positions et notes, d'après les règles suivantes.

2. a) Toute référence à un article dans une position déterminée couvre cet article même incomplet ou non fini à la condition qu'il présente, en l'état, les caractéristiques essentielles de l'article complet ou fini. Elle couvre également l'article complet ou fini, ou à considérer comme tel en vertu des dispositions qui précèdent, lorsqu'il est présenté à l'état démonté ou non monté.

b) Toute mention d'une matière dans une position déterminée se rapporte à cette matière soit à l'état pur, soit mélangée ou bien associée à d'autres matières. De même, toute mention d'ouvrages en une matière déterminée se rapporte aux ouvrages constitués entièrement ou partiellement de cette matière. Le classement de ces produits mélangés ou articles composites est effectué suivant les principes énoncés dans la règle 3.

3. Lorsque des marchandises paraissent devoir être classées sous deux ou plusieurs positions par application de la règle 2 b) ou dans tout autre cas, le classement s'opère comme suit.

a) La position la plus spécifique doit avoir la priorité sur les positions d'une portée plus générale. Toutefois, lorsque deux ou plusieurs positions se rapportent chacune à une partie seulement des matières constituant un produit mélangé ou un article composite ou à une partie seulement des articles dans le cas de marchandises présentées en assortiments conditionnés pour la vente au détail, ces positions sont à considérer, au regard de ce produit ou de cet article, comme également spécifiques même si l'une d'elles en donne par ailleurs une description plus précise ou plus complète.

b) *Les produits mélangés, les ouvrages composés de matières différentes ou constitués par l'assemblage d'articles différents et les marchandises présentées en assortiments conditionnés pour la vente au détail, dont le classement ne peut être effectué en application de la règle 3 a), sont classés d'après la matière ou l'article qui leur confère leur caractère essentiel lorsqu'il est possible d'opérer cette détermination.*

c) *Dans le cas où les règles 3 a) et 3 b) ne permettent pas d'effectuer le classement, la marchandise est classée dans la position placée la dernière par ordre de numérotation parmi celles susceptibles d'être valablement prises en considération.*

4. Les marchandises qui ne peuvent pas être classées en vertu des règles visées ci-dessus sont classées dans la position afférente aux articles les plus analogues.

5. Outre les dispositions qui précèdent, les règles suivantes sont applicables aux marchandises reprises ci-après.

a) *Les étuis pour appareils photographiques, pour instruments de musique, pour armes, pour instruments de dessin, les écrins et les contenants similaires, spécialement aménagés pour recevoir un article déterminé ou un assortiment, susceptibles d'un usage prolongé et présentés avec les articles auxquels ils sont destinés, sont classés avec ces articles lorsqu'ils sont du type normalement vendu avec ceux-ci. Cette règle ne concerne pas, toutefois, les contenants qui confèrent à l'ensemble son caractère essentiel.*

b) *Sous réserve des dispositions de la règle 5 a) ci-dessus, les emballages contenant des marchandises sont classés avec ces dernières lorsqu'ils sont du type normalement utilisé pour ce genre de marchandises. Toutefois, cette disposition n'est pas obligatoire lorsque les emballages sont susceptibles d'être utilisés valablement d'une façon répétée.*

6. Le classement des marchandises dans les sous-positions d'une même position est déterminé légalement d'après les termes de ces sous-positions et des notes de sous-positions ainsi que, mutatis mutandis, d'après les règles ci-dessus, étant entendu que ne peuvent être comparées que les sous-positions de même niveau. Aux fins de cette règle, les notes de sections et de chapitres sont également applicables sauf dispositions contraires.

EXEMPLE

Illustrations des principales règles :

- **Règle 1** : des parapluies manifestement destinés à l'amusement des enfants pourraient spontanément être classés dans la section XII, chapitre 6 « parapluies, ombrelles… ». Or, les notes en-tête du chapitre précisent que ce chapitre ne comprend pas les articles du chapitre 95 « jouets ». Ces parapluies sont à classer dans le chapitre jouets et soumis à la réglementation visant à protéger les enfants.

- **Règle 2** : une voiture sans moteur sera classée comme une voiture complète au chapitre 87.

- **Règle 3** : un pare-brise de véhicule automobile formé de feuilles contre-collées pourrait être classé dans le chapitre 87.08 « parties et accessoires des véhicules automobiles ». Or, le chapitre 70.07 reprend exactement le produit, à savoir « verres de sécurité formés de feuilles contrecollées de dimensions et formats permettant leur emploi dans les automobiles… ». La position spécifique prime sur la position d'une portée plus générale. Par ailleurs, un coffret composé d'une tondeuse électrique (85.10), un peigne (96.15), une paire de ciseaux (82.13), une brosse (96.03) sera classé au chapitre 85.10 au motif que la tondeuse électrique constitue l'élément essentiel du coffret.
- **Règle 4** : permet de classer les produits nouveaux avec des produits analogues. Rarement utilisée en raison de la présence dans les chapitres de positions « autres, autres » qui permettent de classer dans le chapitre adéquat des produits dont la désignation commerciale n'est pas littéralement reprise.
- **Règle 5** : des fûts (7310) contenant des peintures (32.08) destinés à être rapatriés vides pour nettoyage avant réutilisation à l'export : l'entreprise déclarera le contenant en plus du contenu.

BON À SAVOIR

L'Union européenne publie régulièrement des notes explicatives de la nomenclature combinée pour faciliter le classement. Les dernières en date ont fait l'objet d'un JO : C 50 du 28.02.2006.

L'enjeu d'un classement correct est important. Il permet d'appliquer la bonne réglementation douanière à l'entrée en Union européenne. Un classement qui permet d'éluder des droits de douane est bien évidemment répréhensible par la Douane. À l'inverse, un classement erroné qui engendrerait des droits de douane supérieurs à ceux normalement dus risquerait de compromettre la viabilité de l'opération internationale.

Le classement du produit dans le tarif douanier incombe à celui qui est responsable de la déclaration douanière. Dans la majorité des cas, il s'agit de l'importateur, excepté dans le cas d'un achat sous Incoterm® DDP qui mettrait à la charge de l'exportateur étranger le soin d'effectuer les formalités douanières import.

CONSEIL

De préférence, l'acheteur doit conserver la maîtrise de ses opérations douanières et bien entendu, veiller à les réaliser ou les faire réaliser dans les règles de l'art.

Les entreprises peuvent sous-traiter cette étape à un commissionnaire agréé en douane. Néanmoins, ce dernier effectue les formalités douanières sous la responsabilité de l'importateur, d'où l'intérêt de lui communiquer des instructions claires et précises et ne pas lui laisser le choix du classement. En effet, ne connaissant pas toujours les caractéristiques techniques exactes des produits à dédouaner, le déclarant en douane peut commettre des erreurs et aurait vite fait de prouver qu'il ne disposait pas de tous les éléments, ni du temps, pour bien classer.

Tableau 18 : Du bon classement des produits

1. Il est préférable de confier le classement des produits à des personnes maîtrisant les caractéristiques techniques, à des techniciens ou à des ingénieurs par exemple.
2. Disposer du Tarif Douanier en vigueur, publié avant le 31 octobre de l'année précédente. Pour 2011, il s'agit du JOUE L 284 du 29/10/2010 téléchargeable gratuitement sur le site de l'Union européenne EUR-LEX : http://eur-lex.europa.eu/fr/index.htm
3. Plusieurs aides au classement sont proposées aux entreprises : - par la Douane sur le site http://pro.douane.gouv.fr, TARIC et RITA, - par les commissionnaires agréés en douane qui peuvent être de bon conseil, - attention : les avis transmis par ces moyens n'engagent en aucun cas la Douane ou le prestataire.
4. Lorsque l'entreprise souhaite un avis officiel et liant l'Administration des douanes, elle peut déposer un RTC (Renseignement Tarifaire Contraignant).

Le RTC est tout particulièrement recommandé lorsque les enjeux sont importants en termes de droits de douane et de mesures du commerce extérieur. Le RTC lie les administrations douanières communautaires durant 6 ans si la marchandise n'a pas subi de transformation et tant que la Douane ne décide pas de la classer dans une autre nomenclature.

Le RTC doit être déposé au bureau E/1 de l'Administration des douanes de Montreuil. La demande et la réponse sont gratuites. Seuls les frais éventuellement engagés par la Douane pour analyse ou expertise d'échantillons seraient à la charge du demandeur. La Douane française s'engage à répondre dans les 45 jours.

Il est possible d'accéder aux formulaires et aux RTC déjà validés par les douanes de l'UE *via* le http://ec.europa.eu/taxation_customs/dds/ebticau_fr.htm

cerfa

N°11026*03

COMMUNAUTÉ EUROPÉENNE — DEMANDE DE RENSEIGNEMENT TARIFAIRE CONTRAIGNANT (RTC)

1. Demandeur (nom et adresse complets)

☐

Numéro de téléphone :

Numéro de télécopieur :

Identification douanière :

Réservé à l'administration

Numéro d'enregistrement :

Lieu de réception :

Date de réception : Année ☐☐☐   Mois ☐☐   Jour ☐☐

Langue de la demande de RTC :

Images à scanner :   Oui ☐   #   Non ☐

Date de délivrance : Année ☐☐☐   Mois ☐☐   Jour ☐☐

Agent chargé de la délivrance :

2. Titulaire (nom et adresse complets)   (Confidentiel)

Numéro de téléphone :

Numéro de télécopieur :

Identification douanière :

Tous les échantillons restitués: ☐

Note importante
En signant la déclaration, le demandeur assume la responsabilité de l'exactitude et du caractère complet des renseignements figurant sur le présent formulaire et sur toute(s) feuille(s) éventuellement destinée(s) à compléter celui-ci. Le demandeur accepte que ces informations et les éventuelles photographies, esquisses, brochures, etc. puissent être enregistrées dans une base de données de la Commission européenne et que ces informations, y compris les éventuelles photographies, esquisses, brochures, etc., soumises avec la demande ou obtenues (ou susceptibles d'être obtenues) par l'administration et qui n'ont pas été spécifiées comme étant confidentielles dans les cases 2 et 9 de la présente demande puissent faire l'objet d'une diffusion publique sur l'Internet.

3. Agent ou représentant (nom et adresse complets)

Numéro de téléphone :

Numéro de télécopieur :

Identification douanière :

4. Ré-émission d'un RTC

S'il s'agit du ré-émission d'un RTC, veuillez remplir cette case.

Numéro de référence du RTC :

Valable à partir de : Année ☐☐☐   Mois ☐☐   Jour ☐☐

Code de la nomenclature : ....

5. Nomenclature douanière

Prière d'indiquer dans quelle nomenclature les marchandises doivent être classées:

☐ Système harmonisé (SH)

☐ Nomenclature combinée (NC)

☐ TARIC

☐ Nomenclature des restitutions

☐ Autre (préciser) : ....

6. Type d'opération

La présente demande concerne-t-elle une importation ou exportation réellement envisagée ?   Oui ☐   Non ☐

7. Classement envisagé

Prière d'indiquer où les marchandises doivent être classées selon vous.

Code de la nomenclature : ....

8. Description de la marchandise

Indiquer si nécessaire la composition précise des marchandises, la méthode d'analyse utilisée, le type de procédé de fabrication employé, la valeur y compris celle des éléments constituants, l'utilisation des marchandises et la marque usuelle et, si approprié, la présentation en emballages pour la vente au détail en cas d'assortiments de marchandises *(veuillez utiliser une feuille supplémentaire si vous avez besoin de plus de place)*.

9. Dénomination commerciale et données complémentaires* (Confidentiel)

Veuillez indiquer quelles sont les pièces jointes conformément à la case 10 de la présente demande ou obtenues (ou susceptibles d'être obtenues) par l'administration qui doivent être considérées comme confidentielles.

10. Échantillons etc.

Prière d'indiquer si l'un des éléments suivants est éventuellement joint à votre demande.

Description ☐ Brochures ☐ Photographies ☐ Échantillons ☐ Autres ☐

Souhaitez-vous que vos échantillons vous soient restitués ? Oui ☐ Non ☐

Les frais spéciaux supportés par les autorités douanières du fait des analyses, des rapports d'expert ou de la restitution des échantillons peuvent être répercutés sur le demandeur.

11. Autres demandes de RTC* et autres RTC déjà délivrés*

Veuillez indiquer si vous avez présenté une demande de RTC ou si un RTC vous a été délivré pour des marchandises identiques ou similaires dans d'autres bureaux de douane ou d'autres États membres.

Oui ☐ Non ☐ En cas de réponse affirmative, veuillez donner des précisions et joignez une copie du RTC :

Pays où la demande a été présentée :	Pays où la demande a été présentée :
Lieu de la demande :	Lieu de la demande :
Date de la demande : Année ☐☐☐☐ Mois ☐☐ Jour ☐☐	Date de la demande : Année ☐☐☐☐ Mois ☐☐ Jour ☐☐
Référence du RTC :	Référence du RTC :
Date de début de validité : Année ☐☐☐☐ Mois ☐☐ Jour ☐☐	Date de début de validité : Année ☐☐☐☐ Mois ☐☐ Jour ☐☐
Code de la nomenclature :	Code de la nomenclature :

12. RTC délivrés à d'autres titulaires*

Veuillez indiquer si vous avez connaissance de RTC déjà délivrés à d'autres titulaires pour des produits identiques ou similaires.

Oui ☐ Non ☐ En cas de réponse affirmative, veuillez donner des précisions :

Pays de délivrance :	Pays de délivrance :
Référence du RTC :	Référence du RTC :
Date de début de validité : Année ☐☐☐☐ Mois ☐☐ Jour ☐☐	Date de début de validité : Année ☐☐☐☐ Mois ☐☐ Jour ☐☐
Code de la nomenclature :	Code de la nomenclature :

13. Date et Signature

Votre référence :

Date : Année ☐☐☐☐ Mois ☐☐ Jour ☐☐

Signature :

Réservé à l'administration

Veuillez utiliser une feuille supplémentaire si vous avez besoin de plus de place.

3.2 L'origine

L'origine des marchandises est un des trois principaux paramètres, avec l'espèce tarifaire et la valeur, sur lequel repose la réglementation douanière en vigueur avec les pays tiers à l'Union européenne. Il s'agit d'une précision quant au pays de fabrication des marchandises ou au pays d'obtention des produits.

Il est essentiel de déterminer l'origine d'un produit importé :

- à des fins statistiques,
- pour appliquer la bonne réglementation en vigueur (produit libre à l'importation ou bien contingenté) et fournir les documents et justificatifs d'origine correspondants,
- pour payer le bon taux de droits de douane : taux plein, réduit ou à zéro en vertu de préférences tarifaires éventuelles, droits antidumping le cas échéant…
- pour définir le marquage du « *made in* » lorsqu'il est exigé sur le produit,
- pour satisfaire aux exigences de certains appels d'offres et cahiers des charges,
- pour permettre au service Export de déclarer la bonne origine au moment de réexporter ce produit hors des frontières nationales.

Partons d'un premier postulat : une marchandise entièrement obtenue dans un seul pays (matières et main-d'œuvre) est tout naturellement originaire de ce pays : il peut s'agir de matières premières produites ou extraites du sol, de produits manufacturés exclusivement à partir de matières premières exploitées dans un pays et utilisant la main-d'œuvre locale…

Mais *quid* des marchandises dans la fabrication desquelles plusieurs pays sont intervenus ? Les flux industriels s'internationalisant, cette problématique est devenue le quotidien des entreprises. Or, les règles d'origine sont très complexes, non harmonisées au niveau international et en constante évolution. Connaître ces règles et les respecter est une tâche difficile pour l'entreprise qui ne dispose pas de ressources en interne, d'autant que la question de l'origine des marchandises est une source importante de contentieux douaniers !

Pour répondre à la question : « quelle origine dois-je déclarer pour mon produit ? », il convient de s'en poser une deuxième, préalable à la première : « à quelles fins dois-je déclarer l'origine » ?

En effet, de la finalité de cette déclaration dépend la règle d'origine à appliquer : règle d'origine non préférentielle ou règle d'origine préférentielle.

3.2.1 *La règle d'origine non préférentielle (ou de droit commun) : à des fins douanières*

Tout importateur doit connaître l'origine de droit commun des marchandises entrant dans son territoire douanier en vue de l'application des mesures du commerce extérieur. C'est celle-ci qui est portée sur la déclaration douanière.

S'il est décidé d'un marquage du « *made in* » sur les produits, c'est également la règle d'origine de droit commun qui permettra de déterminer l'origine à déclarer lors du passage en douane Import.

L'origine non préférentielle (de droit commun) repose sur l'article 24 du Code des Douanes communautaire :

« Les produits seront considérés comme originaires du pays où a eu lieu la dernière transformation ou ouvraison satisfaisant simultanément aux quatre conditions suivantes :

- être substantielle,
- être économiquement justifiée,
- avoir été effectuée dans une entreprise équipée à cet effet,
- avoir abouti à un produit nouveau ou représenter un stade de fabrication important. »

Ce critère de la transformation substantielle est universellement accepté. Mais nous comprenons très vite qu'il laisse une part importante à l'interprétation. C'est ainsi que pour faciliter la tâche des opérateurs, les États sont amenés à appliquer d'autres critères qui se veulent plus pragmatiques, tels que le critère du changement de classification tarifaire, le critère du pourcentage de valeur ajoutée à apporter, ou bien encore le critère de la nature de l'opération de fabrication ou d'ouvraison. Parallèlement, les États définissent les opérations qu'ils ne considéreront jamais comme substantielles et qui ne permettront pas de conférer l'origine du pays qui la réalise. Par exemple, une simple peinture, l'apposition d'un logo, le conditionnement, la simple réunion de parties, etc.

C'est ainsi que l'on constate une grande diversité dans la pratique des douanes locales en matière de règles d'origine, exposant par voie de conséquence les entreprises importatrices et exportatrices aux risques douaniers. Alors qu'elles ne devraient être qu'un moyen de faciliter le fonctionnement des politiques commerciales, ces règles sont malheureusement devenues de véritables outils utilisés à des fins protectionnistes.

Le comité Origine de l'OMC, constitué de représentants des États membres, tente, difficilement il est vrai, d'harmoniser ces règles… L'Union européenne est partie prenante à cette harmonisation ; elle-même a défini des règles plus explicites pour déterminer l'origine d'un grand nombre de produits et œuvre pour que ses règles servent de base à l'harmonisation internationale.

Les chapitres douaniers qui bénéficient de règles spécifiques et plus précises sont repris, pour le textile, en annexe 10 des Dispositions d'Application du Code des douanes communautaire (DAC publiées au règlement 2454/93 CEE) et en annexe 11 pour certains produits divers. Par ailleurs, l'Union européenne est régulièrement consultée pour déterminer l'origine de produits divers et variés, définissant ainsi de nouvelles règles d'origine non préférentielle. Ces règles sont disponibles sur le site Europa.

EXEMPLE

Comment déterminer l'origine finale de tracteurs assemblés en Union européenne à partir de composants d'origine non communautaire ? Le montage réalisé en UE peut-il être considéré comme substantiel ? Pour trancher plus facilement cette question, l'Union européenne a décidé d'accorder l'origine CE de droit commun aux tracteurs assemblés sur notre territoire, dès lors que l'entreprise apporte une valeur ajoutée de 60 % du prix de vente départ usine. Mais attention, cette règle n'est valable qu'en Union européenne et ne sera pas forcément valable au moment de commercialiser ces tracteurs aux États-Unis !

Lors du passage en douane import, les autorités douanières peuvent exiger la présentation d'un justificatif d'origine. Les certificats nationaux propres au pays d'expédition sont acceptés par les autorités communautaires dès l'instant qu'ils comportent les indications nécessaires à l'identification de la marchandise. Ils doivent généralement être visés par un organisme habilité et être présentés lors du dédouanement en Union européenne. Les produits concernés par ces exigences font l'objet d'annotations (renvois) dans la base de données RITA, en ligne sur pro.douane.gouv.fr.

3.2.2 *La règle d'origine préférentielle : à des fins de préférences tarifaires*

Indépendamment de la déclaration d'origine de droit commun à des fins douanières, l'importateur peut être amené à demander le bénéfice de l'origine préférentielle à des fins de préférences tarifaires. En effet, l'Union européenne a signé un grand nombre d'accords privilégiés avec des pays tiers. Ces accords visent à développer les échanges entre l'UE et ces pays. Ils reposent sur des réductions ou exonérations de droits de douane sur la majorité des produits **originaires et en provenance** des pays contractants à l'accord. Mais qu'entend-on par « produit originaire » ? Les règles d'origine qui s'appliquent ici sont malheureusement différentes des règles d'origine de droit commun détaillées précédemment. Les préférences tarifaires obéissent à des règles... d'origine préférentielle édictées par les différents accords signés.

Faisons un tour d'horizon des différents accords privilégiés signés par l'Union européenne et des conditions pour en bénéficier.

3.2.2.1 *Les accords préférentiels conventionnels*

Il s'agit d'accords commerciaux, d'association, de coopération ou d'union douanière avec des pays tiers. Leur finalité : développer les zones de libre-échange pour certains, faciliter les échanges commerciaux et de partenariat pour d'autres. L'outil utilisé : les préférences tarifaires, c'est-à-dire réduction ou suppression des droits de douane normalement applicables.

Tableau 19 : Les accords Union européenne/pays tiers au 17 mai 2010
(Source : Douane)

- AELE : Suisse, Liechtenstein, Norvège, Islande
- Afrique Caraïbes Pacifique (ACP) dans le cadre du RAM (règlement accès au marché). 35 pays concernés
- Afrique du Sud
- Autorité Palestinienne (Cisjordanie/Gaza)
- Balkans : Albanie, Bosnie-Herzégovine, Croatie, Kosovo, Serbie, Macédoine, Moldavie, Monténégro,
- Cariforum (îles des Caraïbes)
- Chili
- Îles Féroé
- Israël

- Machrak : Égypte, Jordanie, Syrie, Liban
- Maghreb : Algérie, Maroc, Tunisie
- Mexique
- Territoires d'Outre-Mer (TOM)
- Accords d'Union douanière : Turquie, Andorre et Saint-Marin

D'autres accords sont en cours de négociation dont celui avec la Corée du Sud prévu d'entrer en vigueur mi-2011.

Ces accords s'appliquent systématiquement à l'importation en Communauté et la majorité prévoit une réciprocité, c'est-à-dire des préférences tarifaires accordées à l'importation de produits communautaires dans les pays associés. La réciprocité est d'autant plus étendue que le pays partenaire est développé et industrialisé.

EXEMPLE

	À l'import en CE		À l'import en Suisse		À l'import au Mexique	
	Originaires de Taiwan	Originaires de Suisse ou du Mexique	Originaires de Taiwan	Originaires de la CE	Originaires de Taiwan	Originaires de la CE
Lampes électriques classées en 85 13 10 00	5,7 %	EX (0 %)	0,52 franc suisse le kilo	EX (0 %)	15 %	0 %

Pour bénéficier de ces réductions ou suppressions de droits de douane, il convient de prouver l'origine préférentielle du pays contractant au moment d'importer ces produits. La justification de l'origine préférentielle est apportée par l'exportateur sur un document visé par les douanes de sortie de son pays : le certificat de circulation EUR1 (voir modèle ci-après). L'importateur produira ce certificat à l'appui de sa déclaration douanière import afin de bénéficier de la préférence tarifaire.

Des simplifications documentaires sont prévues par la majorité des accords. Il est possible en effet de remplacer l'EUR1 par une simple Déclaration d'Origine sur la Facture par exemple (DOF). Cette facilité est accordée pour toute expédition d'un montant inférieur à 6 000 euros. Pour des sommes supérieures, et lorsque l'accord le permet, l'exportateur peut obtenir le statut « d'exportateur agréé » de la part de ses autorités douanières afin de remplacer le certificat EUR1 par une simple DOF, quel que soit le montant. Il est prévu une dématérialisation du certificat EUR1 en 2013.

EXEMPLE

Modèle de DOF relative à l'accord CE/Chili, à porter sur la facture du fournisseur chilien, à l'importation en CE, en lieu et place d'un EUR1 « papier » :

L'exportateur des produits couverts par le présent document (autorisation douanière n°....) déclare que, sauf indication claire du contraire, ces produits ont l'origine préférentielle CHILI.

ATTENTION

Les accords de type « union douanière » signés avec la Turquie, Andorre et Saint-Marin ont un fonctionnement différent. Pour la Turquie par exemple, le fournisseur turc produira un document de circulation ATR (voir modèle ci-après) afin que son client en CE bénéficie de la suppression de droits de douane. Mais contrairement à l'EUR1, l'ATR ne justifie pas de l'origine préférentielle turque des produits. En effet, à l'importation de Turquie, peuvent bénéficier de la préférence tarifaire :

- les produits originaires de Turquie,
- mais également les produits tiers à la Turquie qui ont été mis en libre pratique dans ce pays, c'est-à-dire importés de pays tiers et ayant acquitté les droits de douane à l'import en Turquie. Précisons que la Turquie applique les mêmes taux de droits de douane que la CE. Si les produits sont originaires de Chine et ont été dédouanés en Turquie, ils ne repaieront pas de droits de douane à l'entrée en CE, sous couvert d'un ATR, voir modèle p. 157.
- Si l'importateur a toutefois besoin de justifier l'origine turque des marchandises, il peut demander à son fournisseur de s'engager sur l'origine préférentielle *via* un EUR1 ou une déclaration du fournisseur.

À l'heure actuelle, il n'est plus très simple de déterminer l'origine d'un produit étant donné que les matières premières et les pièces détachées circulent tout autour de la planète avant d'être incorporées dans des usines de fabrication éparpillées aux quatre coins du monde…

Or, les commerçants internationaux doivent prendre cette problématique au sérieux car… il ne s'agit pas de déclarer une fausse

CERTIFICAT DE CIRCULATION DES MARCHANDISES

1. Exportateur (nom, adresse complète, pays)	**EUR. 1 A** № **211065**
Z[ ]ROUTE DU BAC 2040 RADES TUNISIE Tel : 216 71 4███ - 216 71 44███ - 216 71 448███ Fax: 216 71 44███ 216 71 448███ - 216 71 448███	Consulter les notes au verso avant de remplir le formulaire
3. Destinataire (nom, adresse complète, pays) (mention facultative)	2. Certificat utilisé dans les échanges préférentiels entre **TUNISIE** et **France** (indiquer les pays, groupes de pays ou territoires concernés)
PARC D'ACTIVITE LYON SUD OUEST F-69630 CHAPONOST France	4. Pays, groupe de pays ou territoire dont les produits sont considérés comme originaires TUNISIE / 5. Pays, groupe de pays ou territoire de destination France
6. Informations relatives au transport (mention facultative) CAMION	7. Observations

(1) Pour les marchandises non emballées, indiquer le nombre d'objets ou mentionner "en vrac"	8. N° d'ordre; marques, numéros, nombre et nature des colis (1); désignation des marchandises	9. Poids brut (kg) ou autre mesure (l, m³, etc.)	10. Factures (mention facultative)
	NOMBRE DE COLIS: 12 COLIS DESCRIPTION BIENS: PALETTE SUPRA + ETRIERS SUPRA + GUIDE FOUCHE SELON COMMANDES 4500030███, 4500030███ 4500030███ ET 4500030███ DDU MONTLUEL REF L/C D620000	13,309 TONNES	

(2) À remplir seulement lorsque les règles nationales du pays ou territoire d'exportation l'exigent	11. VISA DE LA DOUANE Déclaration certifiée conforme Document d'exportation (2) : modèle _____ n° _____ du _____ Bureau de douane _____ Pays ou territoire de délivrance _____ à _____, le 17.12.09 (Signature)	12. DÉCLARATION DE L'EXPORTATEUR Je, soussigné, déclare que les marchandises désignées ci-dessus remplissent les conditions requises pour l'obtention du présent certificat. À _____, le _____ (Signature)

origine préférentielle afin de bénéficier indûment de préférences tarifaires ! Mais que faire lorsque plusieurs pays ont participé à la fabrication du produit ?

La règle de base est la suivante : pour être considérées comme originaires de la Communauté ou d'un pays lié à la Communauté par un accord préférentiel, les marchandises doivent avoir été obtenues dans la Communauté ou dans le pays considéré, soit entièrement, soit par « **transformation suffisante** » de produits non originaires.

La notion de « transformation suffisante » est différente d'un produit à un autre. Ainsi, les règlements particuliers « Origine » annexés à chaque accord précisent pour chaque rubrique du Tarif douanier, le type de transformation qu'il convient de réaliser pour conférer l'origine du pays dans lequel cette transformation a été effectuée.

EXEMPLE

Une entreprise française achète des composants taiwanais d'une valeur de 7 000 euros en vue de fabriquer une machine-outil classée en chapitre douanier 84 56, d'une valeur départ usine France de 15 000 euros. La machine sera exportée en Suisse, pays avec lequel la CE a signé un accord préférentiel. Peut-on remettre un document EUR1 au client suisse, attestant de l'origine préférentielle CE afin que celui-ci soit exonéré des droits de douane ? Que dit l'accord CE/Suisse pour le chapitre douanier 84 56 ?

Extrait du protocole Origine de l'accord CE/Suisse – JOUE L252 du 24.09.2009

Position SH	Désignation des marchandises	Ouvraison ou transformation appliquée à des matières non originaires conférant le caractère de produit originaire	
(1)	(2)	(3) ou	(4)
8456 à 8466	Machines, machines-outils et leurs parties et accessoires, des nᵒˢ 8456 à 8466	Fabrication dans laquelle la valeur de toutes les matières utilisées ne doit pas excéder 40 % du prix départ usine du produit	

« Fabrication dans laquelle la valeur de toutes les matières **non originaires** utilisées ne doit pas excéder 40 % du prix départ usine du produit ». Or, la valeur des composants taiwanais dépasse ce pourcentage. Le client suisse devra payer les droits de douane applicables à ces machines.

DOLAŞIM BELGESİ (MOVEMENT CERTIFICATE)

1. İhracatçı (Ad, açık adres, ülke) Exporter (Name, full address, country) ████ MA TIC VE SAN A.Ş. ████ ORGANIZE SANAYI BOLGESI GEBZE KOCAELI TURKEY	**A.TR** No D 0741777 ᴊᵋ

(1) Üye ülke veya Türkiye

Insert the member State or Turkey

2. Taşıma Belgesi (İhtiyari) .... No .... (Tarih) ...... Transport document (Optional) No. .... (Date)	

3. Malın gönderildiği şahıs (İhtiyari) (ad, açık adres, ülke) Consignee (Optional) (Name, full address, country) ████ RESIDENT WILSON SAINT DENIS LA PLAINE FRANSA	4. AET/TÜRKİYE ORTAKLIĞI ASSOCIATION between the EUROPEAN ECONOMIC COMMUNITY and TURKEY
	5. İhraç Ülkesi Country of exportation TURKEY	6. Varış Ülkesi Country of destination (1) FRANCE

7. Taşınmaya ilişkin bilgiler (İhtiyari) Transport details (Optional) BY TRUCK	8. Gözlemler Remarks

9. Sıra No: Item No	10. Kolilerin markaları, numaraları, sayı ve cinsi (dökme mallar için, duruma göre, geminin adı vagon veya kamyonun numarası belirtilecektir); Malların tanımı Marks and numbers; number and kind of packages (for goods in bulk, indicate the name of the ship or the number of the railway wagon or road vehicle); Description of goods	11. Brüt ağırlık (kg) veya diğer ölçüler (hl, m³, v.s.) Gross Weight (kg) or other measure (hl, m³, etc.)
	16 PALETTE 32 ROLL P.E.T. FOLIO A19423	6,732 KGS

12. GÜMRÜK VİZESİ CUSTOMS ENDORSEMENT Doğruluğu onaylanmış beyan Declaration certified İhraç belgesi Export document (2) Model (Form) Gümrük İdaresi Customs Office Çıkış ülkesi Issuing country Yer ve Tarih Place and date İmza (Signature)	13. İHRACATÇININ BEYANI DECLARATION BY THE EXPORTER Aşağıda imzası bulunan ben, yukarıda, belirtilen malların bu belgenin verilmesi için gerekli koşullara uygun olduğunu beyan ederim. I, the undersigned, declare that the goods described above meet the conditions required for the issue of this certificate. Yer ve Tarih Place and date ISTANBUL-05/04/20██ İmza (Signature)

(2) Sadece ihraç ülkesinin talebi halinde doldurulur.

Complete only where the exporting country requires

AYDOĞDU OFSET · 309 64 67 (Pbx) · ANKARA

Pour connaître ces règles préférentielles en fonction des produits et des accords, l'entreprise peut consulter la rubrique « règles d'origine » de l'Export Helpdesk, un service en ligne mis en place par la Commission européenne pour faciliter l'accès des pays en développement aux marchés de l'Union Européenne : http://exporthelp.europa.eu/index_fr.html.

Toutefois, seules les règles de base sont disponibles dans cette base de données. Or, les accords prévoient moult dispositions qu'il est important de maîtriser afin de tirer pleinement profit de ces accords préférentiels ou, au contraire, de ne pas en bénéficier indûment. Les textes complets des accords, publiés par voie de règlements communautaires, sont répertoriés sur le site de la Douane française, rubrique « origine préférentielle ».

EXEMPLE

- Chaque accord liste les transformations ou ouvraisons jugées insuffisantes : simple réunion de colis, conditionnement, peinture et polissage simples, repassage des textiles, apposition d'un logo…
- La règle du transport direct : pour bénéficier de la préférence tarifaire, la marchandise doit avoir été transportée directement du pays partenaire vers la CE, c'est-à-dire ne pas avoir emprunté de territoires autres que ceux des parties contractantes, sauf pour des raisons géographiques ou logistiques. Le transport direct sera justifié par un titre de transport unique ou bien par une attestation délivrée par les autorités douanières du pays de transit attestant que la marchandise n'y a subi aucune manipulation.
- Généralement, en plus d'être suffisamment ouvrées ou transformées, les matières non originaires du pays transformateur doivent avoir acquitté les droits de douane. Il s'agit de la clause de « non-ristourne de droits ».

Mais les accords peuvent également prévoir des dispositions fort intéressantes pour les industriels. Maîtriser les spécificités de ces accords et décider des flux industriels en conséquence peut largement contribuer à la rentabilité des opérations internationales. Pour preuve, la nouvelle zone de libre-échange pan-euro-méditerranéenne qui facilite les échanges croisés de marchandises originaires des pays du plateau européen et de la Méditerranée.

La zone PANEUROMED

La déclaration de Barcelone adoptée lors de la conférence euroméditerranéenne des 27 et 28 novembre 1995 visait à développer les échanges intra-régionaux de proximité, en facilitant l'intégration économique des pays riverains de la Méditerranée. En d'autres termes, l'objectif de la zone Paneuromed est de maintenir et développer l'activité industrielle en zone Europe/Méditerranée et contrer l'émergence de l'Asie.

Concrètement, il s'agit de créer une zone dénuée d'obstacles douaniers en privilégiant bien entendu les marchandises originaires de cette zone selon les règles d'origine édictées. Ainsi, pour bénéficier des préférences tarifaires, les produits peuvent être fabriqués en faisant intervenir un ou plusieurs pays de la zone : notion de cumul d'origines Paneuromed.

Cette zone est constituée de la Communauté européenne, l'AELE[1], la Turquie, les Îles Féroé et les pays de l'Euromed : Algérie, Maroc, Tunisie, Égypte, Israël, Jordanie, Liban, Syrie, Cisjordanie et bande de Gaza.

Voici les conditions pour bénéficier du cumul Paneuromed[2] :

- Les matières « originaires » des pays partenaires ne sont pas soumises à l'obligation d'être suffisamment transformées.
- Le produit obtenu par cumul acquiert l'origine du pays où a eu lieu la dernière transformation allant au-delà des opérations insuffisantes (une simple peinture ou un emballage sont insuffisants) ou, à défaut, l'origine du pays qui a fourni la plus forte valeur en matières originaires.
- Les produits ne subissant aucune ouvraison dans un pays partenaire conservent leur origine lorsqu'ils sont réexportés vers un autre pays partenaire.
- enfin, si des produits tiers à cette zone sont utilisés dans la fabrication, ils doivent subir une transformation suffisante selon les règles de l'accord et avoir acquitté les droits de douane exigibles à l'entrée dans le pays qui délivrera la preuve d'origine préférentielle (clause de non-ristourne).

EXEMPLE

Une machine fabriquée au Maroc bénéficie de l'exonération de droits de douane à l'import en France au titre de l'accord bilatéral CE/Maroc, et sous couvert d'un EUR1 origine « Maroc ». Cette machine est ensuite réexportée en Suisse.

---

1. AELE : Association européenne de libre-échange (Suisse, Liechtenstein, Norvège, Islande).
2. Explications données par l'Union européenne, parues à l'avis C n° 16 du 21.01.2006.

> Dans le cadre de l'accord bilatéral CE/Suisse, cette marchandise ne peut pas bénéficier de la préférence tarifaire en Suisse au motif que cette marchandise n'est pas originaire de la CE. L'exportateur français n'a pas le droit de fournir un EUR1 à son client suisse.
>
> La zone Paneuromed rend désormais possible ces passerelles : les préférences tarifaires s'appliquent dans les pays partenaires dès lors que les marchandises ont été fabriquées dans un ou plusieurs pays de la zone Paneuromed. Le document qui accompagne la marchandise, à l'import du Maroc comme à l'export vers la Suisse doit être dans ce cas un certificat de circulation EUR-MED. Celui-ci précisera si la marchandise a utilisé ou non le cumul d'origines Paneuromed. Dans l'exemple qui nous intéresse, l'exportateur français délivrera à son client suisse un EUR-MED [origine « Maroc », cumul d'origines « non appliqué »].

Un système identique a été mis en place avec les pays des Balkans.

Les entreprises ont tout intérêt à maîtriser ces règles et à considérer le critère « origine » au moment de choisir leurs circuits de fabrication afin :

- d'optimiser leurs flux industriels et bénéficier pleinement des préférences tarifaires,
- d'évaluer l'impact de l'internationalisation de leur flux sur les clients Export et décider en connaissance de cause des circuits de fabrication.

3.2.2.2 *Le Système de Préférences Généralisées*

En 1968, la Conférence des Nations unies sur le commerce et le développement (CNUCED) recommandait la création d'un « système généralisé de préférences tarifaires » dans le cadre duquel les pays industrialisés accorderaient des préférences commerciales à tous les pays en développement.

Objectif : réduire la pauvreté dans ces pays en leur permettant d'obtenir des revenus par le biais du commerce mondial. Le SPG ne résulte pas d'une négociation et le traitement préférentiel n'est pas réciproque. Il ne fonctionne qu'à l'importation dans les pays industrialisés. Chaque pays donateur décide du schéma SPG à appliquer, en termes de marchandises et de pays bénéficiaires ainsi que des règles d'origine à respecter pour en bénéficier.

En 1971, la Communauté européenne instaure son premier SPG. Aujourd'hui, nous avons décidé d'utiliser cet outil pour contribuer à éradiquer

CERTIFICAT DE CIRCULATION DES MARCHANDISES

la pauvreté, notamment dans les 49 pays les moins avancés de la planète (PMA)[1], et pour promouvoir le développement durable et la bonne gouvernance dans les pays les plus vulnérables.

---

1. La liste des pays bénéficiaires, la nature des préférences et les produits exclus sont disponibles au JOUE n° L 211 du 06.08.2008.

Ainsi, les pays bénéficiaires du SPG de l'UE peuvent bénéficier de trois régimes distincts :

- **Le régime général** : réduction ou suppression de droits de douane en fonction du caractère sensible ou non des produits.
- **Le régime spécial d'encouragement au développement durable et à la bonne gouvernance, dit « SPG + »** : préférences additionnelles pour les pays qui ont ratifié et mis en œuvre les conventions internationales en matière de droits sociaux, protection des travailleurs et de l'environnement, lutte contre le trafic de drogues.
- **Le régime spécial en faveur des pays les moins avancés, dit « régime PMA »** : accès libre de droits de douane et de quota au marché de l'UE, hormis les armes et quelques rares exceptions. Ces pays bénéficient depuis le 1er janvier 2011 de règles d'origine plus souples[1].

Tableau 20 : Liste des Pays En Développement (PED) bénéficiaires du SPG

En caractère gras : les Pays les Moins Avancés (PMA).

En souligné : les bénéficiaires du régime « Développement durable et bonne Gouvernance » à septembre 2010. Source TARIC Europa.

• **Afghanistan**	• Brésil	• **Erythrée**
• Afrique du Sud	• Brunei	• **Éthiopie**
• Algérie	• **Burkina Faso**	• Féderat. États
• **Angola**	• **Burundi**	de Micronésie
• Anguilla	• **Cambodge**	• Fidji
• Antarctique	• Cameroun	• Gabon
• Antigua et Barbuda	• **Cap-Vert (Rép.du)**	• **Gambie**
• Antilles néerlandaises	• Chine	• Géorgie
• Arabie Saoudite	• Colombie	• Géorgie du Sud et les îles
• Argentine	• **Comores**	Sandwich du Sud
• Arménie	(non compris Mayotte)	• Ghana
• Aruba	• Congo	• Gibraltar
• Azerbaïdjan	• **Congo** (Rép. Dém.)	• Grenade
• Bahamas	• Cook (île)	• Groenland
• Bahrein	• Costa Rica	• Guam
• **Bangladesh**	• Côte-d'Ivoire	• Guatemala
• Barbade	• Cuba	• **Guinée**
• Belize	• **Djibouti**	• **Guinée équatoriale**
• **Bénin**	• Dominique	• **Guinée-Bissau**
• Bermudes	• Égypte	• Guyana
• **Bhoutan**	• El Salvador	• **Haïti**
• Bolivie	• Émirats arabes unis	• Honduras
• Botswana	• Équateur	• Îles Vierges brit.

1. Nouvelles règles d'origine pour les pays bénéficiaires du SPG : JOUE L307 du 23.11.2010.

• Île Bouvet	• **Mauritanie**	• Sainte-Lucie
• Île Christmas	• Mayotte	• Saint-Pierre-et-
• Îles Cayman	• Mexique	Miquelon
• Îles Cocos	• Moldavie	• Saint-Vincent
(ou îles Keeling)	• Mongolie	• **Samoa**
• Îles Falkland	• Montserrat	• Samoa américaines
• Îles Heard et	• **Mozambique**	• **São Tomé et Prince**
îles McDonald	• ~~Myanmar~~ (exclu SPG CE)	• **Sénégal**
• Îles Mariannes du Nord	• Namibie	• Seychelles et dépendances
• Îles Marshall	• Nauru	• **Sierra Leone**
• Îles mineures éloignées	• **Nepal**	• **Somalie**
des États-Unis	• <u>Nicaragua</u>	• **Soudan**
• **Îles Salomon**	• **Niger**	• Sri Lanka
• Îles Turks et Caïcos	• Nigeria	• Surinam
• Îles Vierges des États-Unis	• Niue (île)	• Swaziland
• Îles Wallis-et-Futuna	• Norfolk (île)	• Syrie
• Inde	• Nouvelle-Calédonie	• Tajikistan
• Indonésie	et dépend.	• **Tanzanie**
• Irak	• Oman	• **Tchad**
• Iran	• **Ouganda**	• Terr. brit. de l'océan
• Jamaïque	• Ouzbékistan	Indien
• Jordanie	• Pakistan	• Terres australes
• Kazakhstan	• Palau	françaises
• Kenya	• Panama	• Thaïlande
• Kirghistan	• Papouasie-Nouvelle-	• **Timor oriental**
• **Kiribati**	Guinée	• **Togo**
• Koweit	• <u>Paraguay</u>	• Tokelau (îles)
• **Laos**	• <u>Pérou</u>	• Tonga
• **Lesotho**	• Philippines	• Trinité et Tobago
• Liban	• Pitcairn	• Tunisie
• **Libéria**	• Polynésie Française	• Turkménistan
• Libye	• Qatar	• **Tuvalu**
• Macao	• **République**	• Ukraine
• **Madagascar**	**Centrafricaine**	• Uruguay
• **Malawi**	• République	• **Vanuatu**
• Malaysia	Dominicaine	• Venezuela
• **Maldives**	• Russie	• Viêt-nam
• **Mali**	• **Rwanda**	• **Yemen**
• Maroc	• Saint-Kitts et-Nevis	• **Zambie**
• Maurice	• Sainte-Hélène	• Zimbabwe

Certains bénéficiaires du SPG, comme la Tunisie par exemple, bénéficient par ailleurs de l'accord préférentiel bilatéral signé avec l'UE. Les acheteurs auront à cœur de recourir au traitement le plus favorable. La Chine, quant à elle, fait encore partie des pays bénéficiaires. Néanmoins, en tant qu'économie « en transition », elle sort progressivement du SPG. C'est le cas d'autres couples produit/pays.

Pour bénéficier du SPG à l'importation dans la Communauté, trois conditions doivent être remplies :

* les marchandises doivent être originaires d'un pays bénéficiaire au
  sens des règles d'origine du SPG de la CE,
* les marchandises doivent faire l'objet d'un transport direct du pays
  bénéficiaire vers la CE,
* l'importateur doit soumettre une preuve de l'origine valable : certificat d'origine FORM A délivré par les autorités compétentes du pays
  bénéficiaire (voir modèle ci-après) ou déclaration d'origine sur facture pour les envois qui n'excèdent pas 6 000 euros.

Produits	Code TARIC	TEC (droits de douane normale-ment en vigueur)	Accords CE/Pays tiers	SPG	SPG « régimes spéciaux »
Tôles en aluminium non allié	7606111090	7,5 % si origine USA par exemple	0 % si origine Croatie par exemple	4 % si origine Inde par exemple. Chine exclue du SPG pour ce chapitre	0 % si origine Mongolie par exemple

De telles réductions devraient être suffisamment attrayantes pour inciter les entreprises à faire usage des possibilités offertes par ces accords préférentiels, lorsque les pays bénéficiaires sont également fournisseurs bien entendu.

BON À SAVOIR

Pour profiter pleinement de ces régimes commerciaux préférentiels et connaître notamment les couples produits/pays bénéficiaires ou exclus du SPG, les acheteurs internationaux peuvent consulter le site de Pro.douane. gouv.fr, rubrique TARIC EUROPA ou bien celui de l'Export Helpdesk, plus facile d'accès et qui précise également les règles d'origine préférentielle dans le cadre du SPG :
http://exporthelp.europa.eu/index_fr.html

3.2.3 *La question du marquage de l'origine sur les produits*

Commençons par une précision importante : pour l'heure, il n'y a aucune obligation de marquage de l'origine sur les produits vendus en France et en CE. Pour l'heure en effet, car l'Union européenne réfléchit à l'instauration d'un marquage obligatoire d'origine sur les produits. L'objectif de ce marquage serait de faciliter les choix des consommateurs, d'empêcher que la réputation de l'industrie communautaire ne soit ternie par des titres d'origine inappropriés et, bien entendu, à l'instar des américains et de leur loi sur le « *making it in America* », relancer l'industrie communautaire.

BON À SAVOIR

Le député français Yves Jego préconise dans son rapport « En finir avec la mondialisation anonyme – la traçabilité au service des consommateurs et de l'emploi » (mai 2010), de rendre obligatoire la mention du pays d'origine sur les produits. Pour les produits fabriqués en France, il propose un système de notation à 3 étoiles du « Made in France » en fonction de la valeur ajoutée réalisée en France. De 45 à 60 % de valeur ajoutée : « Made in France » simple. Entre 60 et 75 % : « Made in France » 1 étoile. Entre 75 et 90 % : « Made in France » 2 étoiles. Au-delà : « Made in France » 3 étoiles.

Une étude récente souligne que 70 % des consommateurs français seraient prêts à favoriser le « Made in France ». Mais… parallèlement, seuls 39 % accepteraient de payer ces produits plus cher…

Rapport disponible sur le site www.ladocumentationfrancaise.fr

---

Pour l'heure donc, il n'y a aucune obligation de marquage. Or, certains produits, ceux notamment destinés au grand public, comportent un « *made in* »… Plusieurs raisons à cela.

L'article 39 du code des douanes français et le code de la consommation visent à protéger l'origine française et le consommateur. Le marquage peut ainsi être exigé à titre de correctif, lorsqu'il y a présence de mentions litigieuses pouvant induire le consommateur en erreur, c'est-à-dire en le laissant croire à tort qu'un produit d'origine tierce est fabriqué en France. Le Bulletin Officiel des Douanes, BOD n° 6714 du 6 juin 2007 « protection de l'origine française » aide l'entreprise à définir ce qu'est une mention litigieuse nécessitant l'apposition d'un correctif.

EXEMPLE

Des montures de lunettes fabriquées en Chine ont été bloquées en douanes françaises au motif qu'elles arboraient sur les branches le logo d'une marque connue, laquelle marque faisait référence à une ville française. Outre l'amende douanière, l'entreprise a dû marquer chaque paire d'un « *made in China* » indélébile avant de les commercialiser.

Le « *made in* » peut également être apposé à l'initiative de l'entreprise si elle y trouve un avantage commercial : chaussures « made in Italy » par exemple. Certains pays/clients peuvent également l'exiger. C'est le cas des États-Unis, du Canada, de la Chine et du Japon qui l'imposent sur une grande majorité de produits importés. Rappelons que la règle de détermination d'origine qui régit le marquage du « *made in* » lors du passage en douane Import est la règle d'origine non préférentielle (de droit commun) détaillée précédemment, avec parfois, les règles d'application propres à chaque pays.

En revanche, pour les questions de marquage de Made in France pour les produits vendus sur le sol français, il convient de se rapprocher de la DGCCRF[1] qui a autorité en la matière.

3.2.4 *Le paramètre Origine dans la stratégie de l'entreprise*

Force est de constater que les entreprises importatrices méconnaissent les règles d'origine, notamment préférentielle. Elles peuvent ainsi se priver d'une préférence tarifaire non négligeable, réduisant d'autant le gain

---

1. DGCCRF : Direction générale de la Concurrence, de la Consommation et de la Répression des fraudes.

escompté ; ou bien, à l'inverse, être amenées à bénéficier indûment de suppression de droits de douane en faisant porter tout type de marchandises sur un EUR1 ou un FORM A au seul motif de sa provenance.

EXEMPLE

- Une société d'ingénierie de l'Ain importe du Brésil des machines à ensacher les boissons. Méconnaissant les règles du commerce extérieur, elle n'exige pas de FORM A. Son fabricant brésilien de son côté ne l'a jamais proposé en 4 ans, car l'obtention d'un FORM A lui coûte environ 150 USD. Très mauvais calcul. Son concurrent remet une offre intéressante à l'entreprise française en incluant le FORM A, permettant à cette dernière de passer de 1,7 à 0 % de droits de douane, sur un chiffre annuel d'achats de plusieurs millions d'euros !
- Telle autre société stéphanoise importe du Vietnam des produits semi-finis en acier. Son fournisseur lui délivre systématiquement un FORM A que l'importateur remet tout naturellement en douane française (le Vietnam fait partie du SPG). Or, suite à un contrôle sur l'origine, il s'avère que les produits sont en fait fabriqués en Chine, pays exclu de l'accord SPG pour ce chapitre douanier. L'importateur doit non seulement payer les droits et taxes éludés durant les trois dernières années mais bien entendu l'amende douanière. L'acheteur s'étant déplacé à plusieurs reprises chez son fournisseur, la bonne foi n'a pas été retenue.

Mais le piège peut également venir de plus près, de nos voisins européens en l'occurrence. En effet, lorsque l'acheteur s'approvisionne de France ou d'Union européenne, le fournisseur n'est pas obligé de fournir un justificatif d'origine. Or, la provenance communautaire de la marchandise ne préjuge en rien de l'origine communautaire de celle-ci. Si d'aventures la marchandise est destinée à être réexportée hors CE, quelle origine déclarer sur un certificat d'origine, un EUR1 ou un EUR-MED s'il est exigé par le destinataire ? Ici, l'erreur est malheureusement fréquente et facile. En l'absence de collaboration entre acheteurs internationaux et commerciaux export, le service export déclarera certainement l'origine… du pays expéditeur, commettant ainsi une… fraude à l'origine !

Afin de supprimer ce risque qui pèse sur l'importateur pour toute marchandise qu'il est amené à réexporter, la Douane a mis à notre disposition un dispositif visant à le protéger : la déclaration du fournisseur. Cette déclaration permet de reporter la responsabilité de la déclaration d'origine sur le fabricant ou son propre fournisseur.

L 300/8 | FR | Journal officiel de l'Union européenne | 31.10.2006

ANNEXE II

-ANNEXE II

Déclaration à long terme du fournisseur concernant les produits ayant le caractère originaire à titre préférentiel

La déclaration du fournisseur, dont le texte figure ci-après, doit être établie compte tenu des notes figurant en bas de page. Il n'est toutefois pas nécessaire de reproduire ces notes.

DÉCLARATION

Je soussigné déclare que les marchandises décrites ci-après:

.... (¹)

.... (²)

qui font l'objet d'envois réguliers à .... (³) sont originaires de .... (⁴) et satisfont aux règles d'origine régissant les échanges préférentiels avec .... (⁵).

Je déclare ce qui suit (⁶):

☐ Cumul appliqué avec .... (nom du/des pays)

☐ Aucun cumul appliqué

La présente déclaration vaut pour tous les envois ultérieurs de ces produits effectués de:

.... à .... (⁷).

Je m'engage à informer .... immédiatement si la présente déclaration n'est plus valable.

Je m'engage à fournir aux autorités douanières toutes preuves complémentaires qu'elles jugeront nécessaires.

.... (⁸)

.... (⁹)

.... (¹⁰)

(¹) Description.
(²) Désignation commerciale utilisée sur les factures, par exemple: "modèle n°...".
(³) Nom de l'entreprise à laquelle les marchandises sont livrées.
(⁴) La Communauté, le pays ou groupe de pays ou le territoire dont les marchandises sont originaires.
(⁵) Pays, groupe de pays ou territoire concerné.
(⁶) À compléter, si nécessaire, uniquement pour les marchandises ayant acquis le caractère originaire à titre préférentiel dans le cadre des relations commerciales préférentielles avec l'un des pays visés aux articles 3 et 4 du protocole concerné relatif aux règles d'origine, avec lequel le cumul pan-euro-méditerranéen de l'origine est applicable.
(⁷) Indiquer les dates. Ce délai ne peut excéder 12 mois.
(⁸) Lieu et date.
(⁹) Nom et fonction, nom et adresse de l'entreprise.
(¹⁰) Signature.-

Les acheteurs de la CE ont tout intérêt à systématiser cette demande auprès de leurs fournisseurs, soit ponctuellement à chaque commande, soit en début d'année par exemple, *via* une déclaration à long terme. Les fournisseurs attesteront pour les 12 mois qui viennent de l'origine préférentielle éventuelle des produits qu'ils fournissent. Cette « déclaration du fournisseur » est valable dans nos échanges avec nos partenaires intra-communautaires mais également dans le cadre de la nouvelle zone Paneuromed.

EXEMPLE

Un fabricant d'articles de jouets d'extérieur décide de délocaliser un produit de sa gamme en Chine. L'entreprise vend au Maroc *via* un distributeur français. Non informé de cette nouvelle origine, le distributeur continue de produire des EUR1 à son client marocain, attestant de l'origine préférentielle CE. Après contrôle sur l'origine déclarée, les douaniers marocains exigent de la part du distributeur, à l'appui de l'EUR1, la « déclaration du fournisseur » émanant du fabricant. Inutile de dire que le fabricant était bien en peine de fournir ce document. Le client marocain a payé une amende aux douanes marocaines, amende qu'il a répercutée tout naturellement à son distributeur, lequel l'a répercutée à son fournisseur pour absence d'information ! Par ailleurs, le client marocain recevant désormais une marchandise chinoise et non plus communautaire ne peut plus bénéficier de la suppression de droits de douane accordée aux produits CE. Les produits sont dorénavant soumis à un taux de 10 % ce qui n'échappe pas au client qui réclame *illico* une réduction du prix de vente afin de compenser ces nouveaux droits de douane !

Ces exemples nous démontrent qu'il est plus que jamais impératif :

- de créer des passerelles entre pôle « achats internationaux » et pôle « export »,

- d'étudier, chiffrer l'impact d'un changement d'origine des produits finis sur les clients export : droits de douane, préférences tarifaires supplémentaires ou au contraire supprimées, contraintes douanières supplémentaires ou au contraire échanges facilités…

- de décider de la politique industrielle de l'entreprise en considérant le paramètre « origine » des produits importés, transformés et réexportés,

- de décider des flux logistiques en fonction de l'impact de l'origine sur le destinataire. À ce sujet, nous traiterons ultérieurement des opérations triangulaires, ou de l'intérêt de faire expédier la marchandise directement du site de production vers le client final.

ATTENTION

Si les marchandises ne sont plus éligibles à l'EUR1/EUR-MED à l'export, il faut avertir les clients qu'ils ne pourront pas bénéficier de la préférence tarifaire ! Au risque de devoir renégocier les prix…

Dans les secteurs très concurrentiels, ceux-là mêmes où les acheteurs ont généralement pour mission de s'approvisionner auprès des pays à bas coûts, bien choisir l'origine des marchandises peut largement contribuer à réduire le prix de revient, d'autant que la compétitivité se joue parfois à… quelques points de droits de douane.

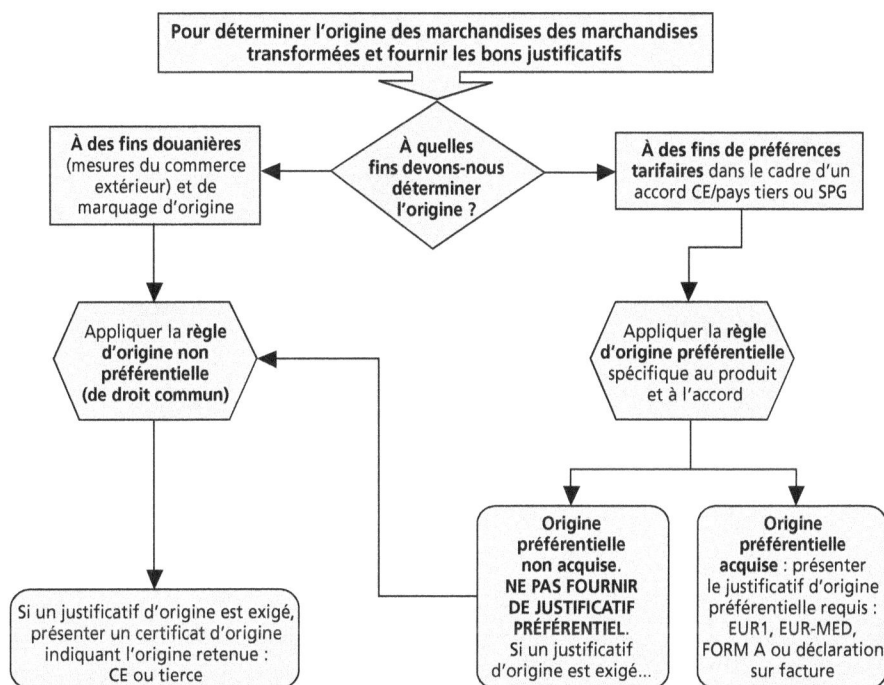

Graphique 6 : Une aide à l'application des bonnes règles d'origine

---

CONSEIL

Lorsque la détermination de l'origine de vos produits n'est pas aisée…

Si les règles sont faciles à appliquer pour certaines marchandises, elles peuvent sembler moins évidentes pour d'autres. L'entreprise ne doit pas hésiter à solliciter l'Administration des douanes de Montreuil, bureau E/1, pour un avis préalable ou pour une réponse plus officielle, en déposant une demande de RCO (Renseignement Contraignant sur l'Origine). Cette demande est gratuite et la réponse des douanes liera l'ensemble des 27 États membres pendant 3 ans. Voir modèle ci-après.

COMMUNAUTÉ EUROPÉENNE – RENSEIGNEMENT CONTRAIGNANT EN MATIÈRE D'ORIGINE **RCO**

1 Autorité douanière compétente	2 Référence du RCO
	3 Date de début de validité Année Mois Jour

4 Titulaire (confidentiel)	5 Date et référence de la demande Année Mois Jour
	6 Classement de la marchandise dans la nomenclature (Ce classement présente un caractère purement indicatif et n'a aucun effet contraignant sur l'administration, sauf en cas de RTC visé à la case 17).

Note importante :

Sans préjudice des dispositions de l'article 12 paragraphes 4 et 5 du règlement (CEE) n° 2913/92 du Conseil, le présent RCO est valable pendant trois ans à partir de la date de début de validité. Les informations fournies seront enregistrées dans une banque de données de la Commission aux fins d'application du règlement (CEE) n° 2454/93 modifié de la Commission. Le titulaire est autorisé à présenter un recours contre le présent RCO.
Le titulaire du RCO doit être en mesure de prouver que la marchandise concernée et les circonstances ayant déterminé l'acquisition de l'origine sont conformes en tous points à la marchandise et aux circonstances décrites dans le renseignement.

7 Description de la marchandise

et (le cas échéant) sa composition ainsi que les méthodes d'examen utilisées ; désignation commerciale   (confidentiel)

8 Pays d'origine et cadre juridique (non préférentiel/préférentiel ; référence à d'éventuels accord, convention, décision, règlement ; autres)

9 Justification de la déclaration d'origine par l'autorité douanière (Produits entièrement obtenus, dernière transformation substantielle (article 24 du règlement (CEE) n° 2913/92, transformation ou ouvraison suffisante, cumul de l'origine, autres)

Lieu

Date   Signature   Cachet
Année   Mois   Jour

COMMUNAUTÉ EUROPÉENNE – RENSEIGNEMENT CONTRAIGNANT EN MATIÈRE D'ORIGINE   **RCO**

10 Prix départ usine (le cas échéant) (confidentiel)	11 Référence du RCO

12 Principales matières utilisées (le cas échéant)	Pays d'origine	Position SH/code NC	Valeur	(confidentiel)

Lieu

Date
Année   Mois   Jour

Signature   Cachet

COMMUNAUTÉ EUROPÉENNE – RENSEIGNEMENT CONTRAIGNANT EN MATIÈRE D'ORIGINE   **RCO**

	13 Référence du RCO

14 Description du procédé permettant d'obtenir l'origine (le cas échéant)   (confidentiel)

15 Langue

DA   DE   EL   EN   ES   FI   FR   IT   NL   PT   SV

16 Référence à un RCO existant ou à une demande de renseignement	17 Référence à un RTC existant ou à une demande de renseignement

18   Mots clés (* confidentiel)

___ (*)   ___ (*)
___ (*)   ___ (*)
___ (*)   ___ (*)
___ (*)   ___ (*)
___ (*)   ___ (*)
___ (*)   ___ (*)
___ (*)   ___ (*)
___ (*)   ___ (*)
___ (*)   ___ (*)
___ (*)   ___ (*)

19 Le présent RCO est délivré sur la base des éléments suivants fournis par le demandeur
      Description   Brochures   Photos   Échantillons   Autres

Lieu

Date   Signature   Cachet
Année   Mois   Jour

3.3 La valeur en douane à l'importation

La valeur en douane des marchandises tierces importées dans la Communauté est le troisième paramètre essentiel avec l'espèce tarifaire et l'origine, à porter sur les déclarations douanières.

La valeur en douane sert tout particulièrement comme base de perception des droits de douane *ad-valorem*, mais aussi pour la détermination des cautions dans le cadre de régimes douaniers particuliers et l'application des licences le cas échéant.

Précisons que les droits de douane sont un des outils de protection des intérêts économiques d'un pays. À l'entrée en Union européenne, ils augmentent avec le caractère sensible des produits : 0 % pour une grande majorité de biens, mais 7,5 % pour des ouvrages en aluminium, 17 % pour des chaussures de ski, 33,6 % pour du jus d'orange plus droits spécifiques de 20,60 euros les 100 kg net !

Mais sur quelle valeur s'appliquent ces taux ?

L'idée étant de « pénaliser » ce qui est tiers à la CE, ces taux s'appliquent sur la valeur des marchandises rendues au premier point d'entrée en Union européenne, transport et assurance hors CE inclus. Elle correspond grosso modo à **la valeur CIF/CIP lieu d'introduction dans le territoire de la Communauté**.

EXEMPLE

Des lasers soumis à droits de douane de 4,7 %, achetés 200 000 € en FCA port de Miami.

Transport/assurance Miami/Le Havre : 1 200 €.

Transport Le Havre/Lyon : 500 €.

Le taux de 4,7 % s'applique sur 200 000 + 1 200 = 201 200, soit 9 456 € de droits.

Ainsi, en fonction de l'Incoterm®, il convient d'ajouter ou déduire de la valeur transactionnelle certains éléments. Par exemple, pour une valeur transactionnelle sous Incoterm® EXW, on rajoutera :

- les frais de transport et d'assurance jusqu'au lieu d'introduction dans le territoire de la CE,

- les frais de chargement et de manutention avant dédouanement,
- les commissions à la vente et les frais de courtage,
- le coût des contenants et emballages additionnels.

À l'inverse, dans le cas d'une vente sous Incoterm® DAP rendu domicile, on déduira :

- les frais de transport, assurance et manutention engagés après le premier lieu d'introduction CE,
- les frais relatifs à des travaux de construction, d'installation, montage, entretien, assistance technique après importation,
- les droits de douane et autres taxes payés dans le pays d'importation,
- les commissions à l'achat,
- les intérêts pour paiement différé…

En ce qui concerne le transport aérien, seul un pourcentage du montant du fret international sera pris en compte dans la valeur en douane. Ce pourcentage varie selon l'aéroport de départ et l'aéroport d'arrivée[1]. Pour une importation en provenance de Vancouver à destination de Lyon St Exupéry par exemple, seulement 78 % du fret sera incorporé dans la valeur en douane.

À noter que les remises et réductions de prix sont admises quelle que soit leur nature, pour autant qu'elles aient déjà été accordées par le fournisseur au moment de l'importation et qu'elles soient « raisonnables ». Parallèlement, la Douane se chargera de contrôler que le montant n'a pas été abusivement minoré dans le cadre, par exemple, d'une vente entre sociétés du même groupe pratiquant les prix de transfert.

ATTENTION

Sont également taxables la valeur des produits et services fournis directement ou indirectement par l'acheteur sans frais ou à coût réduit, et utilisés lors de la production et de la vente des produits importés : matières premières, composants, outils, matrices, moules. Les travaux d'ingénierie, d'étude ou de design sont également à intégrer lorsqu'exécutés en-dehors de la Communauté.

---

1. La liste des pourcentages est publiée par voie de BOD, et paramétrée dans les systèmes informatisés de déclaration douanière.

Également taxables les paiements effectués au titre des brevets, marques de fabrique ou de commerce et droits d'auteur.

EXEMPLE

1/ Pour les besoins de la fabrication au Brésil de chaussures destinées à être importées en France, l'importateur français fournit au fabricant brésilien des semelles. Ces biens bruts ne sont pas facturés au brésilien mais adressés avec une facture sans valeur commerciale, valeur pour la douane uniquement. Lors du dédouanement import des chaussures, il conviendra de déclarer la facture du fournisseur brésilien pour les produits finis ainsi que la valeur relative aux semelles… L'importateur paiera les droits et taxes sur la valeur globale à moins qu'il ne décide de mettre en place un régime de perfectionnement passif. Voir chapitre consacré aux régimes économiques.

2/ Même obligation dans le cas où le fabricant brésilien achète un moule ou des outillages pour les besoins de la fabrication des chaussures. Ce moule est facturé à l'importateur qui en sera propriétaire, *via* une facture propre au moule. La valeur de ce moule n'est par conséquent pas répercutée dans le prix de vente des produits finis. Lors de la première importation des chaussures, il conviendra de déclarer, en plus de la facture relative aux produits finis, la valeur du moule pour application des droits et taxes (au taux du produit fini). Cette réglementation s'applique également aux subventions ou participations versées au fabricant étranger pour les besoins de l'achat des moules et outillages.

Concrètement, afin de régulariser l'opération, soit les parties décident d'amortir le moule sur un certain nombre de pièces, soit l'acheteur décide d'acquitter les droits de douane sur la valeur du moule une bonne fois pour toutes, lors de la première importation des produits finis. Ceci implique une très bonne collaboration entre les différents services internes concernés par ces opérations.

La valeur en douane est considérée à la date d'enregistrement de la déclaration. Dans le cas d'une facturation en devises étrangères le taux de change à appliquer pour déterminer cette valeur en euro est le taux constaté l'avant-dernier mercredi du mois et publié le même jour ou le jour suivant (consultable sur le site Internet de pro.douane.gouv.fr).

Lorsque la méthode fondée sur la valeur transactionnelle ne peut être appliquée faute de facturation par exemple, ou lorsqu'il y a des liens entre acheteur et vendeur qui fausseraient la valeur transactionnelle, d'autres méthodes de calcul dites de substitution peuvent être utilisées, comme par exemple la méthode comparative : prise en compte de la valeur transactionnelle d'une marchandise identique ou similaire importée à la même période.

ATTENTION

Tout particulièrement aux factures sans paiement (encore souvent et par erreur appelées « *factures pro forma*[1] ») jointes aux marchandises non facturées tels que des échantillons, prototypes ou machines à tester par exemple. Ces factures s'entendent « sans valeur commerciale », « sans paiement » et doivent indiquer une « valeur pour la douane » cohérente avec le prix de marché de ces marchandises. Si une légère « minoration » est tolérée du fait du caractère sans paiement de l'opération, la Douane ne saurait accepter une valeur de 20 € pour une marchandise qui en vaut 500 ! Elle pourrait considérer que des droits ont été compromis et réajusterait la valeur déclarée, afin d'appliquer les droits et taxes sur la valeur marché du produit.

Outre les droits de douane, des taxes parafiscales peuvent être perçues par la Douane au profit de l'industrie textile, céréalière, du cuir... Les bases d'imposition de ces taxes sont précisées sur RITA.

Enfin, d'autres droits relevant de mesures de rétorsion, tels que droits antidumping peuvent être momentanément appliqués. Lire à ce sujet le chapitre suivant.

CONSEIL

L'entreprise qui méconnaît ces principes s'expose non seulement à un risque douanier, mais tout aussi important, à un risque économique car elle fausse ainsi son coût global d'acquisition qui s'en trouve malencontreusement « allégé ». Les acheteurs ont ainsi tout intérêt à se renseigner en amont de l'opération import. Ils ne doivent en aucun cas attendre l'avis d'arrivée des marchandises au... port français pour s'en occuper !

3.4 Au final... la valeur fiscale

Comme tout achat, les importations sont assujetties à la Taxe sur la Valeur Ajoutée (TVA). La différence ici est que la TVA à l'importation est collectée par l'Administration des douanes pour le compte de l'État et non pas par le fournisseur. La TVA est exigible lors du passage en douane et sur la base d'imposition suivante.

---

1. Voir à ce sujet le chapitre « Élaborer les clauses contractuelles ».

Valeur en douane
+
Droits de douane et autres taxes intérieures éventuelles (taxe parafiscale par exemple)
+
Frais accessoires tels que frais d'emballage, de transport et d'assurance intervenant jusqu'au premier lieu de destination des marchandises à l'intérieur du pays, mais aussi commissions à l'achat et intérêts payés pour paiement différé

EXEMPLE

Importation de Corée de camescopes à destination de Lyon.

Nomenclature douanière : 8525 80 19 00

Valeur : 274 950 € en FCA Busan Port

Fret maritime + assurance de Busan au Havre : 8 503 €

Forfait douane import : 100 €

Postacheminement Le Havre/Lyon : 2 290 €

Taux de droits de douane : 4,9 % - TVA : 19,6 %

Le calcul des impositions est le suivant :

Valeur en douane : 274 950 + 8 503 = 283 453 €

Montant des droits de douane : 283 453 × 4,9 % = 13 889 €

Assiette de TVA : 283 453 + 13 889 + 2 290 = 299 632 €

TVA 19,6 % = 58 728 €

Total liquidation douanière (droits et taxes) : 72 617 €. En revanche, la prestation du déclarant en douane (100 €) sera facturée à l'importateur sur une base TTC. La facture du commissionnaire de transport se présentera ainsi :

Facture du commissionnaire de transport agréé en douane

	Non taxable	Taxable
Somme acquittée à l'Administration des douanes	72 617,00	
Frais de transport international et d'assurance	8 503,00	
Dédouanement import		100,00
Frais de livraison destination finale	2 290,00	
Totaux HT	83 410,00	100,00
TVA 19,6 %		19,60
TOTAL TTC	EUR	83 529,60

RITA sur le site Prodouane indique, pour chaque nomenclature, le taux de TVA applicable : 19,6 %, 5,5 % ou 2,1 % en France continentale et les taux applicables dans les DOM.

3.4.1 *Importer en franchise de TVA*

Les marchandises normalement passibles de TVA et destinées à être réexportées peuvent être importées en franchise de TVA. L'importateur/exportateur a le choix entre plusieurs possibilités :

*   placer les marchandises sous l'un des régimes douaniers suspensifs des droits et taxes (transit, entrepôt, admission temporaire),

    Voir chapitre « Les régimes douaniers ».

*   disposer d'un contingent d'achats en franchise de TVA lorsque l'entreprise achète des marchandises qu'elle destine à l'exportation[1]. La franchise de TVA s'appliquera aux importations (sur présentation d'un formulaire A.I.2), mais également aux achats nationaux. Les contingents d'achats en franchise et les formulaires AI2 sont délivrés par les Centres des impôts.

4 QUELLE RÉGLEMENTATION POUR QUELLE MARCHANDISE ?

Hormis les droits de douane qui visent à freiner les importations, les produits originaires des pays tiers sont généralement admis librement à l'entrée de l'Union européenne.

Des réglementations spécifiques s'appliquent toutefois à certains secteurs d'activité. Il peut s'agir de mesures de contrôle en vue de protéger le consommateur, de mesures de sauvegarde lorsque l'importation de produits risque de perturber un secteur de l'économie ou bien de politiques communautaires sectorielles. Lorsque c'est le cas, les importations sont soumises à présentation d'un document de surveillance, d'une licence d'importation ou tout autre document spécifique.

Les principaux produits touchés par le contrôle du commerce extérieur sont les suivants :

*   certains textiles originaires de pays non membres de l'OMC (Belarus, Corée du Nord par exemple),
*   produits sidérurgiques,

---

1. Lire à ce sujet le BOD n° 6591 du 30/01/2004.

- produits relevant de la PAC,[1]
- espèces de la faune et de la flore menacées d'extinction (Convention de Washington) soumis à présentation de certificat CITES[2] et produits dérivés du phoque,
- déchets dans le cadre de la protection de l'environnement,
- produits contrefaits,
- produits soumis à normes ou spécifications techniques,
- biens à double usage civil et militaire,
- matériels de guerre, armes, munitions et matériels assimilés,
- diamants bruts soumis au Processus de Kimberley
- produits soumis à embargos, notamment les armes à l'export à destination de certains pays,
- autres produits faisant l'objet de mesures de sauvegarde ponctuelles.

Quelles sont les principales mesures de contrôle du commerce extérieur ?

4.1 Les contingents quantitatifs

Il s'agit de quotas au-dessus desquels il n'est plus possible d'importer. L'Union européenne, membre de l'OMC ne peut pas faire trop grand usage des contingents quantitatifs pour freiner ses importations. Elle peut décider toutefois de contingents ponctuels en guise de rétorsion ou de mesures de sauvegarde comme ce fut le cas avec le textile chinois jusqu'en 2009. Certains produits sidérurgiques sont encore soumis à surveillance voire restrictions quantitatives dans le cadre d'accords d'auto-limitation signés avec le Kazakhstan et l'Ukraine.

4.2 Les contingents tarifaires

À l'opposé des contingents quantitatifs, des mesures de politique commerciale peuvent être appliquées visant, quant à elles, à faciliter l'importation de certains produits durant une période limitée parce qu'indisponibles ou en quantité insuffisante. Il s'agit des contingents tarifaires qui consistent en l'application d'un droit nul sur une quantité déterminée de marchandises en fonction de son origine ou non. Dès épuisement des quantités, le droit de douane est rétabli automatiquement.

---

1. PAC : Politique Agricole Commune.
2. CITES : *Convention on international trade in endangered species of wild fauna and flora.*

EXEMPLE

Extrait du règlement (UE) n° 7/2010 du Conseil du 22 décembre 2009 portant ouverture et mode de gestion de contingents tarifaires autonomes de l'Union pour certains produits agricoles et industriels. JOUE L 3 du 7 janvier 2010.

…

La production dans l'Union européenne de certains produits agricoles et industriels n'est pas suffisante pour satisfaire aux besoins des industries utilisatrices de l'Union. En conséquence, l'approvisionnement de ces produits dans l'Union dépend, pour une part non négligeable, d'importations en provenance de pays tiers. Il convient de pourvoir sans délai aux besoins d'approvisionnement les plus urgents de l'Union pour les produits concernés, et ce aux conditions les plus favorables. Il y a donc lieu d'ouvrir des contingents tarifaires de l'Union à droits préférentiels à concurrence de volumes appropriés, en tenant compte de la nécessité de ne pas mettre en cause l'équilibre des marchés de ces produits ni d'entraver le démarrage ou le développement de la production de l'Union.

…

Pour les produits énumérés à l'annexe, des contingents tarifaires autonomes de l'Union sont ouverts. Dans le cadre de ceux-ci, les droits autonomes du tarif douanier commun sont suspendus pour les périodes, aux droits de douane, et à concurrence des volumes indiqués à cet égard.

Extrait de l'annexe.

Numéro d'ordre	09.2620
Code NC	Ex 8526 91 20
TARIC	20
Désignation des marchandises	Assemblage pour système GPS ayant une fonction de détermination de position
Période contingentaire	1.1-31.12
Volume contingentaire	3 000 000 unités
Droit contingentaire (%)	0

Les entreprises communautaires peuvent elles-mêmes déposer des demandes de contingents tarifaires et obtenir ainsi la réduction ou la suspension de droits de douane sur les marchandises dont elles ont besoin. La demande doit porter sur des matières premières ou des produits semi-finis qui ne bénéficient pas déjà d'une préférence tarifaire dans le cadre d'un accord préférentiel. La mesure de suspension doit permettre à l'entreprise de réaliser une économie de droits de douane d'au moins 20 000 euros par an.

Les demandes déposées peuvent être suivies en ligne sur la page Suspensions du site Europa ou *via* le site de Pro.douane.gouv.fr et peuvent également faire l'objet d'objections de la part de fabricants communautaires qui s'opposeraient à ce contingent tarifaire.

4.3   Autres mesures du commerce extérieur :

* Certains produits sont soumis à demande d'autorisation préalable d'importer. C'est le cas par exemple des biens à double usage civil et militaire. Cette réglementation s'inscrit dans le traité international de non-prolifération des armes. Elle doit être connue et appliquée par les importateurs. Il est facile de répertorier les produits susceptibles de relever de cette réglementation par le biais de notes et renvois portés au regard de la nomenclature douanière dans la base de données RITA. Ces renvois font références aux textes communautaires qui précisent la démarche à suivre.

* Les produits peuvent être soumis à droits *anti-dumping* en plus des droits de douane de base. Ces droits résultent de plaintes déposées auprès de la Commission européenne par les producteurs communautaires qui s'estiment lésés par des pratiques de dumping ou de subventions de la part de pays tiers. Le dumping consiste entre autres, pour un producteur tiers, à vendre son produit à l'exportation vers la Communauté, à un prix inférieur au prix auquel il vendrait ce même produit sur le marché local. Sont également visés les producteurs qui bénéficient de subventions de la part des pouvoirs publics de leur pays.

Lorsque la pratique déloyale est avérée, la Commission européenne met en place un droit anti-dumping ou un droit compensateur à l'entrée sur le territoire de la communauté de marchandises originaires de certains pays tiers.

EXEMPLE

C'est ainsi que de 2006 à 2010, des chaussures originaires du Viêt Nam et de Chine se sont vues « infliger » respectivement 16,80 et 19,40 % de droits supplémentaires *anti-dumping*, en plus des droits de douane déjà élevés, de l'ordre de 8 % pour la majorité des chaussures concernées.

Motif annoncé par Bruxelles : « évidence manifeste d'une intervention étatique sérieuse dans le secteur de la chaussure en cuir en Chine et au Vietnam : financement à taux préférentiel, exemptions fiscales, loyers fonciers non conformes aux prix du marché, évaluation incorrecte des actifs... causant un préjudice aux fabricants de l'UE ».

BON À SAVOIR

Il est possible d'anticiper les droits anti-dumping à venir en suivant l'ouverture des enquêtes confiées à la Commission de Bruxelles et publiées par voie de JOUE sur le site d'Europa.

- A contrario, les produits peuvent bénéficier de suspensions tarifaires en fonction de la destination particulière appliquée au produit importé. C'est le cas par exemple des composants et matières destinées à être montés sur des aéronefs civils. Leur importation est exemptée de droits de douane sous couvert de certificats spécifiques délivrés par le fabricant et d'une preuve de leur affectation.
- D'autres mesures sont plus difficiles à suivre car elles supposent de faire une veille régulière sur les sites de l'Union européenne et autres organismes publics, para-publics et professionnels.

EXEMPLE

L'Union européenne et les États-Unis ont un différend au sujet d'une loi américaine intitulée « compensation sur la continuation du dumping et maintien de la subvention ». En guise de contestation, l'Union européenne a institué depuis 2005 un droit supplémentaire de 15 % sur certains produits originaires des États-Unis. Cette mesure est ajustée chaque année en fonction de l'évolution de la situation américaine au regard de cette loi. Les produits auxquels les droits de douane supplémentaires s'appliquent sont listés au JOUE L 94 du 15.04.2010.

À l'import plus encore qu'à l'export... la veille est essentielle.

4.4 La source d'information

Le trio « espèce tarifaire – origine – valeur » une fois défini, l'entreprise est en mesure d'accéder aux droits et taxes applicables aux produits qu'elle envisage d'importer ainsi qu'aux mesures du commerce extérieur éventuelles.

CONSEIL

Cette étape devrait occuper une place de choix dans la démarche import, très en amont du projet de s'approvisionner de l'étranger. En effet, trop souvent, l'entreprise s'en préoccupe tardivement, une fois le fournisseur et le cahier des charges définis, parfois même une fois la commande passée. Or, connaître les droits et taxes applicables permet de s'assurer de la rentabilité de l'opération avant même de s'engager auprès d'un fournisseur. Ne pas anticiper l'exigence d'un certificat phytosanitaire ou d'un marquage CE sur les produits exposera l'entreprise à des risques de blocage en douane ou, bien plus grave, à l'impossibilité de commercialiser les produits, sans oublier les amendes que pourront appliquer les services douaniers ou de répression des fraudes. A contrario, répertorier les zones d'approvisionnement préférentielles, synonymes de réduction ou suppression de droits de douane peut orienter l'importateur dans le choix de ses fournisseurs ou sous-traitants.

À chaque couple produit/pays correspond une réglementation à l'import, disponible en ligne sur le site de Pro.douane.gouv.fr, rubrique RITA. Ce site permet notamment de connaître :

- le taux de droit de douane en vigueur,
- le taux de TVA applicable,
- les mesures de contrôle du commerce extérieur et formalités documentaires correspondantes *via* un système de notes et renvois,
- les préférences tarifaires en fonction des zones d'importation (réduction ou exonération) ou des destinations particulières.

En cas de doute, il ne faut pas hésiter à solliciter les renseignements douaniers ou bien un commissionnaire en douane.

Cette base de données est une mine d'informations pour l'acheteur international qui peut ainsi anticiper les contraintes douanières, tarifaires ou documentaires et les intégrer dans ses choix de politique industrielle. De même qu'elle l'aidera dans sa négociation avec ses fournisseurs, dans l'élaboration du cahier des charges et dans la mise en place des flux d'informations à instaurer afin de faciliter, en aval, la tâche du service import.

5 QUEL RÉGIME DOUANIER CHOISIR ?

Lors du dédouanement, outre les trois notions essentielles « espèce tarifaire – origine – valeur en douane », il convient d'assigner un régime douanier à la marchandise. Ceci consiste à indiquer au bureau de douane s'il s'agit d'une importation définitive, d'une importation temporaire, d'une importation pour transformation puis réexportation, etc.

À l'importation, l'entreprise a en effet le choix entre plusieurs régimes douaniers.

5.1 Les régimes de mise en libre pratique et de mise à la consommation

La grande majorité des marchandises est importée sous le régime de l'importation définitive, qui associe MLP et MAC.

Le régime de mise en libre pratique (MLP) consiste en l'application des mesures communautaires tarifaires et de politique commerciale relatives aux marchandises importées de pays tiers. Il s'agit notamment :

* de la perception des droits de douane,
* de la perception des taxes relevant de la politique agricole commune,
* de la perception des droits antidumping éventuels,
* de l'application des mesures communautaires de politique commerciale : contingentements et accords d'autolimitation.

Le régime de mise à la consommation (MAC) comprend l'ensemble des formalités que l'importateur doit accomplir pour pouvoir disposer librement des marchandises sur le marché intérieur. Il s'agit de s'acquitter :

* de la taxe sur la valeur ajoutée (TVA),

- des taxes intérieures de consommation sur les produits pétroliers par exemple,
- des accises sur l'alcool, tabac et métaux précieux, les taxes parafiscales et taxes diverses sur certaines marchandises.

Depuis le 1er janvier 1993, les opérations de MLP et MAC sont en principe indissociables.

Néanmoins, les importateurs français dont les marchandises sont déchargées à Anvers par exemple (État membre autre que la France), ont la possibilité d'acquitter les seuls droits de douane à Anvers (MLP) et procéder à la mise à la consommation en France (MAC), c'est-à-dire au paiement de la TVA en France, ou plutôt à son auto-liquidation. En effet, grâce à la MLP réalisée à Anvers, la marchandise acquiert le statut communautaire : comme pour toute livraison intra-communautaire, la TVA est auto-liquidée par l'importateur (TVA déclarée puis immédiatement récupérée). Il s'agit de solliciter à Anvers le « régime 42 » applicable aux marchandises importées dans un État membre et destinées à être immédiatement réexpédiées dans un autre État membre. Finalité : ne pas avancer la TVA à l'import. Il conviendra toutefois de porter l'opération Anvers/France sur la Déclaration d'échanges de biens.

Voir chapitre suivant « Les opérations intra-communautaires ».

BON À SAVOIR

Tous les détails pratiques du régime 42 dans le BOD n° 6724 du 31.07.2007 disponible sur www.douane.gouv.fr

5.2 Les régimes de transit à l'import

Ces régimes, cautionnés, permettent d'acheminer des marchandises sous douane d'un bureau de douane à un autre en suspension des droits, taxes et mesures de prohibition.

Le régime du transit externe est utilisé pour des marchandises tierces n'ayant pas été mises en libre pratique et circulant entre deux bureaux de douane de la CE sous couvert d'un **titre de transit T1**. Il implique un cautionnement auprès de la Recette Principale des Douanes pour pallier toute défaillance du principal obligé (véhicule n'arrivant pas à destination, insolvabilité de l'importateur par exemple).

EXEMPLE

Une marchandise indienne débarque au port d'Anvers en Belgique, destinataire final : une entreprise d'Orléans. L'entreprise souhaite confier le dédouanement import à son commissionnaire de transport agréé en douane à Orléans. Elle optera pour le régime du transit T1.

Ce régime est normalement mis en place par le correspondant du commissionnaire de transport se trouvant à Anvers. Depuis 2003, ce régime est informatisé grâce au NSTI « nouveau système de transit informatisé ». Un message sécurisé est envoyé du bureau de douanes d'Anvers au bureau de douane d'Orléans afin d'avertir les douaniers d'Orléans de l'arrivée prochaine de cette marchandise pour y être dédouanée en détail. Le chauffeur partira d'Anvers avec un document d'accompagnement « docacc T1 » comportant un code barre (MRN ou *movement reference number*). À son arrivée à Orléans, le régime de transit sera apuré par le dédouanement en détail et la garantie déposée par le commissionnaire sera levée.

Le régime du Transit International Routier (TIR) s'applique aux transports routiers de marchandises effectués sans rupture de charge entre États ayant signé la Convention TIR (l'ensemble du plateau européen entre autres), par exemple lors d'une importation d'Ukraine à Toulouse. Il permet la suppression des formalités lors du franchissement des frontières intermédiaires (droits, taxes, contrôle physique…), réduisant ainsi les coûts et délais du transport international.

Ce régime n'est pas géré par l'importateur mais par le transporteur routier. Il implique :

- l'utilisation de véhicules routiers, conteneurs, préalablement agréés par les douanes,
- l'apposition de **plaques TIR** sur les camions et de scellements par les douaniers,
- la délivrance d'un carnet TIR, au départ du camion dans le pays fournisseur, par des associations agréées par les autorités douanières nationales[1] et l'IRU[2], qui se portent caution des personnes qui utilisent le régime TIR (s'engageant ainsi à payer les droits et taxes dont les marchandises sont passibles en cas d'irrégularités).

---

1. En France : l'AFTRI (Association Française du Transport Routier International, Paris 8e).
2. L'IRU (*International Road Transport Union*) gère ce régime régi par la convention TIR de 1975.

À chaque bureau de douane de sortie d'un territoire et bureau de douane d'entrée dans le territoire suivant : les douaniers en frontière vérifient les scellements et apposent leur visa sur le carnet TIR.

Le carnet TIR fera l'objet d'un apurement par le bureau de douane de destination et un retour du carnet dûment visé à l'organisme du pays départ (en attendant la dématérialisation *via* le système NSTI).

5.3 Les régimes « économiques » ou « particuliers »

Afin de promouvoir dans les entreprises les politiques orientées vers l'international et développer leur capacité concurrentielle sur les marchés internationaux, l'Administration des Douanes propose des **régimes douaniers « économiques »** qui permettent de bénéficier d'avantages tels que :

- la suspension des droits et taxes applicables,
- la non-application des mesures de politique commerciale communautaire,
- l'octroi anticipé d'avantages fiscaux et financiers attachés à l'exportation.

L'octroi de ces régimes suppose une demande préalable qui donne lieu à la délivrance d'une autorisation, précisant la durée de validité du régime.

Voir modèle de demande ci-après.

Un bureau de douane est chargé de rapprocher le placement des marchandises sous le régime économique et son apurement à l'issue du délai autorisé. Un cautionnement est parfois exigé pour garantir le paiement des droits et taxes suspendus et pallier la défaillance de l'importateur au moment d'acquitter la dette douanière.

BON À SAVOIR

La réforme du Code des Douanes Communautaire, dont l'entrée en vigueur devrait intervenir en 2013, prévoit une refonte de ces régimes douaniers, notamment de ceux associés à une transformation des marchandises. Ces régimes « économiques » deviendraient « régimes particuliers ».

Demande de régime douanier économique
Entrepôt douanier - admission temporaire - perfectionnement actif - perfectionnement passif - transformation sous douane - destination particulière

ANNEXE 67 du règlement CE n° 2454 de la Commission du 2 juillet 1993 établissant les dispositions d'application du code des douanes communautaire (Articles 292, 293, 497 et 505)

Note : Pour remplir ce formulaire veuillez tenir compte de la notice explicative

ORIGINAL	**1 Demandeur**	**Réservé à l'usage de la douane**

2 Régime(s) douanier(s)	**3 Type de demande**	**4 Formulaire complémentaire**

5 Lieu et type de comptabilité/écritures

6 Délai de validité de l'autorisation

a | | b |

7 Marchandises destinées à être placées sous le régime douanier

Code NC	Désignation	Quantité	Valeur

8 Produits compensateurs ou transformés

Code NC	Désignation	Taux de rendement

9 Informations relatives aux activités envisagées

10 Conditions économiques

© Groupe Eyrolles

11 bureau(x) de douanes			
a	de placement		
b	D'apurement		
c	Bureau(x) de contrôle		

12 Identification	13 Délai d'apurement (mois)	14 Procédures simplifiées	15 Transfert
		a b	

16 Informations complémentaires

17

Signature ....

Nom ....

Date ....

Tableau 21 : Les principaux régimes économiques utilisables à l'importation

L'admission temporaire	• Intéresse l'entreprise qui introduit des marchandises non communautaires en vue de les utiliser temporairement à diverses fins : présentation dans les foires, réalisation de travaux, essais, échantillons commerciaux…
	• Permet, sous certaines conditions, d'importer ces marchandises en exonération totale ou partielle des droits et taxes.
	• L'opération d'admission temporaire est apurée :
	  - Par la réexportation en l'état des marchandises initialement importées, à l'issue du délai de séjour autorisé (de plusieurs mois à 2 ans). Il est fortement conseillé d'effectuer le dédouanement « import temporaire » et « réexport » *via* le même bureau de douane.
	  - Par leur mise en entrepôt, en vue de leur réexportation ultérieure.
	  - Par leur mise à la consommation. Dans ce cas, des intérêts compensatoires pourront être appliqués (calculés sur le montant des droits de douane dus à l'importation).

Le carnet ATA[1]	• Intéresse l'acheteur qui est conduit à se déplacer dans le monde dans le cadre d'une recherche de fournisseur, de la participation à un salon, accompagné d'échantillons ou autres articles nécessaires à sa prospection. • Le carnet ATA simplifie les opérations d'exportation et d'importation temporaires effectuées dans les pays tiers à la CE et ayant signé la convention ATA. • Les CCI délivrent et veillent au bon fonctionnement des carnets ATA. • L'entreprise doit remettre à cet organisme la liste des marchandises ainsi qu'une déclaration (acte d'engagement) par laquelle elle s'engage à réimporter les marchandises couvertes par le carnet ou à supporter les conséquences qui résulteraient de leur non-rapatriement. • À cet effet, les CCI demandent aux titulaires de ces carnets le versement d'une prime de garantie non remboursable. • Le carnet ATA est composé d'un feuillet de sortie du pays départ, un feuillet de réimportation, autant de feuillets d'entrée et de sortie que de pays traversés, des feuillets de transit. • La marchandise fera l'objet d'une prise en charge par le bureau de douane de sortie et d'un apurement au retour.

---

1. ATA : Admission Temporaire – *Temporary Admission.*

L'entrepôt douanier à l'importation	• Intéresse l'entreprise qui ne connaît pas la destination des marchandises importées ou qui n'en a pas un besoin immédiat. • Ce régime permet de stocker des marchandises tierces, en suspension de droits et taxes et de certaines mesures de politique commerciale. • Les droits et taxes et licence éventuelle ne seront exigibles qu'en cas de versement sur le marché intérieur. • En cas de réexportation vers un pays tiers, les droits et taxes ne seront pas acquittés, allégeant d'autant le prix de revente. • Durée : illimitée. • Les marchandises ne peuvent subir aucune transformation (sauf manipulations assurant leur conservation, préparant leur distribution). • Les entrepôts peuvent être gérés par des organismes publics ou des entités privées, voire l'importateur lui-même. • À noter toutefois que le coût des déclarations douanières de « mise en entrepôt » suivies de « sortie d'entrepôt » est plus élevé que pour une opération d'importation définitive. Il convient d'en tenir compte notamment si l'importateur envisage de retirer des lots de manière progressive, ou bien de demander l'autorisation de globaliser mensuellement les déclarations.
La transformation sous douane	• En raison d'anomalies tarifaires, il peut arriver que l'importation de composants ou matières premières soit plus taxée que les produits qu'ils peuvent servir à fabriquer. • Il peut en résulter des détournements d'activités industrielles vers les pays tiers, au détriment des industries communautaires. • Le régime de la transformation sous douane a pour but de pallier l'incidence négative de cette anomalie. Ce régime permet de mettre en œuvre sur le territoire douanier de la CE, en suspension des droits et taxes d'importation, des marchandises non communautaires pour leur faire subir des opérations qui en modifient l'espèce ou l'état, et de mettre à la consommation, après acquittement des droits qui leur sont propres, les produits transformés qui en résultent. • Ce régime est également utilisé pour mettre des marchandises importées en conformité avec les normes de sécurité communautaires imposées pour leur mise à la consommation. • Ce régime devrait être supprimé avec la réforme du Code des douanes communautaire.
Le perfectionnement actif	• Intéresse l'entreprise qui importe des marchandises tierces pour les transformer, les réparer, les incorporer à d'autres fabrications puis les réexporter sous forme de produits finis.

Le perfectionnement actif	• Ce régime permet de bénéficier de l'exonération des droits/taxes/mesures de contrôle de politique commerciale normalement applicables aux marchandises importées.
	• Cette exonération peut être acquise selon deux formules :
	  - Le système de la suspension (PAS) lorsque la réexportation des produits finis **en dehors de la CE** est certaine : les diverses impositions et mesures de politique commerciale normalement applicables à l'importation sont alors suspendues sous réserve de la réexportation ultérieure des produits finis.
	  - Le système du rembours (PAR) : lorsque la destination définitive des produits finis est inconnue (Communauté Européenne ou Pays Tiers), l'entreprise peut opter pour le PAR. Les droits sont perçus à l'importation, puis remboursés sur la partie réexportée en dehors de la CE.
	  - Cette option devrait être supprimée avec la réforme du Code des douanes communautaire.

Le perfectionnement passif	• Intéresse l'entreprise qui fournit des biens bruts à un sous-traitant situé dans un pays tiers avant de les réimporter sous forme de produits finis ou transformés. En effet, une exportation définitive ferait perdre le « statut communautaire » aux biens bruts. Ils seraient considérés comme produits tiers au moment de leur réimportation et taxés comme tels. • Ce régime permet le retour des produits finis en exonération totale ou partielle des droits et taxes. Seule la valeur ajoutée étrangère est prise en compte dans la valeur en douane et l'assiette de TVA.

Ces régimes sont tout particulièrement préconisés dans le cas d'opérations de sous-traitance, afin de ne pas alourdir le prix de revient import de droits et taxes sur des marchandises qui ne sont pas destinées à la mise à la consommation dans le pays de transformation, d'assemblage ou de transit.

BON À SAVOIR

L'entreprise qui doit réexpédier une machine à son fournisseur hors CE pour réparation peut également utiliser le régime du « perfectionnement passif – réparation » afin de bénéficier de l'exonération de droits de douane et taxes au retour de celle-ci ; l'exonération de TVA reposant sur l'article 293 du CGI. Toutefois, l'entreprise peut également avoir recours à l'article 293 du CGI indépendamment du régime du perfectionnement passif.

Cette mesure permet d'obtenir un paiement de la TVA sur la seule plus-value réalisée en pays tiers, tandis que les droits de douane restent dus sur la valeur totale du bien réimporté. Cette solution est pratique pour les opérations ponctuelles, lorsque le bien est réimporté en une seule fois et notamment lorsqu'il n'est pas assujetti à droits de douane. Source : BOD n° 6677 du 11.07.2006.

6 EN QUOI CONSISTE LE DÉDOUANEMENT À L'IMPORT ?

À l'arrivée en Union européenne, la marchandise doit être dédouanée. À défaut, il s'agirait d'un acte de contrebande ! Les entreprises ont le choix d'établir elles-mêmes les formalités douanières dans le cadre d'une Procédure de Dédouanement à Domicile (traitée ultérieurement), ou bien de confier ces opérations de dédouanement à un prestataire de services : le commissionnaire agréé en douane.

BON À SAVOIR

Tarif moyen d'une déclaration douanière : entre 50 et 120 € l'opération selon la complexité de l'opération et les volumes annuels confiés.

À compter du 1er janvier 2011, la procédure de dédouanement à l'export comme à l'import intègre les nouvelles obligations dans le cadre du programme SAFE mis en place par l'OMD en vue d'assurer la sécurisation des échanges. Au niveau communautaire, ce programme est mis en œuvre avec l'*Import Control System* (ICS) et l'*Export Control System* (ECS). Concrètement ceci se traduit par :

- la transmission anticipée des données exigibles par voie électronique, comportant notamment les informations à des fins de sûreté/sécurité : ENS (*entry summary declaration*) et EXS (*exit summary declaration*)[1],
- le recours généralisé à l'analyse de risque par les services douaniers,
- la réalisation de contrôles de sûreté/sécurité au pays d'exportation.

---

1. Mise en œuvre nationale de l'ICS : BOD n° 6878 du 10.11.2010 disponible sur www.douane.gouv.fr qui fournit tous les détails pratiques.

> **CONSEIL**
>
> Les entreprises désireuses d'alléger ces nouvelles contraintes et de fluidi-
> fier leurs flux internationaux peuvent demander la certification OEA (Opé-
> rateur Économique Agréé), délivrée par les autorités douanières.
>
> Deux certificats sont proposés :
>
> - **Le certificat OEA « simplifications douanières »** : il donne droit à une faci-
>   lité d'accès aux simplifications douanières avec notamment des contrôles
>   physiques et documentaires réduits.
> - **Les certificats OEA « sécurité / sûreté » et OEA complet (simplifications
>   douanières et sécurité)**. Ils permettent notamment :
>   - un nombre de contrôles réduits aux fins de la sécurité/sûreté et, sous
>   certaines conditions, d'un jeu réduit de données requises pour les
>   déclarations sommaires,
>   - la reconnaissance de la qualité de partenaire commercial fiable, et la
>   reconnaissance mutuelle avec les adhérents au cadre SAFE.
>
> Pour obtenir la certification OEA, les opérateurs doivent présenter des
> garanties financières, de bonne moralité fiscale et douanière, de sécurisa-
> tion des flux d'informations et des locaux.
>
> La Douane procède à des audits selon la nature du certificat sollicité et
> délivre un certificat OEA avec un certain degré d'accréditation.
>
> Ce statut n'est pas rendu obligatoire par les textes réglementaires, mais est
> d'ores et déjà perçu comme un atout concurrentiel parmi les opérateurs du
> commerce international.
>
> Tous les détails sur : www.douane.gouv.fr et http://pro.douane.gouv.fr

Les délais de dépôt de la déclaration sommaire d'entrée sont fixés en
fonction du mode et du type de transport.

Transport maritime :

- marchandises en conteneur : 24 heures avant le chargement au port
  de départ,
- marchandises en vrac : 4 heures avant l'arrivée dans l'Union européenne,
- transport maritime de courte distance (< 24 h) : 2 heures avant l'arrivée au premier port.

Transport aérien :

- vols courts (< 4 h) : au plus tard au moment du décollage de l'avion,
- vols longs : au moins quatre heures avant l'arrivée dans l'Union
  européenne.

Transport ferroviaire ou par les eaux intérieures :

- au plus tard 2 heures avant l'arrivée au bureau d'entrée dans l'Union européenne.

Transport routier :

- une heure avant l'arrivée au bureau d'entrée dans l'Union européenne.

Voici la procédure normale de dédouanement à l'import en Union européenne pour une importation du Canada *via* le port du Havre à destination de Lyon.

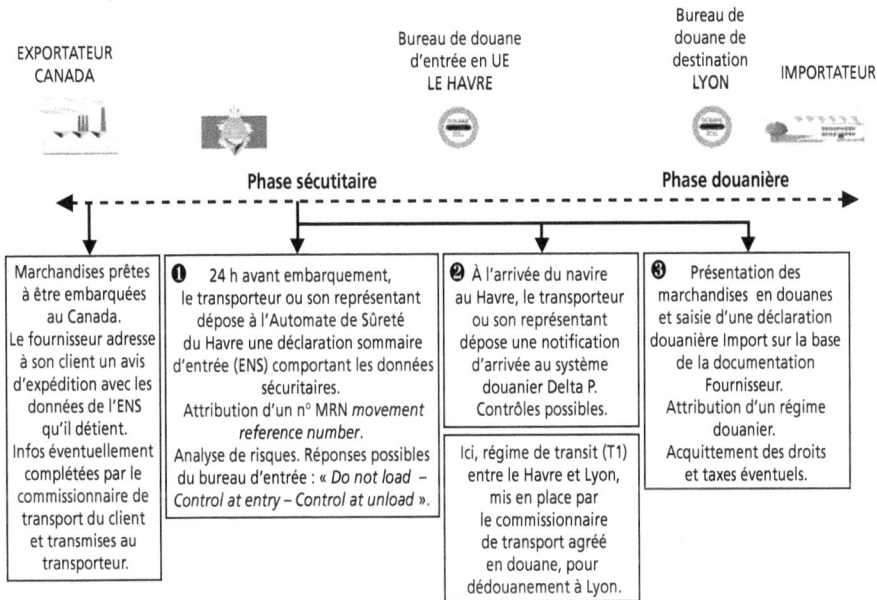

			Bureau de douane de destination LYON	
EXPORTATEUR CANADA		Bureau de douane d'entrée en UE LE HAVRE		IMPORTATEUR

Phase sécutitaire   **Phase douanière**

Marchandises prêtes à être embarquées au Canada. Le fournisseur adresse à son client un avis d'expédition avec les données de l'ENS qu'il détient. Infos éventuellement complétées par le commissionnaire de transport du client et transmises au transporteur.	❶ 24 h avant embarquement, le transporteur ou son représentant dépose à l'Automate de Sûreté du Havre une déclaration sommaire d'entrée (ENS) comportant les données sécuritaires. Attribution d'un n° MRN *movement reference number*. Analyse de risques. Réponses possibles du bureau d'entrée : « *Do not load – Control at entry – Control at unload* ».	❷ À l'arrivée du navire au Havre, le transporteur ou son représentant dépose une notification d'arrivée au système douanier Delta P. Contrôles possibles. Ici, régime de transit (T1) entre le Havre et Lyon, mis en place par le commissionnaire de transport agréé en douane, pour dédouanement à Lyon.	❸ Présentation des marchandises en douanes et saisie d'une déclaration douanière Import sur la base de la documentation Fournisseur. Attribution d'un régime douanier. Acquittement des droits et taxes éventuels.

BON À SAVOIR

Toute entreprise réalisant des opérations douanières se voit attribuer un numéro unique d'identifiant communautaire : le numéro EORI (*Economic Operator Registration and Identification*). Il suffit d'être enregistré dans un seul des États membres et ce numéro EORI est reconnu par toutes les autorités douanières de l'UE. La France a choisi la structure suivante : FR + SIRET. Les opérateurs économiques non connus des services douaniers peuvent demander leur n° EORI sur le site de Pro.douane.gouv.fr. Il est conseillé de porter ce numéro sur les factures Export (en plus du n° de Siret, du code NAF et du n° de TVA intra-communautaire !) et de le transmettre à ses fournisseurs hors CE.

Le paiement des droits et taxes est préalable à l'enlèvement des marchandises du bureau de douane. Néanmoins, l'importateur a la possibilité de payer à 30 jours le montant de la liquidation douanière (droits + taxes), contre souscription d'un « crédit d'enlèvement » : encours autorisé par la recette des douanes, moyennant généralement soumission cautionnée. Le commissionnaire agréé en douane peut également offrir ce service à son client importateur.

Les marchandises qui ne sont pas retirées immédiatement après la mainlevée par le service des douanes seront placées en Magasin et Aires de Dépôt Temporaire. À l'issue du délai fixé, les marchandises qui n'ont toujours pas été retirées seront placées en dépôt en douane. À l'expiration d'un délai de quatre mois, les marchandises non enlevées seront vendues aux enchères publiques par la Douane.

7 COMMENT SE PRÉSENTE UNE DÉCLARATION DOUANIÈRE ?

L'importateur ou son déclarant qui se charge des formalités doit déposer une déclaration douanière accompagnée des documents requis. Cette déclaration doit être établie sur un formulaire dénommé **D.A.U.** (document administratif unique), utilisé dans tout échange avec les pays tiers à la Communauté ainsi qu'avec les parties du territoire douanier exclues du territoire fiscal[1] de l'Union européenne.

Le DAU est actuellement dématérialisé sur la téléprocédure DELTA accessible par Internet, ou *via* système informatique privé.

CONSEIL

À l'import comme à l'export, bien conserver la preuve de dédouanement. À l'import, la déclaration douanière prouve que la marchandise n'est pas entrée en contrebande !

---

1. Les D.O.M. français (Martinique, Guadeloupe, Guyane et Réunion), l'île finlandaise d'Aland, les îles Anglo-Normandes, les îles Canaries, le Mont Athos et les pays en union douanière avec la Communauté (Andorre et Saint-Marin).

COMMUNAUTE EUROPEENNE | FR002650

A

		A BUREAU D'EXPÉDITION / D'EXPORTATION
2 Expéditeur/Exportateur	No. ETRANGER	

HONG KONG

1 DÉCLARATION		
IM	A	15957946

3 Formulaires 1 4 List. chargem. 3

Etat de la déclaration **BAE**

5 Articles 6	6 Total des colis 214	7 Numéro de référence 10I003188C0001

71-6858/05

EXEMPLAIRE D'IMPORTATION

8 Destinataire	No. FR96450█████

69006
LYON
FRANCE

9 Responsable financier   No.

10 Pays prém. destin.	11 Pays trans- action	12 Éléments de la valeur	13 P.A.C.

14 Déclarant/Représentant	No. FR34428647100067
IFB LYON	No agrément 00001505
1 Blvd de l'Europe - BP 38	
69720 ST LAURENT DE M URE FR	Mode de représentation 2

15 Pays d'expédition/ d'exportation HONG KONG	15 Code P. exped.repor a) HK b)	17 Code P. destination a) FR b) 69

16 Pays d'origine

17 Pays de destination FRANCE

18 Identité et nationalité du moyen de transport au départ CAM ION GROUPAGE	19 Ctr 0	20 Conditions de livraison FCA HONG KONG	3

21 Identité et nationalité du moyen de transport actif franchissant la frontière	HK

22 Monnaie et montant total facturé USD █████	23 Taux de change 1.288	24 Nature de la transaction 1 1

28 Données financières et bancaires

25 Mode transport à la frontière 4	26 Mode transport intérieur 3	27 Lieu de chargement

A

29 Bureau d'entrée FR002650	30 Localisation des marchandises SEA 906 250

31 Colis et désignation des marchandises	Marques et numéros - No(s) conteneur(s) - Nombre et nature 214 CT Carton MONTURE OPTIQUE METAL LTA 160 7146 6290 - IFB 709185	32 Article 1	33 Code des marchandises No 90031930 00		
			34 Code P. origine CN	35 Masse brute (kg) 166	36 Préférence 100
			37 REGIME 4000	38 Masse nette (kg) 121	39 Contingent
			40 Déclaration sommaire / Document précédent 741 Z 160 7146 6290		
			41 Unités supplémentaires █████	42 Prix de l'article █████	43 Code 1 M E

44 Mentions spéciales/ Documents produits/ Certificats et autorisations	Cana:1001 M.Spé :60900 Doc.Joint:"N380 1011-1003+1004+SIN-10K01-00855à57 03/09/2010","N380 6057568+89+ESI-10-3658+3678 03/09/2010","N380 I-3782+3783+1009016 04/09/2010","N380 KCH/L-100169 (AàJ)+100168 (A+B) 04/09/2010","N741 160 7146 6290 04/09/2010"	45 Ajustement
		46 Valeur statistique 22818

47 Calcul des impositions	Type	Base d'imposition	Quotité	Montant	MP	48 Report de paiement CE : AFBT	49 Identification de l'entrepôt	
	U165-A00	22818	2.2	502				
	A445-B00	23846	19.6	AI2		B DONNÉES COMPTABLES	DD	1986
							DUMP	0
							AT	0
						AI2 : 16054	TVA	0
							TG	1986
		Total		502	R			

50 Principal obligé	No.	Signature :	C BUREAU DE DÉPART

51 Bureaux de passage prévus (et pays)	représenté par Lieu et date		

52 Garantie non valable pour		Code	53 Bureau de destination (et pays)

D CONTROLE PAR LE BUREAU DE DEPART	Cachet	54 Lieu et date
Résultat :		LYON ST EXUPERY 07/09/2010
Scellés apposés : Nombre		
marques		Signature et nom du déclarant/représentant
Délai (date limite) :		
Signature		█████

Modèle de DAU import

7.1 Les principales rubriques du DAU

À réception du DAU (lorsque celui-ci est établi par un prestataire extérieur), et avant de le classer avec la facture du fournisseur, l'importateur vérifiera l'exactitude des principaux éléments suivants :

N° de rubrique	Désignation
2	Exportateur
8	Importateur et son n° EORI
20	Incoterms®
22	Valeur
31	Désignation des marchandises
33	Nomenclature douanière (TARIC)
34	Origine
37	Régime douanier
44	Mesures du commerce extérieur et documents présentés à l'appui de la déclaration (codes Delta)
47	Détail des droits et taxes. Ici, franchise de TVA grâce au formulaire AI2
Rubrique en haut à droite	N° de DAU

Les différentes codifications sont disponibles sur le Bulletin Officiel des Douanes n° 6705 du 21 mars 2007 et sur le site de Pro.Douane.

7.2 Les documents d'accompagnement

Grâce à la téléprocédure DELTA, la grande majorité des documents « papier » ne sont plus physiquement présentés à l'appui du DAU. Néanmoins, l'importateur se doit de les tenir à disposition de l'Administration douanière en cas de contrôle et ce, durant 3 ans suivant le dédouanement et l'année en cours. La Douane travaille sur un projet de sauvegarde électronique des documents d'accompagnement chez l'opérateur.

Quels sont les documents nécessaires à l'établissement de la déclaration douanière ? Il s'agit essentiellement de :

- la facture du fournisseur : commerciale ou sans-paiement,
- la note de colisage,
- le titre de transport,

- tout autre document exigé par la réglementation du commerce extérieur, par exemple :
  - justificatif d'origine,
  - certificat de conformité aux normes en vigueur,
  - autodéclaration du fabricant ou de l'importateur,
  - certificat sanitaire, phytosanitaire,
  - licence d'importation, document de surveillance, etc.

Ces documents peuvent être établis en langue étrangère. Mais les services douaniers peuvent demander, si nécessaire, une traduction de ces documents, en particulier à l'importation de produits « sensibles » (produits contingentés ou soumis à des formalités particulières).

CONSEIL

« Gendarmer » les fournisseurs afin qu'ils adressent ces précieux documents dans les temps pour permettre à l'importateur d'établir les déclarations anticipées dans les délais imposés par les nouvelles règles ICS détaillées plus haut.

Lorsque le déclarant n'est pas en possession de tous les documents nécessaires, il peut demander l'enregistrement de la déclaration en souscrivant une **soumission cautionnée modèle D 48**. Cette demande, généralement rédigée par le commissionnaire en douane, permet d'obtenir un délai pour la présentation des documents qui varie de 1 mois à 4 mois.

Tous les documents manquants ne sont pas susceptibles de donner lieu à la production d'une soumission D 48 comme par exemple un certificat CITES. En revanche, lorsque le fournisseur tarde à remettre le certificat d'origine Form A par exemple, l'importateur peut obtenir la mainlevée des marchandises tout en bénéficiant des préférences tarifaires, après s'être engagé à présenter le Form A dans le délai imparti. Si les documents exigés n'ont pas été produits dans le délai imparti, le service des douanes procède au recouvrement des droits, taxes et pénalités exigibles.

7.3 Les opérations où le DAU n'est pas exigé à l'import

Les importations d'une valeur inférieure à 1 000 euros et d'un poids inférieur à 1 000 kg peuvent se contenter d'une déclaration verbale auprès du bureau de douane, à condition toutefois qu'il ne s'agisse pas de marchandises soumises à mesures spécifiques (licence, certificat sanitaire par exemple) et sous réserve de les mettre immédiatement à la consommation, sur présentation de la facture.

Les colis postaux peuvent être acceptés sans présentation de DAU en dessous d'un certain seuil, mais accompagnés d'une déclaration postale. Se rapprocher des bureaux de poste en fonction des pays expéditeurs.

La messagerie express : les intégrateurs utilisent leur propre formulaire de déclaration douanière dans le cadre de leur procédure de dédouanement express. Les conserver précieusement en prévision d'un éventuel contrôle douanier ou fiscal, au même titre qu'un DAU.

7.4 Le Dédouanement En Ligne par Transmission Automatisée – DELTA

La réforme du Code des Douanes Communautaire, dans le cadre du programme européen *e-customs*, a permis la dématérialisation des déclarations douanières.

La Douane française a fait le choix du système Delta *via* le portail Internet Pro.douane.gouv.fr qui permet une informatisation complète de la chaîne de dédouanement, de la prise en charge jusqu'à la déclaration en douane. Delta a remplacé l'ancien système SOFI (système d'ordinateurs pour le fret international).

En février 2011, DELTA offre quatre téléprocédures :

- **DELTA C** (dédouanement de droit commun) : procédure en une étape avec établissement de la déclaration en douane sous DAU. Les commissionnaires de transport agréés en douane établissent généralement les déclarations en DELTA C.

- **DELTA D** (dédouanement domicilié) : cette téléprocédure permet l'établissement de la déclaration en deux étapes (une déclaration simplifiée à chaque opération, puis une Déclaration Complémentaire Globale-DCG périodique récapitulant les opérations de la période). Cette téléprocédure va de pair avec une procédure de dédouanement à domicile. Voir plus loin.

- **DELTA X** (dédouanement du fret express) : procédure en une ou deux étapes pour les entreprises anticipant la déclaration, opérant en mode EDI (échanges de données informatisées) et triant automatiquement les marchandises en cas de présentation au contrôle douanier. Les transports express de type Fedex, DHL, TNT, UPS… utilisent cette téléprocédure. Les déclarations sont établies de manière simplifiées et non pas sur formulaire. DAU.

* **DELTA P** : permet la saisie des notifications d'arrivée dans le cadre de l'ICS.

Tout comme le système NSTI pour le transit communautaire, Delta est accessible suivant deux modes de connexion :

* Le mode DTI/EFI (Échange de Formulaires Informatisés) *via* le portail Internet Pro.douane.gouv.fr
* Le mode EDI (Échange de Données Informatisées) *via* la ligne sécurisée Pasteur. L'interface utilisateur est réalisée par un logiciel ou un progiciel spécifique proposé par des éditeurs de logiciels tels que Conex, Cosmos, Easy-Log, Sage, par exemple.

Delta a permis d'accélérer le dédouanement, avec :

* une communication quasi immédiate du « bon à enlever » pour les marchandises non sélectionnées en vue d'un contrôle,
* la non-présentation systématique des documents d'accompagnements à l'appui de la déclaration, ceux-ci étant tenus à la disposition des autorités douanières , bientôt, sous forme dématérialisée.

8 QUEL EST LE RÔLE DU COMMISSIONNAIRE AGRÉÉ EN DOUANE ?

La logique voudrait que l'importateur se charge lui-même de sa déclaration douanière (excepté lors d'un achat DDP). C'est généralement le cas lorsque l'entreprise est sous procédure de dédouanement à domicile.

Dans la majorité des autres cas, l'importateur confie cette tâche à un déclarant en douane travaillant généralement auprès d'un commissionnaire de transport agréé en douane (communément appelé transitaire).

Précisons que selon la réglementation française, toute personne en mesure de présenter ou de faire représenter au service des douanes compétent la marchandise à dédouaner accompagnée des documents exigibles, est habilitée à la déclarer en détail.

Deux formules toutefois cohabitent :

* **En représentation indirecte (RI)** : pour le compte d'autrui mais en son nom propre. Ce mode de représentation est entièrement libre.

Toute personne peut agir pour le compte d'autrui lorsqu'elle établit les déclarations en détail en son nom propre. Le déclarant et l'importateur sont redevables tous les deux vis-à-vis des douanes. Ce mode de représentation est utilisé lorsque l'opérateur de transport et/ou logistique est lui-même en procédure de déclaration simplifiée.

- **En représentation directe (RD)** : au nom et pour le compte d'autrui. Depuis 1998, cette forme de représentation relève de la compétence exclusive des commissionnaires agréés en douane (transitaire, déclarant en douane).
  - Le commissionnaire doit obtenir un agrément en douane (immatriculation auprès de la DGD) et en faire figurer le numéro sur les déclarations.
  - Il est tenu à un devoir de conseil auprès de son client et doit être expressément mandaté par lui.
  - Il doit respecter les instructions de celui-ci. Il lui est conseillé d'exiger une lettre d'instructions écrite.
  - Le commissionnaire en douane n'est responsable que de ses propres fautes.
  - L'importateur reste responsable du paiement des droits et taxes sur les marchandises.

Les commissionnaires agréés en douane peuvent tantôt agir en mode de représentation indirecte, tantôt en mode de représentation directe. Cependant, dans la mesure du possible, ils demandent et obtiennent de la part de leurs clients un mandat afin de les placer sous le mode de la représentation directe.

RAPPEL

Tarif moyen d'une déclaration douanière : entre 50 et 120 € l'opération selon la complexité de l'opération et les volumes annuels confiés.

---

9 PEUT-ON SIMPLIFIER LES PROCÉDURES DOUANIÈRES ?

La procédure normale de dédouanement ou procédure de droit commun implique que la marchandise soit physiquement conduite en douane pour, entre autres, laisser la possibilité aux services douaniers d'effectuer des contrôles, et le dépôt d'un DAU au coup par coup.

Les entreprises qui réalisent un grand nombre d'opérations à l'international avec les pays tiers ou qui travaillent en flux tendus peuvent mettre en place une procédure simplifiée avec l'accord de la Douane : la PDD ou procédure de dédouanement à domicile. Finalité : accélérer le dédouanement des marchandises en simplifiant notamment les formalités documentaires et de conduite des marchandises en douane.

Peut bénéficier de cette procédure :

- toute personne physique ou morale habilitée à déclarer en douane,
- présentant des garanties financières et de moralité fiscale,
- disposant d'un crédit d'enlèvement si les marchandises sont soumises à droits et taxes, et d'un crédit d'opérations diverses.

La demande doit être déposée sur modèle fourni par le service des douanes auprès du bureau de douane du ressort de l'entreprise, avec toutefois des aménagements pour les entreprises décentrées géographiquement ou relevant de plusieurs bureaux de douane nationaux.

Préalablement à la signature de la convention, un audit de l'entreprise est réalisé par le service des douanes pour s'assurer de la pertinence et la faisabilité de la demande. Le premier indicateur de faisabilité porte sur la quantité d'opérations import ou export réalisée avec les pays tiers.

La PDD fait l'objet de textes réglementaires décrivant très clairement les mécanismes. Cependant, l'Administration des douanes, soucieuse de mettre en place des procédures adaptées à l'activité des entreprises, élabore des conventions sur mesure, en concertation avec le personnel chargé des opérations.

- La PDD permet d'effectuer l'ensemble des opérations douanières dans les locaux même de l'entreprise, constitués en MADT à l'importation.
- À l'import : le bénéficiaire peut décharger 24 heures sur 24 les moyens de transport non scellés (ou après délai d'attente convenu avec le bureau de douanes).
- À l'export : il est possible d'expédier la plupart des marchandises sans information préalable du service des douanes.
- Les opérations sont rattachées auprès d'un bureau de douane de domiciliation.

- En principe, toutes les marchandises et tous les régimes douaniers sont admis (sauf exceptions listées par le BOD).
- Il est inutile d'établir et de faire viser un DAU à chaque opération : l'importateur peut choisir d'inscrire les marchandises dans une comptabilité-matières (qui vaut déclaration simplifiée) avec régularisation *a posteriori* par une Déclaration Complémentaire Globale (DCG) mensuelle.
- Mais l'entreprise peut préférer établir un DAU simplifié à chaque opération. Cette formule est notamment pratiquée par les commissionnaires de transport agréés en douane qui peuvent également bénéficier de la PDD.
- La PDD implique l'utilisation de la téléprocédure DELTA.

Pour les entreprises établies sur le territoire national qui réalisent des opérations sur des sites du ressort de plusieurs bureaux de douane, la **procédure de dédouanement avec domiciliation unique (PDU)** leur permet de centraliser leurs formalités de dédouanement auprès d'un bureau de douane unique.

CONSEIL

L'entreprise qui envisage la mise en place d'une procédure simplifiée peut s'adresser au bureau de douane dans le ressort duquel elle est domiciliée ou bien auprès de la cellule Conseil-Entreprises de sa Direction régionale qui étudiera la demande. Coordonnées sur le site www.douane.gouv.fr.

BON À SAVOIR

D'autres procédures simplifiées existent, qui peuvent intéresser l'importateur.

- La **Procédure d'abonnement des colis postaux et envois par la poste** s'adresse aux importateurs qui reçoivent régulièrement par voie postale des colis en provenance des pays tiers, pour mise à la consommation.
- Les sociétés de fret express ou « intégrateurs » bénéficient également d'une procédure simplifiée, la **Procédure de Dédouanement Express**. Elles délivrent des déclarations douanières simplifiées qui méritent la même attention qu'un DAU.

À RETENIR

Avantages de la PDD	Contreparties de la PDD
• Gain de temps dans la livraison des marchandises. • Simplification des formalités douanières. • Économies des forfaits « douane » facturés par les commissionnaires , si choix de gestion interne. • Relations directes avec l'Administration des Douanes. • Maîtrise des justificatifs douaniers. • Tremplin pour le statut d'opérateur économique agréé (OEA).	• Constituer des locaux en Magasins et Aires de Dépôt Temporaire. • Souscrire un crédit d'enlèvement. • Souscrire au NSTI (transit communautaire). • Décider de gérer les déclarations douanières en interne ou de les confier à un commissionnaire agréé en douane attitré. - Gestion interne : décider de l'accès à DELTA : *via* Internet (gratuit) ou *via* un logiciel privé interfaçable avec le système informatique interne. - Gestion externalisée : coût des prestations douanières (coût moindre en fonction du volume confié au prestataire). • Désigner en interne une personne chargée des déclarations et/ou des relations avec le bureau de douane. • Former le personnel aux mécanismes douaniers (services Import, Logistique, Magasin, Comptabilité).

10 QUE FAIRE EN CAS DE CONTENTIEUX DOUANIER ?

Les agents de douane disposent de pouvoirs importants pour la recherche des infractions :

- droit de visite des marchandises, des moyens de transport et des personnes,
- droit de visite domiciliaire en présence de l'occupant des lieux et avec l'accord des autorités judiciaires,
- droit d'exiger la communication de tous les documents relatifs aux opérations intéressant leur service,
- droit d'interrogatoire,
- droit de retenue des personnes,

- droit de saisie d'objet,
- droit de prise de mesures conservatoires lorsque les intérêts du Trésor sont menacés,
- sanction de l'opposition à fonction.

Les principales fraudes constatées portent sur :

- le régime du transit,
- les fausses déclarations d'espèce, valeur ou origine afin d'éluder des droits de douane ou anti-dumping (notamment textile et électronique grand public),
- les échanges intra-communautaires : acquéreur inexistant, numéro d'identifiant erroné, omission de déclarations,
- la contrebande,
- la contrefaçon,
- etc. !

EXEMPLE

Quelques faits marquants du rapport d'activité de la Douane française en 2010 (Source : Douanes) :

- 350 tonnes de cigarettes de contrebande (81 M€)
- 36 tonnes de drogue (520 M€)
- 6,2 millions d'unités contrefaites (habillement, jouets, faux Viagra®...)
- Contrôle de la conformité aux normes CE : 3 000 contrôles, 27 % des produits analysés non conformes
- Fraude commerciale : 300 M€ de droits et taxes redressés.

Les contrôles des services douaniers peuvent intervenir lors du dédouanement et faire l'objet de prélèvement d'échantillons. Après dédouanement, les contrôles *a posteriori* portent principalement sur les documents. La prescription est de trois ans.

La Douane distingue deux notions :

- **le droit compromis** : perçu lorsqu'au moment du dépôt de la déclaration, le service des douanes relève des inexactitudes qui ont entraîné une taxation inférieure aux sommes réellement dues,
- **le droit éludé** : est recouvré *a posteriori* lorsque les erreurs ont été découvertes lors d'une enquête.

Il existe deux catégories d'infraction :

* **Les contraventions** : infractions portant sur des marchandises non prohibées ou non fortement taxées. Elles donnent lieu à des peines pécuniaires de 300 à 3 000 euros, ou une à deux fois les droits éludés ou compromis, à confiscation accompagnée de pénalités, à des peines de prison de 10 jours à 1 mois dans certains cas énumérés.

* **Les délits** : infractions portant sur des marchandises prohibées ou fortement taxées, portant également sur la réglementation des relations financières avec l'étranger. Elles donnent lieu à des confiscations, amendes et peines d'emprisonnement pouvant aller jusqu'à 5 ans.

En cas de contestations relatives à l'espèce, l'origine ou la valeur, le redevable peut avoir recours à la Commission de Conciliation et d'Expertise Douanière (CCED). Les affaires peuvent être portées devant les tribunaux. Toutefois, les litiges avec l'Administration des douanes peuvent se régler par le recours à la voie transactionnelle, c'est-à-dire à l'amiable. Il permet de fixer des sanctions à un niveau inférieur aux pénalités légalement encourues et implique l'accord des deux parties sur l'abandon des poursuites judiciaires.

BON À SAVOIR

La charte des contrôles douaniers existe. Elle est destinée à renforcer la garantie des droits et à favoriser l'acceptabilité des contrôles. Elle a pour objectif d'inscrire l'action de la douane dans une relation de confiance mutuelle et de performance partagée avec les acteurs du commerce international. Elle est disponible sur le site de la Douane : www.douane.gouv.fr, rubrique Entreprises.

À RETENIR

La douane en 10 étapes

1. Classer le produit dans la nomenclature douanière.
2. Déterminer l'origine du produit.
3. À l'import, calculer les droits et taxes applicables.
4. Ne pas omettre de déclarer les composants, matières premières, moules et outillages fournis au fabricant, lors de l'importation des produits finis ou semi-finis.
5. Déterminer les exigences normatives, réglementaires et documentaires.

6. Si besoin et si possible, choisir ses fournisseurs et sous-traitants en tenant compte des accords préférentiels UE/pays tiers ou SPG et de l'impact sur les opérations Export.

7. Étudier la pertinence de mettre en place des facilités fiscales et douanières.

8. Veiller à récupérer et à contrôler les justificatifs de passage en douane import.

9. Étudier la pertinence et la faisabilité d'intégrer la douane dans l'entreprise.

10. Faire de la veille réglementaire !

Chapitre 11

Déclarer les opérations intra-communautaires

Il est intéressant de préciser en introduction que le commerce extérieur de la France s'effectue à 60 % avec les partenaires de l'Union européenne. L'union douanière instaurée par le traité de Rome de 1957 n'a cessé de se renforcer et de porter ses fruits.

Les États membres échangent dans le cadre d'un marché unique sans frontières physiques. Cela signifie :

- une nouvelle terminologie pour les échanges intra CE : il ne s'agit pas d'import et d'export mais **d'introduction et expédition**,
- pas de DAU dans nos relations avec les autres États de l'Union européenne,
- pas de collecte de TVA en douane,
- d'autres obligations déclaratives :
  - déclaration d'Échanges de Biens entre États membres de la CE (D.E.B.),
  - déclaration de la TVA due sur les acquisitions intra-communautaires (autoliquidation de la taxe),
  - déclaration européenne de services pour les entreprises facturant des services HT en Union européenne (depuis janvier 2010).

La Communauté européenne est une union douanière.
Ceci implique :

- un territoire douanier commun,
- une législation douanière commune,
- un taux extérieur commun applicable aux frontières externes de la Communauté,
- pas de droits de douane ni de réglementation restrictive à l'intérieur du territoire douanier commun (sauf exceptions).

Le territoire douanier commun englobe les pays et territoires suivants :

1. Allemagne (excepté Helgoland et Büsingen)
2. Autriche
3. Belgique
4. Bulgarie
5. Chypre (excepté la partie septentrionale)
6. Danemark (excepté Îles Féroé et Groenland)
7. Espagne et Îles Canaries* (excepté Ceuta et Melilla)
8. Estonie
9. Finlande et Îles Aland*
10. France métropolitaine, DOM*, Monaco
11. Grèce et Mont Athos*
12. Hongrie
13. Irlande
14. Italie (excepté Livigno et Campione)
15. Lettonie
16. Lituanie
17. Luxembourg
18. Malte
19. Pays-Bas
20. Pologne
21. Portugal, Açores et Madère
22. République Tchèque
23. Roumanie
24. Royaume-Uni, Îles Anglo-Normandes* et Île de Man
25. Slovaquie
26. Slovénie
27. Suède

* Les territoires et départements suivis d'un astérisque ne font pas partie du territoire fiscal communautaire. Ainsi, les documents douaniers et de transit sont maintenus dans les relations avec ces territoires.

Certains téléviseurs originaires de Corée, sont taxés à 14 % quel que soit le point d'entrée en union douanière : que l'importation soit effectuée *via* Le Havre, Hambourg ou Point-à-Pitre.

Une fois dédouanée en France, cette marchandise est réexpédiée en Allemagne. L'opération France-Allemagne doit être portée sur la D.E.B. En revanche, cette même marchandise réexportée en Martinique fera l'objet d'un D.A.U.

1 QUEL EST LE RÉGIME FISCAL INTRA-COMMUNAUTAIRE ?

Ainsi, les échanges intra-communautaires ne font plus l'objet d'une collecte de TVA par les services des douanes lors du franchissement de la frontière.

Or, pour l'heure, les ventes en CE sont exonérées de TVA et s'entendent toujours HT, dès lors que l'acheteur est assujetti à la TVA dans son pays et dispose d'un n° d'identifiant à la TVA intra-communautaire qu'il communique à son vendeur.

L'acquéreur recevant une facture HT de son fournisseur communautaire se doit de déclarer la TVA due sur son acquisition intra-communautaire, au taux en vigueur dans son pays.

- Une entreprise espagnole vend une marchandise 3 000 € HT à un français.
- Le français portera la TVA due sur son acquisition intra-communautaire sur sa déclaration fiscale périodique dans la rubrique TVA à payer, au taux en vigueur en France : soit 588 € pour une TVA à 19,6 %.
- Coût pour l'acquéreur français : 3 588 € TTC.
- État bénéficiaire de la taxe collectée : France.
- Comme tout achat réalisé par une entreprise assujettie à la TVA, la TVA sur les achats intra-communautaires peut être déduite de la TVA à reverser. Toutefois, dans ce cas, l'acquéreur français déclare et récupère la TVA sur la même déclaration, d'où le terme d'auto-liquidation pour la TVA intra-communautaire.

Ce dispositif n'a toutefois qu'une vocation transitoire. En effet, la Commission européenne et les États membres ont prévu de le remplacer par le régime définitif de taxation dans l'État membre d'origine des biens livrés et des services rendus. À plus ou moins long terme, nous devrions vendre TTC à nos clients en CE, au taux en vigueur en France, et devrions acheter d'Allemagne TTC, au taux en vigueur en Allemagne.

La raison pour laquelle il s'agit là d'un des plus gros chantiers de l'Union européenne se trouve dans le tableau ci-après listant les taux de TVA en vigueur dans les 27 États membres actuels. Les taux sont encore disparates : 15 % au Luxembourg, 25 % en Suède par exemple.

Tableau 22 : Les taux de TVA en Union européenne
Taux normaux en vigueur à juillet 2010

	Taux normal		Taux normal
Allemagne	19	Royaume-Uni	17,5
Autriche	20	Suède	25
Belgique	21	Chypre	15
Bulgarie	20	Estonie	20
Danemark	25	Hongrie	25
Espagne	18	Lettonie	21
Finlande	23	Lituanie	21
France	19,6	Malte	18
Grèce	23	Pologne	22
Irlande	21	République slovaque	19
Italie	20	République tchèque	20
Luxembourg	15	Roumanie	24
Pays-Bas	19	Slovénie	20
Portugal	21		

Par ailleurs, le régime actuel de vente HT ne peut se concevoir que si l'expéditeur a l'assurance que son client est une entreprise assujettie et identifiée à la TVA dans son pays. Les entreprises de la CE possèdent un

numéro d'identifiant intra-communautaire, communément appelé « numéro de TVA ». En France il est attribué par la Direction Générale des impôts à tout assujetti redevable et est constitué de FR + code à deux chiffres + n° Siren.

CONSEIL

Ce numéro doit être communiqué aux partenaires commerciaux et doit être porté sur les factures. Il est conseillé de l'imprimer sur tout document commercial. En cas de doute, le site de Pro.Douane, rubrique TVA Intracom permet de valider les numéros communiqués par les cocontractants.

---

2 COMMENT EFFECTUER LA DÉCLARATION D'ÉCHANGES DE BIENS ?

Il s'agit d'une déclaration unique pour la France, de l'état récapitulatif à finalité fiscale et de la déclaration de mouvements de biens Intrastat à finalité statistique.

Chaque mois, l'entreprise assujettie à la TVA doit déclarer l'ensemble des introductions et expéditions intra-communautaires. Elle reprend notamment :

* Les mouvements de marchandises communautaires (ou de marchandises tierces mises en libre pratique) qui circulent entre deux États membres de la CE.

En revanche, la DEB ne reprend pas :

* Les mouvements de marchandises communautaires ne faisant qu'emprunter le territoire français au cours de leur circulation.
* Les marchandises tierces circulant sous le régime du transit externe (sous couvert d'un docacc T1).
* Les échanges de marchandises réalisés entre la France métropolitaine et les territoires exclus du territoire douanier fiscal (DOM par exemple).

C'est le flux physique qui détermine l'existence d'une DEB et non pas les flux financiers ou l'émission de factures. L'entreprise doit établir chaque mois une DEB par flux (introductions et expéditions). En fonction des montants d'introduction ou d'expédition réalisés par l'assujetti durant l'année civile précédente, l'obligation déclarative ne sera pas la même.

Tableau 23 : Seuils de déclaration et niveaux d'obligation au 01.01.2011

Introduction	Expédition
Déclaration détaillée 460 000 €	Déclaration détaillée .... 460 000 €
Pas de déclaration	Données fiscales uniquement

- Les seuils représentent les montants d'introduction ou d'expédition réalisés par l'assujetti durant l'année civile précédente.
- Dans le cas où l'opérateur est concerné par des niveaux différents d'obligation à l'introduction et à l'expédition, il a la possibilité :
  - soit de produire ses DEB en fonction de leurs niveaux respectifs d'obligation,
  - soit de ne conserver qu'un seul niveau qui ne peut être alors que le plus contraignant.

Si au cours d'une année civile, les introductions et expéditions réalisées par un opérateur viennent à s'accroître et entraînent le passage à un niveau d'obligation supérieur, les obligations déclaratives doivent correspondre à ce nouveau niveau d'obligation dès le mois de dépassement.

BON À SAVOIR

La télédéclaration en ligne de la DEB devient obligatoire pour les grandes entreprises. À compter du 1er juillet 2010, les entreprises qui ont réalisé des échanges intracommunautaires pour un montant hors taxes supérieur à 2,3 millions d'euros doivent obligatoirement transmettre la déclaration d'échanges de biens (DEB) par voie électronique.

Les autres entreprises peuvent la transmettre, avec l'accord du CISD[1] :

- sous forme de listing édité par des moyens informatiques privés,
- par Internet « la DEB sur Pro.Douane »

Voir modèle DEB ci-après. Les données grisées sont celles à remplir par les opérateurs en-dessous du seuil de 460 000 €.

---

1. CISD : Centre interrégional de saisie des données.

© Groupe Eyrolles

Ministère du budget
des comptes publics,
de la fonction publique
et de la réforme de l'État

cerfa
N° 10838*03

Direction générales des Douanes
et Droits indirects

**DÉCLARATION D'ÉCHANGES DE BIENS
ENTRE ÉTATS MEMBRES DE LA COMMUNAUTÉ EUROPÉENNE**

A. Période

Année

Mois

B. Flux

	Introduction	Expédition
≥ 460 000 HT/an	☐ a	☐ b
< 460 000 HT/an	Pas de DEB	☐ c

C. Redevable de l'information

Numéro d'identification TVA : **FR**

Raison sociale :

Rue :

Code postal et ville :

Personne à contacter :

Téléphone : Télécopie :

Messagerie électronique :

D. Service

(réservé à l'administration)

Date, nom et signature

1	2	3	4	5	6	7	8	9	10	11	
N° ligne	Nomenclature de produit	Pays dest. prov.	Valeur (en euros)	Régime	Masse nette (kg)	Unités supplémen- taires	Nature transact.	Mode de transport	Dépar- tement	Pays d'origine	Numéro d'identification de l'acquéreur
1											
2											
3											
4											
5											
6											
7											
8											
9											
10											

ATTENTION

Les DEB doivent être déposées au CISD dont dépend l'entreprise au plus tard le 10e jour ouvrable suivant le mois de référence. Les dates exactes de dépôt sont publiées par l'Administration des Douanes chaque année.

En cas de défaut de production de la déclaration dans les délais prévus, l'entreprise encourt une amende de 750 euros par DEB non déposée. Chaque omission ou erreur coûtera au redevable 15 euros sans excéder un total de 1 500 euros.

Parallèlement, les entreprises communautaires sont tenues de justifier la réalité de l'expédition des biens hors de leur État, par un document de transport ou tout autre document. Ainsi, dans le cas d'un achat EXW, l'acquéreur, maîtrisant le transport, peut être sollicité par son fournisseur pour prouver ou attester la bonne réception de la marchandise.

Si les déclarations sont assez aisées à établir pour des achats et ventes fermes, elles le sont moins lorsque les opérations sortent du cadre des opérations simples. Ainsi, nous invitons le lecteur à se référer au BOD en vigueur relatif à la DEB[1] ou bien à s'adresser à leur CISD.

Il s'agit d'être tout particulièrement vigilant au moment de traiter les opérations suivantes :

- les régularisations commerciales,
- les corrections, annulations, DEB complémentaires,
- les opérations triangulaires, le travail à façon,
- les retours et remplacements,
- les ventes à distance d'entreprise à particulier,
- etc.

---

1. Pour 2011 : BOD n° 6883 du 13.01.2011.

À RETENIR

- L'Union européenne est une union douanière.
- Pas de frontières physiques entre les États membres.
- Un seul territoire douanier commun sans droits de douane ni de réglementation restrictive (sauf exceptions).
- Une législation douanière commune et un taux extérieur commun applicable aux frontières externes de la Communauté.
- Pas de DAU dans nos échanges intra-communautaires, mais une D.E.B. (Déclaration d'Échanges de Biens) à fournir tous les mois à des fins statistiques et fiscales.
- Des ventes réalisées hors taxes à des entreprises disposant d'un n° d'identifiant à la TVA.
- Une auto-liquidation de la TVA due par l'acquéreur sur ses acquisitions intra-communautaires (de services et de biens), à effectuer sur sa déclaration de TVA.

Chapitre 12

Payer les fournisseurs

Dans une opération commerciale, la principale crainte du vendeur est bien entendu l'impayé. Celui-ci peut être dû :

- à l'insolvabilité de l'acheteur (risque commercial),
- à son refus d'honorer la créance (acheteur insatisfait de la marchandise livrée ou de la prestation rendue),
- à un événement relevant du risque politique sur le pays acheteur,
- au non-transfert de fonds (pénurie de devises dans le pays acheteur par exemple).

L'acheteur veillera par conséquent à rassurer son fournisseur en lui communiquant des renseignements financiers et de notoriété sur sa société.

Au-delà des renseignements commerciaux, les fournisseurs disposent de plusieurs formules pour couvrir le risque commercial sur l'acheteur :

- souscrire une assurance-crédit dans leur pays (l'équivalent des produits proposés par les organismes bancaires en France ou les assureurs-crédit de type Coface ou Euler-Hermes par exemple),
- exiger de leurs acheteurs potentiels des sécurités et garanties de paiement.

Dans un premier temps, nous présentons les principaux instruments de paiement utilisés à l'international : chèque, virement et effet de commerce. Les instruments ou moyens de paiement sont les supports matériels utilisés pour payer la transaction.

Puis nous détaillons les différentes techniques de paiement qui permettent de collecter l'instrument de paiement. Pour chacune d'entre elles sont précisés les mécanismes, avantages, inconvénients et coûts pour les deux parties. En fin de chapitre, un schéma répertorie ces techniques, classées par ordre croissant des risques à couvrir.

1 Quels sont les instruments de paiement utilisés à l'international ?

1.1 Le chèque

Mécanisme

- Le chèque est un instrument de paiement par lequel une personne, titulaire d'un compte dans une institution financière, donne l'ordre à celle-ci de verser, par prélèvement sur ce compte, une somme à un tiers bénéficiaire ou à lui-même.
- Instrument de paiement à vue, il est payable dès présentation en banque.
- En France, la réglementation protège le bénéficiaire du chèque : la provision doit être préalable et disponible (à moins de bénéficier d'une autorisation de découvert), l'opposition au chèque n'est acceptée qu'en cas de perte ou de vol, de redressement ou de liquidation judiciaire du bénéficiaire.

Pour l'acheteur	
Avantages	**Inconvénients**
- Peu coûteux. - Très répandu dans le monde entier. - L'émission est à l'initiative de l'acheteur.	- Risque de perte. - La lenteur de recouvrement peut s'avérer pénalisante si le vendeur attend la réception du chèque, voire son encaissement réel pour remplir son obligation (fabriquer, expédier…)

Pourquoi le vendeur peut refuser ce moyen de paiement

- Si le pays du fournisseur n'est pas « à tradition » chèque, parce que l'instrument est peu ou pas réglementé dans son pays, il peut lui préférer d'autres instruments de paiement, assortis parfois de sécurités.
- L'émission du chèque reste à l'initiative de l'acheteur.
- Risque de chèque sans provisions, risque de perte, vol, falsification.
- Lenteur de recouvrement sur certains pays (Australie, certains pays africains par ex.)
- Coût de l'encaissement d'un chèque étranger.

Parades

- Le vendeur cherchera à obtenir un rapport sur la notation financière de l'acheteur.

- Il peut réclamer un chèque de banque émis par la banque de l'acheteur sur instructions de ce dernier. Il s'agit d'un engagement direct de paiement de la part de la banque.
- Contre la lourdeur des délais de recouvrement : le vendeur peut ouvrir un compte centralisateur dans le pays de l'acheteur ou *vice versa*.

ATTENTION

En cas de chèque de banque, le compte de l'acheteur sera immédiatement débité. Par ailleurs, le chèque de banque est souvent payant.

1.2 Le virement

Mécanisme

- Ordre donné par l'acheteur à son banquier de débiter son compte pour créditer celui du vendeur. Les anglosaxons utilisent généralement le terme vieilli T.T. (Telegraphic Transfer) pour désigner les virements.
- Les virements sont généralement effectués par SWIFT.[1]
- Au niveau européen, les virements bancaires sont harmonisés et facilités, à l'aide des codes IBAN (*International Bank Account Number*) et BIC (*Bank Identifier Code*).

Pour l'acheteur	
Avantages	**Inconvénients**
- Peu coûteux. - Rapidité des transmissions. - Pas de risque de vol ou perte. - Émission à l'initiative de l'acheteur.	- Le vendeur pourra attendre l'encaissement réel (crédit après encaissement) avant de remplir son obligation, retardant ainsi la livraison.

Pourquoi le vendeur peut refuser ce moyen de paiement

- Le virement en tant qu'instrument de paiement est très courant et rarement refusé par les exportateurs.
- Toutefois, l'ordre de virement reste à l'initiative de l'acheteur alors que la marchandise peut être déjà expédiée.

---

1. SWIFT : Society for Worldwide Interbank Financial Telecommunications qui gère le système sécurisé de transmission des messages bancaires.

Parades

- Le vendeur cherchera à obtenir un rapport sur la notation financière de l'acheteur.
- Le vendeur ne se contentera pas d'une copie du virement et attendra l'encaissement réel sur son compte avant d'expédier la marchandise.
- Il pourra chercher à sécuriser le règlement par une remise documentaire ou un crédit documentaire.

1.3 La lettre de change

Mécanisme

- Effet de commerce qui matérialise la créance : lettre de change lorsque l'effet est émis à l'initiative du vendeur ou billet à ordre lorsque émis à l'initiative de l'acheteur.
- Le plus courant est la lettre de change ou traite : écrit par lequel l'exportateur donne l'ordre à l'importateur de payer une somme d'argent, à une date déterminée (ou à vue) au profit d'une troisième personne (le bénéficiaire : l'exportateur, la banque, un tiers).
- Instrument de crédit, la provision doit être disponible au moment de l'échéance.
- La lettre de change est émise par l'exportateur et généralement adressée avec la facture à l'importateur.
- Ce dernier doit « accepter » la traite et la retourner à son fournisseur pour présentation en banque à l'échéance.
- La traite peut être endossée (en faveur d'un autre bénéficiaire), escomptée (le vendeur peut la mobiliser en cas de difficulté de trésorerie) et protestable (en cas d'impayé, l'huissier « dressera protêt »).

Pour l'acheteur	
Avantages	Inconvénients
- Possibilité de payer à crédit	- Certains pays fournisseurs la refusent. - Si l'acheteur n'honore pas sa traite, sa responsabilité juridique peut être engagée et sa réputation commerciale entachée.

Pourquoi le vendeur peut refuser ce moyen de paiement

- Risque politique sur le pays acheteur non couvert.

- Risque commercial : non-acceptation, retard à l'acceptation, non retour, falsification.
- Risque de perte, de vol, car la lettre de change est encore essentiellement transmise par la voie postale.

Parades

- L'acheteur peut accepter de demander à sa banque d'apporter son aval afin de rassurer le vendeur sur la bonne issue du paiement à échéance. Dans ce cas, le vendeur s'assurera que la banque de l'acheteur est de premier rang.

ATTENTION

L'aval bancaire génère un surcoût bancaire pour l'acheteur. À négocier avec la banque et le fournisseur qui pourrait accepter de prendre en charge tout ou partie des frais. Par ailleurs, la banque peut accepter d'apporter son aval bancaire en contrepartie d'une garantie sur l'acheteur, voire du débit immédiat sur son compte !

- Dans certains pays, le vendeur peut exiger que la lettre de change soit protestable. En cas d'impayé à l'échéance, un huissier dressera « protêt ». Cette procédure facilite le recours juridique contre l'acheteur mais génère des frais importants pour ce dernier.

N° IN/002125/00	DRAWN UNDER CRÉDIT AGRICOLE LOIRE, HAUTE-LOIRE, address...	
EXCHANGE FOR USD 20 000,00	AT SIGHT	HONG-KONG 06/06/2010
PAY TO THE ORDER OF FORTHIS BANK ASIA HK THE SUM OF US DOLLARS TWENTY THOUSAND VALUE RECEIVED AS PER INVOICE NR IN/002125/00		
FROM DOMOPLUS 41 av. Foch 69006 LYON	FOR AND ON BEHALF OF HONG-KONG INDUSTRIES LTD AUTHORISED SIGNATURE	

1.4 La carte bancaire internationale

Mécanisme

- Instrument de paiement qui permet d'effectuer des retraits et paiements dans le monde entier par simple validation de la carte *via* un code secret.

- La carte bancaire internationale est délivrée par les établissements bancaires après signature d'un contrat fixant les conditions d'utilisation et les plafonds de retraits et achats par période convenue.
- Ordre de paiement irrévocable, il ne peut être fait opposition au paiement qu'en cas de perte, vol, fraude, liquidation judiciaire ou redressement du bénéficiaire.

Pour l'acheteur	
Avantages	**Inconvénients**
- Universalité de la carte (consulter toutefois sa banque avant tout déplacement pour s'en assurer). - Simplicité et rapidité d'emploi. - Permet le paiement à distance. - Le débit peut être différé sur le compte. - Très pratique pour les achats de petits et moyens montants et lors des déplacements à l'étranger. - Nombreux services liés à la carte bancaire : garantie en cas de perte, vol, utilisation frauduleuse, assistances voyage, juridique, garantie décès-invalidité, services commerciaux…	- Montants d'achats et de retraits plafonnés par période convenue. - Coût en fonction de son niveau de sécurisation et des plafonds autorisés. - Frais bancaires lorsque les achats sont effectués à l'étranger. - Risque de perte, vol, de piratage électronique.

À RETENIR

La totalité de ces instruments de paiement, utilisés dans le cadre d'un paiement après expédition, sont à l'initiative de l'acheteur. Même la lettre de change ne vaut que par son retour, dûment acceptée par l'acheteur. Le fournisseur cherchera par conséquent à sécuriser la collecte du moyen de paiement en proposant des techniques de paiement.

2   QUELLES SONT LES TECHNIQUES DE PAIEMENT À DISPOSITION DE L'IMPORTATEUR ?

2.1 Le paiement d'avance

Il n'est bien sûr pas dans l'intérêt de l'acheteur d'accepter de payer d'avance, partiellement ou totalement, une marchandise avant de la réceptionner. Malheureusement, les primo-importateurs ne sont pas toujours en bonne posture pour refuser. Si c'est un passage obligé pour les premières transactions, de faible montant si possible, très vite, l'importateur proposera à son fournisseur d'autres techniques sécurisantes pour lui, telles que la remise documentaire ou la lettre de crédit stand-by développées plus loin.

Mécanisme

- L'acheteur fait confiance au vendeur : il paie d'avance et généralement par virement tout ou partie de la commande. Le vendeur expédie ensuite.
- Fréquent lors des premières transactions, lorsque l'acheteur n'est pas en position de force vis-à-vis de son fournisseur.

Avantages

▼ **Pour le vendeur**

- Suppression du risque d'impayé pour le vendeur.
- Préférable lorsque la commande n'est pas standard, mais spécifique au client.
- Permet des avances de fonds lorsque la commande nécessite des approvisionnements importants.

▼ **Pour l'acheteur**

- Aucun.

Inconvénients

▼ **Pour le vendeur**

- Difficile à négocier dans le commerce international.

▼ **Pour l'acheteur**

- L'acheteur prend tous les risques (non-livraison, retard, marchandises non conformes, fournisseur peu sérieux, qui fait faillite…).
- Les délais de livraison s'entendent souvent « X semaines à partir de l'encaissement du chèque ou du virement » d'où une avance en trésorerie importante.
- Acceptable pour les premières commandes tests, de faibles montants ou pour les acomptes.

Coûts

▼ **Pour le vendeur**

- Éventuellement, coût bancaire du virement.

▼ **Pour l'acheteur**

- Coûts financiers de sortie de trésorerie anticipée.
- Commissions bancaires de découvert éventuel.
- Coût bancaire du moyen de paiement (virement, lettre de change…).

CONSEIL

Lorsque le paiement d'avance partiel ou total est inévitable, l'acheteur tentera de négocier une garantie de restitution d'acompte pour couvrir le risque de défaillance du fournisseur. Voir chapitre « Couvrir les risques financiers ».

2.2 Le paiement après réception des marchandises

À l'opposé du paiement d'avance, voici la modalité de paiement vers laquelle tendent tous les acheteurs, internationaux ou pas… payer après avoir reçu les marchandises ! À l'international, cela devient tout à fait possible dès qu'une relation de confiance s'est instaurée entre les deux parties.

Mécanisme

- Le vendeur fait confiance à l'acheteur.
- Il expédie la marchandise et les documents originaux directement au client (facture, note de colisage, titre de transport).
- L'acheteur paiera à réception (comptant ou à échéance), généralement par virement ou lettre de change.

Avantages

▼ **Pour le vendeur**

- Aucun, hormis le geste commercial par la confiance qu'il témoigne à son acheteur en expédiant avant d'être payé.

▼ **Pour l'acheteur**

- Paiement après expédition, souvent après réception de marchandises : facilité de trésorerie évidente.
- Permet de réduire, voire supprimer les risques sur le fournisseur.

- L'acheteur se trouve en position de force : il peut agir sur le paiement (délai, montant) lorsque la marchandise n'est pas conforme à ses attentes.

CONSEIL

Si le paiement se fait à échéance, il est préférable de négocier un délai qui court à partir d'une date certifiée par une tierce personne et non pas à partir de la facture. Exemple : 30 jours date de titre de transport (connaissement maritime, lettre de transport aérien...).

Inconvénients

▼ **Pour le vendeur**

- Aucune sécurité pour le vendeur qui peut se trouver gravement impliqué sur le plan financier.
- Risques commercial et politique non couverts.
- Risque logistique : le client peut refuser la livraison de la marchandise, et donc, de payer.
- À n'utiliser que lorsque les relations d'affaires entre les deux partenaires sont stables et établies de longue date.
- Le vendeur cherchera à obtenir des garanties de solvabilité du client et du pays.

▼ **Pour l'acheteur**

- Aucun.

Coûts

▼ **Pour le vendeur**

- Coûts financiers du crédit accordé à l'acheteur.

▼ **Pour l'acheteur**

- Aucun ou frais faibles liés au moyen de paiement (virement, lettre de change….).

2.3 Le contre-remboursement

Mécanisme

- Le transporteur intervient dans l'échange, avec l'accord des deux parties.

- Il ne livrera que contre remise par l'acheteur d'un chèque ou d'une lettre de change.
- Cette mission lui est confirmée par lettre d'instructions du vendeur. Il peut la refuser.
- Très utilisé dans la VPC, la vente par Internet, dans les envois par voies ferrée, routière et postale, pour des commandes de petite et moyenne envergure.
- Cette technique est de moins en moins utilisée à l'international.

Avantages

▼ **Pour le vendeur**

- Simple dans sa procédure.
- Rapidité du paiement : il intervient dès la livraison des marchandises.
- Sécurité du paiement : il s'effectue contre livraison des marchandises.

▼ **Pour l'acheteur**

- Il ne réglera qu'une fois la marchandise arrivée à destination.

Inconvénients

▼ **Pour le vendeur**

- Offre peu de garanties : le moyen de paiement sera collecté (chèque ou lettre de change), mais peut se révéler sans provision.
- Risques commercial et politique non couverts.
- Tous les transporteurs ne pratiquent pas cette technique.
- Risque que le client refuse la marchandise et ne paie pas.

▼ **Pour l'acheteur**

- Difficile de négocier un paiement à échéance par lettre de change. Le vendeur lui préférera un paiement comptant à la livraison et certainement par chèque de banque.

Coûts

▼ **Pour le vendeur**

- Rémunération de la prestation de services rendue par le transporteur.
- Très variable d'un prestataire à un autre, selon le pays acheteur, le montant.

▼ **Pour l'acheteur**

- Le coût du contre-remboursement est soit répercuté sur le prix de vente, soit payé par l'acheteur au moment de la livraison, en plus du montant de la facture.

2.4 La remise documentaire

Voici une technique qui peut être une très bonne alternative au paiement d'avance et un bon compromis pour les deux parties : l'exportateur expédie la marchandise avant d'être payé, offrant ainsi à son client un premier signe de confiance, mais l'acheteur ne peut la retirer auprès du transporteur qu'après l'avoir payée. Ici, c'est le réseau bancaire qui servira d'intermédiaire, tiers de confiance.

Mécanisme

- Technique de paiement par laquelle l'exportateur charge sa banque d'exercer une fonction d'intermédiaire entre lui et son acheteur.
- En effet, lors d'une exportation, l'exportateur se doit d'adresser à l'acheteur les documents nécessaires pour retirer et dédouaner la marchandise.
- Dans la procédure de remise documentaire, ces documents parviendront à l'acheteur *via* le réseau bancaire.
- La banque du client sera chargée de ne remettre les documents originaux à celui-ci que contre paiement (*cash against documents-CAD //documents against payment-D/P*) ou contre acceptation de traite *(documents against acceptance-D/A)*.
- Procédure codifiée par la CCI « Règles Uniformes relatives aux encaissements » brochure n° 522.

Les intervenants

- L'exportateur.
- La banque remettante *(Remitting bank)* : c'est la banque de l'exportateur à qui ce dernier remet les documents originaux à transmettre à la banque présentatrice.
- La banque présentatrice *(presenting bank)* : c'est la banque chargée de l'encaissement (correspondante de la banque remettante ou banque de l'acheteur).
- L'importateur.

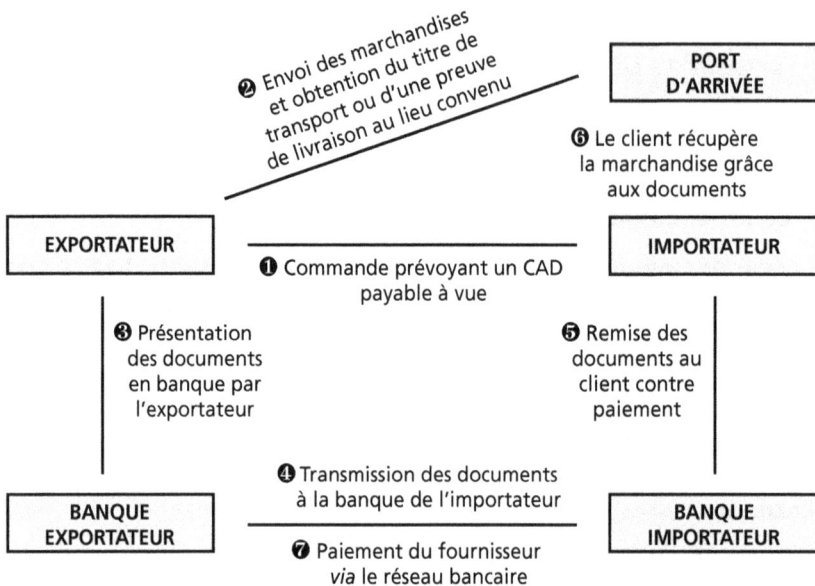

Figure 5 : La remise documentaire payable à vue

❶ Les deux parties négocient un règlement par remise documentaire. L'acheteur communique ses coordonnées bancaires.

❷ L'exportateur expédie la marchandise. Il reçoit du transporteur un document attestant la prise en charge et l'expédition (CMR, connaissement maritime...). Ce titre de transport est de préférence établi à l'ordre de la banque présentatrice (avec son accord). Les marchandises doivent également être marquées ou étiquetées dans ce sens.

❸ L'exportateur rassemble le jeu de documents complet (titre de transport et autres documents émis par le transporteur, documents commerciaux émis par lui-même + traite éventuellement) et l'envoie à la banque remettante (sa banque) accompagnée d'une lettre d'instructions avec ordre d'encaissement.

❹ La banque remettante vérifie la présence des documents annoncés (et non leur conformité de rédaction) et transmet les documents et les instructions d'encaissement à la banque présentatrice dans le pays de l'acheteur.

❺ La banque présentatrice prévient l'acheteur et lui remet les documents contre paiement ou acceptation de traite. L'acheteur « lève » ainsi les documents.

❻ L'acheteur présente les documents au transporteur pour prendre possession de la marchandise.

❼ La banque chargée de l'encaissement transfère les fonds à la banque remettante ou envoie l'effet de commerce accepté. La banque remettante crédite le compte de l'exportateur ou lui confirme l'acceptation de la traite à échéance.

Avantages

▼ **Pour le vendeur**

- Sur le plan commercial : le vendeur fait confiance à l'acheteur en expédiant avant d'être payé.
- Les documents permettant de retirer les marchandises sont remis à l'acheteur par sa banque contre paiement ou acceptation de lettre de change.
- Simplicité des formalités.

▼ **Pour l'acheteur**

- Le paiement s'effectue après expédition des marchandises.

Inconvénients

▼ **Pour le vendeur**

- Il expédie les marchandises sans avoir reçu, ni de l'acheteur, ni d'une banque, un engagement inconditionnel de paiement.
- Pas de couverture des risques commercial et politique.
- Dans la formule documents contre acceptation de traite à échéance, D/A, la sécurité est modeste. Accepter une lettre de change ne signifie pas payer.
- Le vendeur tentera alors de négocier la formule Documents contre Paiement (D/P) ou bien une traite avalisée par la banque du client si le paiement se fait à échéance.
- Risque logistique : le client peut refuser la marchandise et ne pas « lever les documents ». Il ne reste plus qu'au fournisseur la solution de trouver rapidement un autre client ou bien de rapatrier la marchandise à ses frais, sans compter le litige dû à la rupture du contrat.
- Pour plus de sécurité, il demandera de faire établir le titre de transport à l'ordre de la banque présentatrice : le transporteur ne remettra la marchandise qu'au porteur d'un connaissement maritime

endossé à son nom ou à réception du feu vert de la banque (transport aérien ou routier).

▼ Pour l'acheteur

- Pas d'engagement des banques notamment sur la réalité de l'expédition et la conformité des marchandises à la commande.
- Les marchandises peuvent arriver avant les documents, interdisant l'enlèvement des marchandises et générant délais et coûts d'immobilisation. À éviter sur des délais de transport courts.
- Difficulté de négocier un Incoterm® départ usine ou rendu domicile. En effet, le fournisseur averti cherchera à éviter que l'acheteur entre en possession de la marchandise avant les documents, c'est-à-dire, avant le paiement.
- En cas de paiement à échéance, s'il n'honore pas sa traite, sa responsabilité juridique peut être engagée et sa réputation commerciale entachée.

CONSEIL

Quelles que soient les modalités de paiement, le risque de payer une marchandise non conforme à la commande est réel et fréquent à l'import. La seule parade possible reste l'inspection avant expédition. Voir chapitre « S'assurer de la conformité des produits ».

Coûts

▼ Pour le vendeur

- Technique relativement peu coûteuse. Faible pourcentage du montant de la facture.

▼ Pour l'acheteur

- Peu coûteuse : à l'import en France, environ 1 pour mille du montant facturé avec un forfait minimum d'environ 30 €, plus frais de communication inter-bancaires.

2.5 Le crédit documentaire

Tout vendeur veut être certain d'être payé avant de se dessaisir de la marchandise.

Tout acheteur veut être certain de recevoir la marchandise conformément à ses instructions avant de payer.

Pour débloquer la situation, le crédit documentaire occupe une place de choix parmi les techniques de paiement internationales.

Si le crédit documentaire est souvent imposé par le vendeur, l'acheteur a tout intérêt de bien en connaître les rouages car il peut, lui aussi, tirer profit de cette technique, notamment pour faire respecter les délais d'expédition et les exigences documentaires.

Définition

- Le crédit documentaire est un engagement écrit pris par une banque à la demande de l'acheteur, de payer au fournisseur un montant déterminé contre remise, dans un délai fixé, des documents conformes prévus dans l'ouverture du crédit documentaire et prouvant que le fournisseur a rempli son obligation.
- Le crédit documentaire peut être utilisé pour toutes sortes de transactions (vente de marchandises ou prestations de services). Nous traiterons ici du crédit documentaire portant uniquement sur des flux physiques de marchandises.

Cadre juridique

La mise en œuvre du crédit documentaire répond à des règles uniformes dans tous les pays, reprises dans la brochure N° 600 de la Chambre de Commerce Internationale, en vigueur depuis le 1er juillet 2007 (*UCP 600 : Uniform Customs and Practice*).

Sur le terrain, le crédit documentaire ou « crédoc » est encore souvent appelé « lettre de crédit » *(letter of credit)*. Ce terme désigne toutefois une autre formule de paiement essentiellement utilisée entre pays anglo-saxons. Pour éviter la confusion, les crédits documentaires précisent être soumis aux RUU en vigueur.

Les intervenants

- L'acheteur ou donneur d'ordre *(applicant, buyer)*.
- La banque émettrice, banque de l'acheteur *(issuing bank)*.
- La banque notificatrice, correspondante de la banque émettrice dans le pays du vendeur, peut aussi être la banque du vendeur *(advising bank)*. Cette banque peut devenir banque « confirmante » *(confirming bank)* lorsqu'elle accepte d'apporter sa confirmation, couvrant ainsi le risque politique sur le pays de l'acheteur.
- Le vendeur, ou bénéficiaire *(beneficiary)*.

Principaux types de crédit documentaire

* Crédit documentaire irrévocable : comporte l'engagement ferme de la banque émettrice vis-à-vis du vendeur, de lui procurer le règlement contre présentation de documents conformes aux exigences de l'acheteur. La banque émettrice couvre ici le risque commercial sur le client. Le crédit documentaire irrévocable ne peut être annulé ou modifié sans l'accord du bénéficiaire et de la banque émettrice.
* Crédit documentaire irrévocable et confirmé : il comporte l'engagement supplémentaire d'une seconde banque de couvrir le risque sur la banque émettrice, les risques politiques et de non-transfert des fonds du pays acheteur.

Modes de réalisation du crédoc

Le paiement peut intervenir :

* **à vue** : paiement du fournisseur par la banque désignée dès la présentation des documents réguliers,
* **par acceptation de traite**, tirée sur la banque émettrice ou confirmante, que le vendeur pourra éventuellement escompter,
* **en différé** : pas d'émission de traite, mais un engagement ferme et par écrit de la banque désignée de payer à l'échéance,
* **par négociation** : la traite à échéance sera immédiatement escomptée par la banque négociatrice pour le compte du vendeur, sous déduction d'intérêt couvrant le délai qui sépare la date de paiement de la date d'échéance.
* Schéma ci-après.
    * ❶ Après avoir négocié un paiement par crédit documentaire, l'acheteur passe commande au vendeur. Généralement, le vendeur confirme les termes de la commande en adressant à l'acheteur une facture *pro forma* ou un accusé de réception de commande.
    * ❷ L'acheteur remplit un formulaire de demande d'ouverture de crédit documentaire en faveur de son fournisseur (bénéficiaire) et le remet à sa banque (banque émettrice). Ce document reprend toutes les instructions nécessaires à l'ouverture du crédit documentaire et doit être le reflet de la facture *pro forma*. Voir ci-après modèle de demande d'ouverture de crédit documentaire.
    * ❸ La banque émettrice ouvre le crédit documentaire et l'adresse à la banque notificatrice. Elle reprend les indications de la demande d'émission. La banque émettrice ajoute sa propre garantie

❺ Envoi des marchandises et obtention du titre de transport ou d'une preuve de livraison au lieu convenu

PORT D'ARRIVÉE

❾ Le client récupère la marchandise grâce aux documents

EXPORTATEUR

❶ Commande et *pro forma*

IMPORTATEUR

❹ Notification de crédoc à l'exportateur. Si non conforme au contrat, demande d'amendement (modification)

❻ Présentation des documents en banque par l'exportateur

❷ Demande d'ouverture de crédoc par le client auprès de sa banque

❽ Remise des documents au client contre paiement

❸ Émission de crédoc par la banque du client et transmission à la banque correspondante dans le pays du vendeur

BANQUE NOTIFICATRICE

❼ Transmission des documents à la banque émettrice et paiement du fournisseur si documents conformes

BANQUE ÉMETTRICE

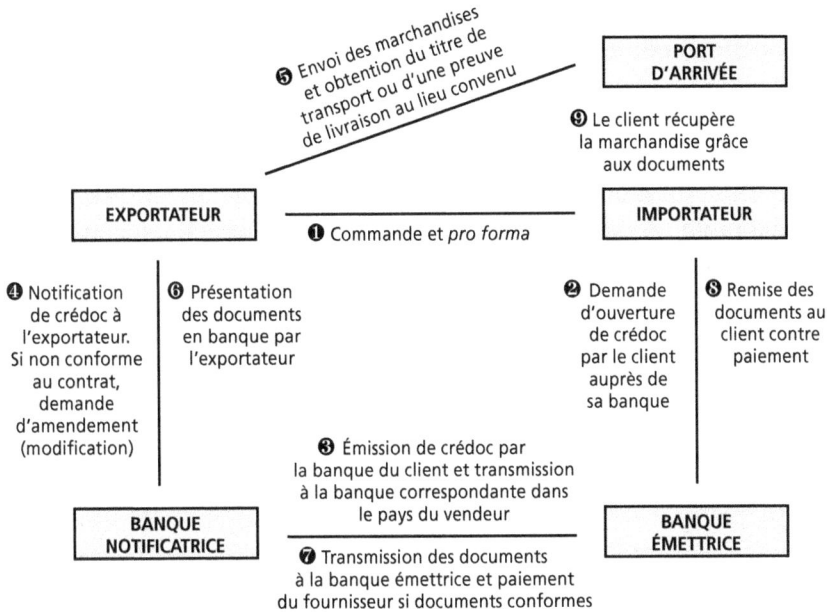

Figure 6 : Le crédit documentaire irrévocable payable à vue et sans réserves bancaires

(irrévocabilité) au crédit documentaire. Elle couvre ainsi le risque commercial sur l'acheteur.

❹ La banque notificatrice informe le bénéficiaire qu'un crédit documentaire a été ouvert en sa faveur en lui transmettant la copie du document émis par la banque émettrice : c'est la « notification » du crédit documentaire. Notifier un crédit documentaire (ou crédoc) n'engage nullement la banque notificatrice. En revanche, si cette dernière « confirme » le crédoc, elle s'engage à payer le bénéficiaire (si les documents sont conformes aux exigences de l'acheteur). Elle couvre ainsi le risque politique sur le pays acheteur.

Le bénéficiaire (vendeur) se doit d'examiner attentivement tous les termes du crédit documentaire afin de vérifier s'il peut respecter toutes les exigences émises et si elles sont conformes à la négociation commerciale. Si le bénéficiaire constate des anomalies (modifications des conditions de règlement...), des erreurs, des impossibilités (date d'expédition trop rapprochée...), il doit immédiatement en faire part au donneur d'ordre (l'acheteur) et lui demander de faire effectuer les modifications nécessaires (amendements) par la banque émettrice.

❺ Lorsque le bénéficiaire est d'accord avec les termes du crédit documentaire, il procède à l'expédition et remet la marchandise au transporteur avant la « date limite d'expédition » portée sur le crédit documentaire.

Après l'expédition, le transporteur remet au bénéficiaire les documents de transport exigés dans le crédit documentaire (par exemple : jeu complet de connaissements maritimes, certificat sur l'âge du navire...).

❻ L'exportateur réunit l'ensemble des documents requis par le crédit documentaire et les présente à la banque notificatrice/confirmante dans le délai imparti, décidé par l'acheteur. Par défaut, le vendeur disposera de 21 jours après la date portée sur le titre de transport pour remettre ses documents en banque, mais tout en respectant également la date de validité du crédit documentaire.

La banque notificatrice analyse méticuleusement les documents pour vérifier leur conformité aux termes du crédit documentaire. Elle peut procéder au règlement du bénéficiaire (sauf bonne fin ou définitivement en cas de crédoc confirmé), ou bien accepter la traite. Elle peut également attendre le rapatriement des fonds de la banque émettrice avant de payer le fournisseur (dans le cas d'un crédit documentaire non confirmé ou de documents irréguliers).

❼ La banque notificatrice présente à son tour les documents à la banque émettrice pour obtenir le remboursement de son avance ou le paiement du crédit documentaire.

La banque émettrice vérifie à son tour les documents pour s'assurer qu'ils sont strictement conformes aux instructions du crédit documentaire. Elle transfère les fonds à la banque notificatrice pour paiement au fournisseur si cela n'a pas déjà été fait, notamment en cas de crédoc confirmé.

❽ L'acheteur paie pour obtenir le jeu de documents originaux.

❾ Étant en possession des documents, il peut faire retirer et dédouaner sa marchandise.

Que se passe-t-il lorsque les documents présentés par l'exportateur ne sont pas conformes aux exigences de l'importateur ?

• Les banques constatent des irrégularités lorsque les documents remis par l'exportateur ne sont pas conformes aux exigences du crédit documentaire. Elles émettent des réserves.

- L'acheteur est avisé des réserves et reçoit la liste des irrégularités constatées.
- En fonction de la nature des irrégularités, il décide ou non de les accepter et de lever les réserves.
- Il peut se sentir en position de force pour négocier un rabais, une prorogation d'échéance… En effet, la marchandise est déjà expédiée voire déjà arrivée au port. L'exportateur est en situation délicate et doit s'en remettre au « bon vouloir de son client ».

ATTENTION

Si l'acheteur refuse de lever les réserves et par conséquent de payer, il ne pourra pas retirer la marchandise des entrepôts du transporteur.

Les irrégularités les plus courantes

- Dates butoirs non respectées (date limite d'expédition ou de validité, date limite de présentation des documents).
- Coordonnées erronées du donneur d'ordre ou du bénéficiaire.
- Documents manquants ou non émis par les bons organismes émetteurs.
- Erreurs dans les montants, les tolérances admises.
- Expéditions partielles et transbordements effectués alors qu'interdits.
- Mode de transport exigé non respecté.
- Omissions ou erreurs dans les mentions obligatoires à porter sur les documents.
- Incohérences entre les documents (origines, poids, quantités…).
- Document d'assurance libellé dans une autre monnaie que celle du crédit documentaire (sauf si expressément autorisé).
- Etc. !

Des parades aux trop longs délais d'acheminement des documents

Il arrive que le vendeur peine ou tarde à constituer et remettre en banque les documents. Il faut compter au minimum une quinzaine de jours, entre l'expédition des marchandises et l'arrivée des documents en banque émettrice. Or, il existe de nombreux circuits maritimes où le *transit time* est inférieur à 15 jours, sans parler des expéditions par voie aérienne ou routière. La marchandise risque de stationner à grands frais et à grands risques dans les entrepôts d'arrivée. Le dilemme est simple : l'acheteur cherche à retirer la marchandise du port en vue de préparer le dédouanement et limiter les frais d'immobilisation dans l'attente des documents originaux. Le fournisseur quant à lui, ne souhaite pas autoriser la livraison finale tant que le paiement ou l'engagement de paiement n'est pas reçu. La parade est la lettre de garantie bancaire.

- Cette pratique commerciale consiste pour l'acheteur à demander à sa banque (la banque émettrice) l'établissement d'une **lettre de garantie en faveur du transporteur** ou du commissionnaire de transport. *Via* cette lettre, la banque demande au transporteur de délivrer la marchandise même en l'absence des documents originaux, promet la remise de ceux-ci dès qu'ils seront arrivés et prend toute la responsabilité pour cette exception à la règle. En contrepartie, l'acheteur s'engage à accepter les documents tels qu'ils se présenteront et paiera des frais bancaires supplémentaires.

Dans la pratique, bon nombre d'acheteurs essaient de faire accepter par leur fournisseur d'autres formules moins chères, mais… en-dehors des règles et usances. Voici deux procédés très risqués pour le vendeur.

- **Le cartable de bord** : l'acheteur exige dans le crédit documentaire qu'un exemplaire original du connaissement maritime soit remis au capitaine du navire avec un ordre écrit de le remettre au consignataire de la marchandise (correspondant du transitaire). Le consignataire sera éventuellement autorisé à remettre le connaissement à l'acheteur, dès l'arrivée des marchandises et après feu vert de la banque. Ceci ne peut se faire que dans un climat de confiance entre vendeur et acheteur.

- Un original du connaissement directement adressé à l'acheteur. Ce dernier exige dans le crédit documentaire que lui soit remis directement, après expédition, un original du titre de transport (généralement le connaissement maritime) sans passer par la voie bancaire. Cet original, même à ordre de la banque émettrice, doit pouvoir lui permettre de préparer le dédouanement import.

ATTENTION

Ces deux derniers procédés ne sont pas conformes à la procédure du crédit documentaire et réduisent d'autant la sécurité que recherche le vendeur *via* cette technique de paiement. En effet, l'acheteur mal intentionné pourrait s'arranger avec un transporteur peu respectueux des règles et usances pour prendre possession des marchandises avant paiement.

Si cet ouvrage a pour objectif de présenter les rouages du commerce international sous l'angle de l'importateur, nous ne saurons conseiller de telles pratiques. Dans le cas de délai de transport court, une autre technique de paiement s'avère être totalement adaptée tout en répondant aux exigences de sécurité des deux parties : la lettre de crédit stand-by développée dans le prochain chapitre.

Avantages du crédit documentaire

▼ **Pour le vendeur**

- Garantie d'être payé 100 % de la valeur si les documents sont conformes.
- Le risque commercial est toujours couvert.
- Le risque politique peut être couvert dans le cas d'un crédit irrévocable et confirmé.
- Lorsque le crédit documentaire est à vue, le paiement peut intervenir dès présentation des documents, indépendamment de la date d'arrivée des marchandises.
- Idéal dans le cas d'un transport maritime, de moyenne et longue durée.
- Technique de grande précision et universelle puisque fondée sur des règles et usances édictées par la Chambre de Commerce internationale.
- Protection juridique.

▼ **Pour l'acheteur**

- Il ne paiera qu'après expédition des marchandises conformément à ses instructions (modalités, délais, exigences documentaires…).
- En cas de non-respect de ses instructions, il est en position de force pour négocier une remise, une prorogation d'échéance…

EXEMPLE

Un acheteur commande un conteneur complet en FOB Taipei. Il négocie le fret et les délais avec la compagnie maritime française CGM-CMA. Or, le fournisseur taiwanais remet la marchandise à une compagnie maritime taiwanaise qui pratique des tarifs plus élevés. Les banques constatent bien évidemment l'irrégularité et émettent des réserves au paiement. L'acheteur est en position de force pour réclamer une réduction de prix avant de lever les réserves et accepter le paiement.

Inconvénients du crédit documentaire

▼ **Pour le vendeur**

- Procédure complexe et lente : trop de documents exigés, trop de dates butoirs, formalisme rigoureux.

- Inadapté aux Incoterms® EXW, FCA usine et à ceux permettant une livraison à domicile car le client entre en possession des marchandises avant de payer. Inadapté aux Incoterms® D, car le fournisseur doit attendre de livrer au point convenu dans le pays de l'acheteur pour récupérer la preuve de livraison à remettre en banque pour paiement. Rappelons que le vendeur dispose de 21 jours maximum à partir de la date portée sur le document de transport pour remettre les documents en banque.

- Les commissions bancaires peuvent être élevées lorsque les aléas sont nombreux. À éviter pour des commandes inférieures à 15 000 €.

▼ **Pour l'acheteur**

- Inadapté lorsque la durée du transport est courte : les marchandises arrivent avant les documents, obligeant le client à demander une lettre de garantie bancaire (surcoût bancaire).

- Mêmes commentaires que pour le vendeur au niveau des frais bancaires qui peuvent s'avérer élevés.

- Dans la mesure où la banque émettrice couvre le risque commercial sur l'acheteur, elle peut être amenée à demander des garanties à son client comme le blocage d'une partie des fonds, la fixation d'un encours de crédit documentaire qui ne saurait être dépassé. L'acheteur peut également solliciter plusieurs banques pour une même opération. Il peut par ailleurs essuyer un refus de la part des banques, refus difficile à annoncer à son fournisseur étranger.

- Indépendant du contrat de vente : la présentation des documents conformément aux exigences suffit pour sa réalisation.

ATTENTION

Les banques ne vérifient pas personnellement la réalité de l'opération ou l'état de la marchandise. L'article 5 des RUU 600 stipule : *«les banques ont à considérer des documents à l'exclusion des marchandises, services et/ou autres prestations auxquels les documents peuvent se rapporter ».*

L'acheteur peut par conséquent recevoir une marchandise non conforme au contrat. Le litige devra être réglé sur le plan commercial. La seule parade est d'exiger une inspection avant expédition.

Coûts

* Commissions bancaires tablées sur des pourcentages calculés en fonction du montant du crédit, de la durée, de la confirmation ou non, avec des minima de perception.
* Les étapes qui génèrent des frais :
  – l'ouverture du crédit documentaire (pour l'acheteur)
  – la notification (pour le vendeur)
  – la confirmation (pour le vendeur)
  – l'amendement éventuel (pour les deux)
  – chaque utilisation du crédit documentaire (pour les deux)
  – les irrégularités (pour le vendeur)
  – les échanges inter-bancaires, les envois express... (pour les deux)
* Si les RUU précisent que tous les frais bancaires sont à la charge du donneur d'ordre, l'usage permet de les répartir. Chaque partie ne paie que les frais générés par la/les banques de son pays. Nécessité pour cela de le négocier au moment de l'offre commerciale. L'acheteur l'indique sur sa demande d'ouverture *« tous les frais bancaires hors de mon pays seront à la charge du bénéficiaire ».*
* Certaines banques proposent des forfaits d'environ 160 € pour l'ouverture et la première utilisation du crédit documentaire.
* L'acheteur qui utilise fréquemment cette technique peut négocier les conditions avec sa ou ses banques émettrices.

Exemple de demande d'ouverture de crédit documentaire

Chaque banque propose son formulaire. L'acheteur peut également transmettre ses instructions sur papier en-tête de sa société ou par tout autre moyen électronique.

Détails Généraux

Système Id:	LC0611075680
Date de Demande:	27/11/2006
Date de Validité:	30/03/2007
Lieu de Validité:	IN BENEFICIARY'S COUNTRY

Donneur d'Ordre

Nom:	ABC IMPORT
Adresse:	France
Référence:	500E

Bénéficiaire

Nom:	XYZ EXPORT
Adresse:	Chine
Référence:	

Détails sur le Montant

Forme du Crédit:	Irrévocable Non Transférable
Instructions de Confirmation:	Sans Confirmation
Montant du Crédit:	USD 21 830,00
Variation:	
Tolérance (+):	5 %
Tolérance (-):	5 %
Frais d'Emission:	Donneur d'Ordre
Frais Correspondant:	Bénéficiaire

Détails sur la Réalisation

Crédit Réalisable auprès de

Nom:	ADVISING BANK
Crédit Réalisable par:	Paiement Différé
Détails:	30 JOURS REMISE DOCUMENTS

Détails sur le Transport

Lieu de Départ:	FUZHOU
Lieu de Destination:	MARSEILLE
Expéditions Partielles:	Interdites
Transbordements:	Interdits
Date Limite d'Expédition:	28/02/2007
Incoterm:	CIF

Détails Banques

Banque Emettrice

Nom:	LCL - US CREDOCS LYON

Narratifs

Marchandises

QTY: TAILLE S:50-TAILLE M:150-TAILLE L:300-TAILLE XL:600-TAILLE
XXL:600-TAILLE 3XL:150 = TOTAL 1850PCS

Documents Requis

1°COMMERCIAL INVOICE IN 1 ORIGINAL AND 4 COPIES
2°PACKING LIST IN 1 ORIGINAL AND 3 COPIES
3°FULL SET OF ON BOARD MARINE BILLS O LANDING MADE OUT TO ORDER
OF ████FRANCE WITH FULL ADDRESS NOTIFY SAME SHOWING FREIGHT
PREPAID
4°INSURANCE CERTIFICATE/POLICY IN NEGOTIABLE FORM ISSUED TO
ORDER AND BLANK ENDORSED? COVERING ALL RISKS AND LOSS, MARITIME
AVERAGE, AND THEFT DESTRUCTION FOR 110 PER CENT OF CIF VALUE OF
GOODS.
5°CERTIFICAT OF ORIGIN IN 1 ORIGINAL

Conditions Supplément.

THE DOCUMENTS ISSUED BYE THE BENEFICIARY MUST BE IN THE LANGUAGE
OF THE CREDIT

Délai de Présentation

21 DAYS AFTER ISSUANCE OF THE
TRANSPORT DOCUMENT BUT WITHIN TEH
VALIDITY OF THIS CREDIT

Conseils pour la demande d'ouverture du crédit documentaire

- Respecter les conditions négociées avec le fournisseur en amont afin d'éviter des amendements.
- Donneur d'ordre et bénéficiaire : bien soigner les noms et coordonnées.
- Type de crédit documentaire : tel que négocié, en général, irrévocable. Tant que le risque politique sera considéré faible sur la France, il sera inutile de le faire confirmer par la banque notificatrice étrangère.
- La banque notificatrice : le vendeur peut demander qu'il s'agisse de sa propre banque. La décision revient à la banque émettrice qui acceptera ou préférera travailler avec son correspondant dans le pays du fournisseur.
- Date d'expiration (validité) : l'acheteur veillera à réduire le délai entre la date d'émission et la date de validité afin de limiter les commissions bancaires, tout en laissant une certaine marge de manœuvre au fournisseur.
- Lieu d'expiration : lieu de présentation des documents par le fournisseur. La pratique veut qu'il s'agisse des guichets d'une banque dans le pays du bénéficiaire.
- Modalités de règlement : telles que négociées avec le bénéficiaire.
- Expéditions partielles : l'acheteur peut les interdire au motif qu'il a négocié de bons prix de transport pour une expédition complète. Par ailleurs, il y aura autant de présentations de documents que d'expéditions partielles, générant des coûts bancaires pour les deux parties.
- Transbordement : changement de moyen de transport en cours de route. Exemple, changement de navire. Dans le cas de contingents ou de préférences tarifaires, les douanes européennes exigent le transport direct, sans transbordement. À interdire dans ce cas, à moins de pouvoir le justifier.
- Instructions de transport : en fonction de l'Incoterm® négocié, l'acheteur peut chercher à imposer le port de départ, d'arrivée, la compagnie maritime, l'itinéraire…
- Les documents à exiger :
  - Outre les incontournables que sont : facture, note de colisage et titre de transport, il convient de s'en tenir aux documents requis pour les besoins du paiement, du passage en douane (si importation de pays tiers) et la conformité des marchandises au cahier des charges. Ne pas exiger des documents inutiles qui alourdiraient la procédure.
  - Les documents et instructions liés au transport : veiller à demander des documents correspondant à l'Incoterm® et au mode de transport utilisé : connaissement maritime « à bord » pour un achat FOB, LTA pour l'aérien, CMR pour le routier… certificat d'assurance dans le cas d'un achat CIP ou CIF, mention de « fret payé » ou « fret payable à destination » selon l'Incoterm®. Toute anomalie provoquerait des amendements longs et coûteux.
  - Dans le but de préparer le dédouanement et la livraison finale, l'acheteur ne doit pas hésiter à réclamer un avis d'expédition dans les 48 ou 72 heures de l'expédition.
- Les frais bancaires : les RUU 600 mettent tous les frais et commissions bancaires à la charge de… l'acheteur ! La pratique veut toutefois qu'ils soient répartis entre vendeur et acheteur. Pour ce faire, l'acheteur n'oubliera pas de le préciser dans sa demande.

Conseils pour la demande d'ouverture du crédit documentaire (suite)
• Délai accordé au vendeur pour remettre les documents en banque. Par défaut, les RUU laissent 21 jours au bénéficiaire, à partir de la date d'expédition, pour constituer le jeu de documents et les présenter aux guichets de la banque désignée. Précisons que chaque banque dispose de 5 jours pour analyser les documents remis. Si l'on ajoute les délais postaux, les documents risquent de mettre plus d'un mois pour arriver à la banque de l'acheteur alors que la marchandise se trouve déjà au port. L'acheteur peut avoir intérêt à réduire le délai autorisé pour remettre les documents en banque notamment lorsqu'ils ne sont pas compliqués à rédiger ou à obtenir. • La demande d'ouverture de crédit documentaire doit toujours être signée par une personne autorisée vis-à-vis de la banque.

2.6 La lettre de crédit stand-by

Voici la technique de paiement qui devrait gagner du terrain ces prochaines années et détrôner, petit à petit, le crédit documentaire, trop complexe, trop lent et trop cher !

Mécanisme

- La lettre de crédit stand-by est une garantie bancaire à première demande. Elle garantit les obligations d'un donneur d'ordre (l'acheteur) de payer des marchandises ou des services en cas de non-paiement par d'autres moyens.
- Elle consiste en l'engagement irrévocable d'un organisme émetteur d'indemniser son bénéficiaire (le vendeur) lorsque le donneur d'ordre s'avère défaillant.
- Elle est irrévocable, indépendante, documentaire et contraignante. L'organisme émetteur s'engage à payer le bénéficiaire de la LCSB contre remise d'une attestation de non-paiement et de copies des documents commerciaux.
- La lettre de crédit stand-by peut être confirmée par la banque notificatrice ou toute autre banque pour couvrir le risque politique sur le pays acheteur. Inutile toutefois sur la France.
- Elle peut être régie soit par les RUU en vigueur, soit par les *ISP 98* ou RPIS 98 (règles et pratiques internationales relatives aux *stand-by*), mais aussi par la Convention des Nations Unies sur les garanties indépendantes et les lettres de crédit Stand-By de 2001. Précisons que les ISP 98 prévoient la transmission électronique des lettres de crédit stand-by et apportent encore plus de souplesse à la gestion de la stand-by.

Les intervenants

* Identiques à ceux du crédit documentaire. Toutefois, ici l'émetteur n'est pas obligatoirement un organisme bancaire.

Procédure

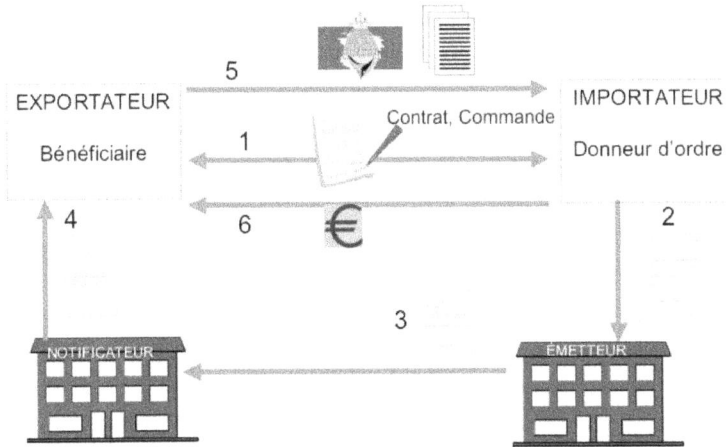

Figure 7 : La lettre de crédit stand-by commerciale prévue
pour un paiement spontané de la part du client

❶ L'acheteur et le vendeur conviennent d'un paiement à une date déterminée avec garantie de paiement par lettre de crédit stand-by. L'acheteur passe commande et reçoit généralement en confirmation une facture *pro forma*.

❷ L'acheteur demande à sa banque d'ouvrir une lettre de crédit stand-by en faveur de son vendeur (bénéficiaire) conformément aux termes de l'opération.

❸ La banque de l'acheteur (banque émettrice) ouvre la lettre de crédit standby, couvrant ainsi le risque commercial sur son client, et la transmet à sa banque correspondante dans le pays du vendeur (exportateur).

❹ La banque correspondante (banque notificatrice) notifie l'ouverture de la lettre de crédit stand-by au vendeur en y ajoutant, le cas échéant, sa confirmation (la banque devient alors banque confirmante, couvrant ainsi le risque politique sur le pays acheteur). Si le vendeur est d'accord avec les termes de la lettre de crédit stand-by, il la conserve en « stand-by ». Il ne la mettra effectivement en jeu qu'en cas de défaillance de paiement de l'acheteur.

❺ **Enfin, le vendeur expédie marchandises et documents directement au client**.

❻ **Hypothèse favorable** : le client, dans la grande majorité des cas, règle son fournisseur à la date convenue. La lettre de crédit stand-by deviendra nulle et non avenue une fois la date de validité échue.

Hypothèse défavorable : le client ne règle pas à l'échéance. Le vendeur mettra en jeu la lettre de crédit stand-by. Il présentera à la banque notificatrice/confirmante les documents requis (au moins une déclaration constatant la défaillance de l'acheteur, éventuellement copie de la facture et du titre de transport prouvant qu'il a bien rempli son obligation de livrer). Le réseau bancaire se charge alors de payer le vendeur et de se retourner contre l'acheteur.

Avantages

▼ **Pour le vendeur**

- Le paiement est la règle. Le non-paiement reste l'exception.
- La LCSB est simple d'utilisation et peut être traitée électroniquement.
- Contrairement au crédit documentaire, finies les heures passées à étudier le « crédoc », à obtenir des amendements, à rédiger les documents conformes, à gérer les réserves…
- Moins de formalisme avec les ISP 98 : l'émetteur dispose de 3 jours pour vérifier les documents. La non-conformité des documents, fautes de frappe et abréviations ne sont pas considérées comme des irrégularités.
- Moins onéreuse que le crédit documentaire si elle n'est pas mise en jeu.
- Particulièrement bien adaptée à la couverture d'un courant d'affaires continu. Exemple : une LCSB pour un encours d'expéditions de 30 000 €/mois.

▼ **Pour l'acheteur**

- La LCSB rend crédible l'acheteur et rassure son vendeur.
- Gain de temps : les documents et marchandises sont remis directement au client.
- Compatible avec les Incoterms® qui permettent une remise des marchandises directement au client (EXW, FCA, CIP, DAP…) et les délais de transport courts.

- Moins onéreuse que le crédit documentaire si elle n'est pas mise en jeu.

- Exceptionnellement mise en jeu (moins de 1 % des opérations).

- Particulièrement bien adaptée à la couverture d'un courant d'affaires continu. Exemple : l'acheteur n'ouvre qu'une LCSB pour un encours d'expéditions périodique.

CONSEIL

Les acheteurs doivent veiller à respecter les dates d'échéance de paiement. En effet, si la LCSB est mise en jeu à juste titre, pour non-paiement ou retard de paiement, cela risque de coûter très cher à l'entreprise importatrice en termes de commissions bancaires !

Inconvénients

▼ **Pour le vendeur**

- Encore méconnue, bien qu'elle gagne du terrain, notamment à l'import en France.

- Garantie de paiement en cas de défaillance de l'acheteur et non pas moyen de paiement.

- Ne peut pas être mobilisée en cas de difficulté de trésorerie contrairement au crédit documentaire.

- L'acheteur peut relier paiement et qualité, obligeant ainsi le vendeur à appeler la garantie.

▼ **Pour l'acheteur**

- La banque émettrice cherchera à obtenir un maximum de garanties de la part de son client avant de s'engager dans le cadre d'une LCSB. En effet, en cas d'insolvabilité de l'acheteur, la banque émettrice court un risque financier plus grand en raison notamment de l'absence de droit de gage sur la marchandise, contrairement au crédit documentaire.

- L'acheteur doit bien conserver la preuve du paiement pour se prémunir d'une mise en jeu abusive.

- L'éventuel refus de paiement ne peut pas être motivé par un problème de qualité ou de sinistre transport. Ceci sera réglé en dehors de la garantie bancaire.

Coûts

▼ **Pour le vendeur**

 * Commission de notification de la LCSB, variable selon les banques notificatrices, dans ce cas étrangères.

▼ **Pour l'acheteur**

 * Commission d'ouverture de LCSB, variable selon les banques en fonction des risques et du contexte commercial. En France, environ 130 €.

CONSEIL

Face à un fournisseur qui souhaite garantir le paiement de sa créance, l'acheteur a tout intérêt à négocier une lettre de crédit stand-by au détriment du crédit documentaire, plus cher et plus long à traiter. La LCSB permettra par ailleurs une livraison directe des marchandises. Cette technique est en plein essor et les banques françaises l'acceptent volontiers. Reste à convaincre fournisseurs et banques étrangères de « sortir du tout crédoc ».

EXEMPLE

Lettre de crédit stand-by

Le 23/08/2010
De : Banque Française
A : Banque Espagnole

Nous émettons une lettre de crédit stand-by irrévocable et non cessible n° 123456789 soumise au RUU 600.

D'ordre : DOMOPLUS France

Faveur : DULCES EXPORT Espagne

Montant : EUR 100 000 soit cent mille euros

Garantissant la bonne exécution des obligations de paiement du donneur d'ordre résultant du contrat ayant pour objet l'approvisionnement en produits alimentaires espagnols des entrepôts de Lyon.

Utilisable par paiement à vue contre présentation à nos caisses des documents ci-après désignés :

• certificat du bénéficiaire libellé comme suit : « nous certifions que nous avons rempli toutes nos obligations relatives à la vente et à l'expédition des marchandises faisant l'objet de la/les factures dont copie ci-jointe, et que nous n'avons pas reçu le règlement y afférent du montant de EUR 100 000 dont la date d'exigibilité était le ..... »,
• copies signées de la/les factures commerciales impayées,
• copie du/des documents de transport.

Paiements partiels autorisés.

Validité 30 août 2011 à nos caisses.

La remise des documents présentés plus de 21 jours après l'expédition est autorisée mais dans la validité de cette lettre de crédit stand-by.

Veuillez nous adresser les documents en un seul courrier DHL.

Modalité de remboursement : sous avis Swift de 2 jours ouvrés nous créditerons votre compte.

Toutes questions non réglées par les RUU 600 seront soumises au droit français et toute difficulté résultant de la présente L/C Stand By ou de son exécution relèvera de la compétence exclusive des tribunaux du ressort de la cour d'appel de Lyon.

Veuillez accuser réception de cette L/C Stand by.

Recevez nos salutations.

Département International de la Banque Française.

CONSEIL

Pour éviter une mise en jeu abusive de la part du fournisseur, l'acheteur peut négocier une clause d'amortissement qui consiste à être informé de l'appel de la garantie. Cela lui permet d'apporter la preuve, le cas échéant, que le paiement a bien été effectué par un avis de débit de son compte.

2.7 Les crédits documentaires spéciaux

Nous vous présentons pour mémoire d'autres formules qui peuvent convenir à l'acheteur en fonction des opérations effectuées. Ces solutions sont à mettre en place avec les organismes bancaires.

Le crédit documentaire transférable

Il est très utilisé dans les opérations de négoce international où l'acheteur ne travaille pas directement avec le fabricant ; également lorsque l'exportateur, partenaire de l'acheteur, n'est pas le seul fabricant du produit et qu'il fait appel à des sous-traitants.

Le crédit transférable permet au premier bénéficiaire de demander à la banque autorisée de transférer le crédit en totalité ou en partie, à un ou plusieurs tiers.

Au moment de payer l'intermédiaire (le premier bénéficiaire), la banque notificatrice transférera les sommes dues aux sous-traitants, en ne versant à l'intermédiaire que le solde de l'opération, constituant généralement sa marge bénéficiaire.

Pour l'acheteur, la procédure est très simple, puisqu'il suffit de cocher la case « transférable » sur la demande d'ouverture du crédit documentaire. Les commissions bancaires de transférabilité seront prises en charge par le premier bénéficiaire.

Le crédit adossé ou *back to back*

Les situations sont identiques à celles du crédit documentaire transférable : le vendeur obtient les marchandises auprès d'un autre fournisseur avant de les revendre à l'acheteur final. Or, il peut arriver qu'il y ait impossibilité de mettre en place un crédit documentaire transférable (acheteur ne devant pas connaître l'existence de sous-traitants, conditions d'achat très différentes des conditions de revente par exemple).

Dans ce cas, le premier partenaire de l'acheteur peut recourir à un crédit adossé *(back to back)*. L'opération se fait à l'insu de l'acheteur qui ouvrira un crédit documentaire « normal » en faveur de son vendeur (l'intermédiaire).

L'intermédiaire, en tant que bénéficiaire du premier crédit, l'offre à la banque notificatrice en « garantie » de l'émission d'un second crédit en faveur de son propre fournisseur.

Il y aura par conséquent émission de deux crédits documentaires distincts. Le premier étant « adossé » au second.

Les frais de commissions bancaires sont en rapport avec la complexité du montage, qui seront bien entendu à la charge de l'intermédiaire et de son fournisseur.

Le crédit red-clause

Ce crédit est ainsi appelé parce que cette clause était à l'origine reportée à l'encre rouge sur les lettres de crédit émises par les commerçants britanniques.

Lors d'une transaction internationale, les fournisseurs ont parfois besoin d'engager des sommes importantes pour fabriquer, produire. C'est le cas dans les grands contrats de biens d'équipement, de constructions d'usines clés en main, dans le commerce des denrées et des matières premières par exemple.

Le crédit documentaire « *red clause* » autorise les banques en jeu à effectuer une avance de fonds au bénéficiaire avant l'expédition des marchandises ou la remise finale du produit, sur simple engagement écrit de produire ultérieurement les documents stipulés dans ce crédit.

C'est au moment de l'ouverture que le donneur d'ordre doit informer la banque émettrice de son intention de faire bénéficier l'exportateur d'une avance imputable sur le montant du crédit. Le crédit documentaire indiquera « *Attention Red Clause* » et la durée de validité est bien plus longue que les crédits normaux puisque les fonds sont débloqués avant la remise des marchandises.

Les surcoûts bancaires sont à la charge du bénéficiaire.

Le crédit revolving

C'est un crédit documentaire qui se renouvelle automatiquement à chaque utilisation par le bénéficiaire.

Ce type de crédit est mis en place dans le cas d'approvisionnements récurrents de marchandises du même type. Il évite la création d'un nouveau crédit documentaire à chaque expédition, simplifiant d'autant le travail administratif de l'acheteur.

Le mot « *Revolving* » apparaît en toutes lettres sur la demande d'ouverture et sur tous les documents relatifs au crédit documentaire. L'acheteur doit bien entendu autoriser les expéditions partielles, préciser le cadencement des expéditions et les conditions de renouvellement.

EXEMPLE

Crédit documentaire ouvert pour 1 000 000 € revolving mensuellement 5 fois. Montant final autorisé 6 000 000 € – Validité 12 mois à compter de la date d'émission.

En termes de coûts, l'acheteur n'aura à payer qu'une seule émission de crédit documentaire. Toutefois, les banques s'engageant sur des montants et des durées plus importants, les commissions d'ouverture ne seront pas forcément moins élevées que dans le cas de plusieurs crédits documentaires relevant de la même transaction.

L'acheteur ne doit toutefois pas négliger le gain de temps (et d'argent) en traitement administratif de l'opération.

3 CLASSEMENT DES TECHNIQUES SELON LE RISQUE ENCOURU PAR LE FOURNISSEUR

Les techniques de paiement à l'international sont classées selon l'intensité du risque encouru par le fournisseur.

Tableau 24 : Le classement des techniques de paiement à l'international

Lorsque le risque commercial sur le client est faible pour le vendeur...

Paiement après réception des marchandises, par virement Swift de préférence. L'idéal pour tout acheteur, mais… très difficile à négocier lors des premières transactions, sauf à bénéficier d'une excellente notoriété commerciale et financière.

Remise documentaire avec traite à échéance. Cette formule permet à l'acheteur de récupérer la marchandise contre une simple acceptation de traite à échéance. Ici, l'exportateur n'a aucune garantie d'être payée à l'échéance, sauf à exiger que la traite soit avalisée par la banque de son acheteur.

Remise documentaire contre paiement à vue. Bon compromis. L'exportateur fait un pas vers son acheteur en lui expédiant la commande avant d'être payé. En revanche, ce dernier ne pourra récupérer la marchandise auprès du transporteur qu'après avoir effectué le règlement auprès de sa banque. Quid des marchandises non conformes à la commande ? Se diriger dans ce cas vers la lettre de crédit stand-by.

Contre-remboursement *via* le prestataire de transport. Paiement à la livraison contre remise d'un chèque de banque au chauffeur. Cette formule ne permet pas de payer à échéance.

Lettre de crédit stand-by. Le fournisseur veut être sûr d'être payé. L'acheteur veut être sûr de recevoir la bonne marchandise avant de payer. La lettre de crédit stand-by est la meilleure solution pour lever ce dilemme. S'agissant d'une garantie bancaire en cas de non-paiement, elle permet à l'acheteur de recevoir la marchandise avant de payer et au fournisseur d'avoir l'assurance d'être payé en cas de défaillance de son client. Les formalités sont simples et moins coûteuses qu'un crédit documentaire.

Le crédit documentaire irrévocable. Inutile de le faire confirmer sur la France. Cette technique a de tout temps été considérée comme la meilleure sécurité de paiement pour le vendeur qui a l'assurance d'être payé à l'échéance convenue, dès remise en banque des documents conformes aux exigences de l'acheteur. Or, toute la difficulté réside dans la bonne rédaction de ces documents, exposant le fournisseur à un risque de désengagement bancaire à la moindre irrégularité et le rendant tributaire du bon vouloir de l'acheteur. Quant à l'acheteur, si les documents sont conformes, la banque paiera avant même qu'il n'ait reçu les marchandises. Si les documents ne sont pas conformes et qu'il refuse de lever les irrégularités, l'acheteur n'accédera pas aux marchandises…
Pour fluidifier le flux logistique, alléger le travail administratif et… les frais bancaires… la lettre de crédit stand-by apparaît comme étant le meilleur compromis pour satisfaire les deux parties.

…lorsque le risque commercial sur le client est très fort pour le vendeur…

Paiement d'avance, partiel ou total.
Les exportateurs tentent autant que faire se peut d'obtenir des paiements d'avance. Les importateurs résistent autant que faire se peut à ces exigences ! Lorsqu'il n'a pas le choix, la parade consiste pour l'acheteur à demander une garantie de restitution d'acompte en cas de défaillance… du fournisseur !

À RETENIR

- Pour payer ses fournisseurs, l'idéal est de négocier un paiement par virement bancaire **après** réception des marchandises.
- Mais il y a de fortes chances que le fournisseur étranger cherche à couvrir le risque d'impayé sur l'acheteur.
- Lorsque le paiement d'avance, partiel ou total, est inévitable, négocier une garantie bancaire de restitution d'acompte en cas de défaillance du fournisseur.
- D'autres solutions sont envisageables pour assurer le fournisseur du bon paiement de sa créance. Elles utilisent le réseau bancaire, permettent à l'acheteur de ne payer qu'après expédition des marchandises, mais ne permettent pas d'en disposer avant le paiement ou l'engagement de payer :
  – paiement par remise documentaire ou *cash against documents*,
  – paiement par remise documentaire à échéance ou *cash against acceptance*,

– paiement par crédit documentaire (communément appelé lettre de crédit), à vue ou à échéance.

- Une solution qui garantit le fournisseur du bon paiement de sa créance *via* le réseau bancaire et qui permet une livraison des marchandises directement à l'acheteur : la lettre de crédit stand-by ou *stand-by letter of credit*.

- Attention aux frais que ne manqueront pas de générer ces techniques de paiement utilisant le réseau bancaire. À intégrer dans le prix de revient Import.

Chapitre 13

Couvrir les risques financiers

Dans le chapitre précédent, nous avons développé le paiement du fournisseur et notamment, les techniques qu'il tentera de négocier pour couvrir le risque d'impayé sur l'acheteur. En dehors de ces techniques, les exportateurs ont à leur disposition une riche palette d'aides, subventions, assurances pour couvrir l'ensemble des risques qu'ils courent à l'exportation : de la subvention régionale pour aider la PME à pénétrer les marchés étrangers, à l'affacturage pour l'assister dans le recouvrement de créances, en passant par l'assurance-prospection pour couvrir le risque d'échec, etc. La liste serait trop longue et ferait trop de peine aux importateurs !

Alors l'acheteur, à défaut d'obtenir des subventions et des assurances, va tenter d'obtenir… des délais ! Délai de paiement de la part de son fournisseur, délai pour « renflouer les caisses » de la part de sa banque. En effet, comment faire coïncider les entrées et les sorties lorsque le fournisseur étranger exige un paiement comptant et que les clients français pratiquent le « 60 jours date de facture » ! Reconnaissons que la loi de Modernisation de l'Économie de 2009 a apporté quelque amélioration dans les délais de paiement.

1 COMMENT SE PROCURER DE LA TRÉSORERIE ?

Il convient de distinguer l'entreprise qui éprouve des difficultés financières passagères et a rapidement besoin de fonds pour faire face à ses échéances, de l'entreprise en bonne santé qui cherche simplement, par souci de saine gestion, à tirer meilleur profit des techniques de financement à sa disposition.

Les solutions proposées par les établissements bancaires sont variées et adaptées à chaque situation. Il s'agit essentiellement de prêt à l'entreprise, de découvert autorisé, sans oublier les avances d'argent sur les créances détenues par l'entreprise sur ses clients locaux et étrangers :

escompte de traite, bordereau Dailly, affacturage, mobilisation de créances nées à l'étranger… Il est nécessaire d'étudier et chiffrer chacune des possibilités car ces facilités ont bien entendu un coût.

En dehors des possibilités de financement proposées par les banques, les solutions se trouvent peut-être du côté du fournisseur lui-même.

ATTENTION

Les primo-importateurs se laissent régulièrement surprendre par les coûts induits : coûts bancaires, de transport ou de formalités douanières. Il est impératif d'anticiper. Bâtir un budget de trésorerie est essentiel afin de prévoir le solde des flux financiers mensuels et ne pas être surpris par un gros découvert. Cela participe d'une bonne gestion et sera apprécié du banquier qui sera plus conciliant. Les frais financiers seront par ailleurs plus faciles à évaluer.

---

2 QUELS SONT LES CRÉDITS MIS EN PLACE PAR LE FOURNISSEUR ?

En tant qu'exportateur, le fournisseur est à même de bénéficier de crédits de la part de sa banque ou d'organismes d'assurance-crédit.

Dans le cadre d'un crédit « fournisseur », ce dernier consent des délais de paiement à son acheteur puis mobilise sa créance auprès de sa banque, moyennant agios et commissions bancaires.

Dans le cadre d'un crédit « acheteur », le crédit est accordé directement à l'acheteur par la banque du fournisseur. La banque paie directement le fournisseur et signe une convention de crédit avec l'acheteur. Le crédit-acheteur fait l'objet de deux contrats distincts et autonomes.

Ces techniques impliquent bien évidemment des commissions et frais bancaires de part et d'autre.

3 QUELLES SONT LES CAUTIONS ET GARANTIES BANCAIRES EN FAVEUR DE L'ACHETEUR ?

Du fait de l'éloignement et des barrières que peuvent éventuellement constituer les différences linguistiques et culturelles, l'acheteur peut se sentir fragilisé dans son acte d'achat. Le recours aux cautions et garanties bancaires peut être une bonne façon de se protéger contre les défaillances de son fournisseur.

Si la finalité des cautions et garanties est la même, il convient de différencier les deux sur le plan juridique. Les deux opérations mettent en jeu un donneur d'ordre (ici le fournisseur), un bénéficiaire (l'acheteur) et une banque qui apporte un engagement.

Le cautionnement est un engagement accessoire au contrat principal et sa mise en jeu peut être contestée par la banque qui se porte caution. Le bénéficiaire (l'acheteur) devra justifier le bien-fondé de son appel. Quant à la garantie, l'engagement de la banque est détaché du contrat principal, ce qui est bien plus risqué pour l'exportateur dans la mesure où la garantie est payable à l'acheteur « à première demande », indépendamment de la non-exécution de l'obligation contractuelle du vendeur.

Tableau 25 : Les cautions et garanties bancaires

Type de caution ou garantie	Utilité	Montant et période de garantie
De soumission ou d'adjudication (*bid bond* ou *tender bond*)	- Atteste le sérieux du soumissionnaire à un appel d'offres. - Permet de garantir l'acheteur, qu'une fois retenue l'offre, l'adjudicataire signe le contrat.	- 1 à 5 % du montant estimé du contrat. - Couvre la période s'étalant de la réponse à un appel d'offres jusqu'à la signature du contrat.
De restitution d'acompte (*advance payment bond*)	- Réclamée par l'acheteur en contrepartie du versement de l'acompte, garantissant ainsi que le marché sera exécuté ou que l'acheteur sera remboursé.	- Généralement 10 à 15 % du montant du contrat. - Elle court de l'entrée en vigueur du contrat jusqu'à la livraison.
De bonne exécution ou de bonne fin (*performance bond*)	- Garantit la bonne exécution d'un marché. - Si le fournisseur est défaillant et qu'aucune solution de substitution n'est proposée, la garantie pourra être appelée.	- Montant variable d'un pays à l'autre. Généralement, 5 à 15 % du montant du contrat. - Elle court de l'entrée en vigueur du contrat jusqu'à la réception provisoire.

Type de caution ou garantie	Utilité	Montant et période de garantie
De dispense de retenue de garantie (*retention money or warranty retention bond*)	- Pour se prémunir contre d'éventuelles imperfections d'exécution, l'acheteur peut retenir une fraction de ses paiements (5 % par exemple). - Cette rétention n'aura pas lieu si le fournisseur s'engage à restituer à l'acheteur une partie du paiement effectué dans le cas où le matériel livré s'avérerait défaillant.	- Environ 5 % du montant du contrat. - Couvre la période de garantie (de la réception provisoire à la réception définitive prévue au contrat).
De découvert local	- Cette caution est parfois exigée auprès de la banque du fournisseur par la banque de l'acheteur lorsque ce dernier a consenti des avances importantes risquant de créer des décalages de trésorerie.	- Le montant dépend du plan de trésorerie. - Couvre toute la durée du chantier ou de l'opération.

EXEMPLE

Spécimen de garantie de restitution d'acompte fournie par le vendeur, délivrée par une banque étrangère en faveur de l'acheteur

Bank Guarantee No.

To:

With reference to Contract No...(hereinafter referred to as the Contract) signed between yourselves and....(hereinafter referred to as the Seller) on....in...covering the sale to you of a....amounting to USD...(say:.....US dollars only), we (Seller's bank), at the request of the Seller hereby open the irrevocable Letter of Guarantee in your favor to the extent of USD... (say:...US dollars only) covering 5% (five percent) of the price mentionned on Article... of the Contract and we hereby undertake with you as follows:

In the event of your notification that the Seller fails to deliver the equipment under the Contract, partially or wholly, when the Buyer has already made the advance payment, we shall, after receipt of your first written notice and through Bank, repay to you unconditionally an amount equivalent to 5% (five percent) of the value of undelivered equipment, together with the simple interest at the rate of 8% (seven percent) per annum.

Our liability under this Letter of Guarantee shall be reduced automatically and proportionally according to the invoiced value of each shipment actually made by the Seller and accepted by the Buyer.

This Letter of Guarantee shall come into force on the date upon its issuance and shall remain valid until the date of Bill of Lading of the last shipment when the Seller has delivered completely the goods.

4 COMMENT SE PRÉMUNIR DU RISQUE DE CHANGE ?

Selon une étude de la Douane française sur les services en 2010, il apparaît que l'utilisation de l'euro est bien entendu largement majoritaire dans les échanges communautaires (95 % des échanges). Son usage est aussi largement répandu en Afrique, Proche et Moyen-Orient. En Amérique du Nord, 50 % des échanges sont libellés en euros. En Asie, les échanges sont facturés pour plus de la moitié en euro et pour un tiers en dollar.

Ainsi, même si l'euro a gagné du terrain, le risque de change fait toujours partie du quotidien des commerçants internationaux.

Pour illustrer le risque de change, prenons l'exemple ci-dessous :

EXEMPLE

Un acheteur dispose d'un budget de 100 000 EUR et passe commande auprès d'un fournisseur américain le 9 février 2010 avec facturation en dollar. Compte tenu du cours à cette date 1 EUR = 1,376 USD, la commande s'élève à 137 600 USD. Or, le paiement intervient le 7 juin 2010, date à laquelle l'euro est plus faible (1 EUR = 1,196 USD). La commande lui revient à 115 050 € au lieu de 100 000 € (137 600/1,196). Soit une perte de change de 15 050 € et une augmentation de 15 % par rapport au budget de base. Au moment de la revente du produit il faudra choisir entre réduire la marge commerciale ou augmenter le prix de vente.

Le malheur des uns faisant le bonheur des autres… comment concilier exportateurs et importateurs ? Lorsqu'il s'agit d'acheter en devises, nous préférons bien entendu un euro fort, mais il surenchérit nos exportations.

Alors pour ne pas subir le risque de change, l'acheteur tente de négocier une facturation en euros. Mais le risque est-il supprimé pour autant ? Il n'est en fait que déplacé… pour être subi dans ce cas par le fournisseur.

Reprenons l'exemple ci-dessus :

EXEMPLE

Si l'acheteur avait réussi à imposer une facturation en euros, lui-même ne court aucun risque. En revanche, pour une commande de 100 000 EUR, le fournisseur prévoit de recevoir 137 600 USD selon le cours de février. Or, à l'échéance, il ne perçoit que 119 600 USD (100 000 × 1,196).

Pour se prémunir d'une fluctuation défavorable, le fournisseur peut être tenté d'introduire une clause de révision de prix ou bien répercuter sur le prix de vente le coût de sa propre couverture du risque de change.

ATTENTION

Dès que plusieurs devises sont en jeu dans une transaction, une des deux parties, voire les deux, doit s'enquérir du risque de change et décider s'il mérite d'être couvert ou non, eu égard à la conjoncture économique et à la devise de facturation.

Lorsque le risque est supporté par l'acheteur, il peut décider de le gérer en interne :

- en « laissant faire » s'il estime que le risque encouru est faible,
- par un achat au comptant des devises et un placement jusqu'à l'échéance, lorsque les cours et les taux lui sont favorables (prêt en devise lorsque l'acheteur a un excédent de trésorerie),
- par une compensation entre les dettes et les créances en devises par l'intermédiaire d'un compte centralisateur, notamment si l'entreprise importe et exporte.

À noter que la COFACE[1] propose les assurances Change Negociation et Change Contrat destinées aux entreprises qui réalisent des courants d'affaires réguliers. La COFACE garantit un cours de conversion constant avec l'euro sur une durée déterminée. Elle permet également d'intéresser

1. COFACE : Compagnie Française d'Assurance pour le Commerce Extérieur.

l'entreprise à une fluctuation favorable de la devise. Ces garanties ne couvrent que le risque de change à l'export…

En conséquence, pour couvrir le risque de change à l'import, l'acheteur doit s'adresser aux établissements bancaires et optera pour l'une des deux techniques phare.

4.1 La couverture à terme

Cette technique permet de fixer à l'avance le cours auquel l'importateur achètera les devises au moment de payer son fournisseur. Elle le prémunit contre l'évolution défavorable de la devise.

La protection peut être mise en place dès que la date de règlement est certaine : à la signature du contrat, à la confirmation de commande ou bien lors de la facturation à échéance par exemple. L'acheteur prend alors contact avec sa banque pour acheter à terme les devises et arrêter le taux. La banque procède comme suit :

- elle emprunte le montant en euros sur le marché monétaire,
- avec cet emprunt, elle achète des devises sur le marché des changes,
- elle les place sur le marché des eurodevises pendant la durée nécessaire,
- à l'échéance du paiement, l'acheteur paie sa banque en euros pour récupérer les devises au cours convenu et payer le fournisseur,
- la banque rembourse alors les euros empruntés.

Les frais de dossier sont faibles. Un coût ou profit supplémentaire viendra s'ajouter et est constitué par le report ou déport communiqué par la banque et correspondant au différentiel des taux d'intérêt entre l'euro et la devise concernée. Le report pénalise l'importateur (perte), le déport est l'inverse, à savoir un gain sur la couverture à terme.

À RETENIR

Cette technique est facile à gérer (un simple coup de fil à son banquier) et d'un coût modique si elle est utilisée à l'échéance convenue, mais l'achat des devises est obligatoire. Il est toutefois possible d'anticiper ou de reporter l'échéance initiale du contrat. La banque appliquera dans ce cas le différentiel de taux d'intérêt entre les devises.

4.2 L'option de change

L'option de change permet également de garantir le cours de change pour une opération à venir mais laisse la possibilité d'utiliser ou non ce cours à l'échéance.

L'importateur achète une option d'achat de devises à un cours déterminé (le prix d'exercice) pour une échéance prévue (la date d'exercice) moyennant le paiement d'une prime.

Lorsque, au moment de payer son fournisseur, le cours de l'euro est supérieur au cours garanti, le détenteur de l'option peut décider de ne pas l'exercer et préférera acheter les devises sur le marché des changes.

Cette option est mise en place par les établissements bancaires moyennant une prime. Elle offre une plus grande exibilité pour profiter de l'évolution favorable du cours de la devise tout en garantissant un cours d'achat. Elle convient aussi bien aux opérations certaines qu'incertaines. L'option peut en effet être revendue si la transaction commerciale est annulée.

À RETENIR

- L'import reste tabou aux yeux du dispositif public et para-public d'aide au commerce extérieur.
- Aucune aide financière n'est proposée aux importateurs, exceptés les... arrangements avec sa propre banque.
- Les primo-importateurs se laissent fréquemment surprendre par les coûts induits par leurs opérations : frais de transport, de formalités douanières, frais bancaires...
- Il est primordial d'anticiper en bâtissant un budget et en négociant les meilleures conditions vis-à-vis de ses fournisseurs et vis-à-vis de ses clients.
- L'acheteur ne doit pas hésiter à négocier avec ses fournisseurs des cautions et garanties bancaires en sa faveur afin de réduire les risques encourus sur le plan financier.
- Il doit si possible payer en euro. À défaut, il doit suivre de près l'évolution du cours de la devise étrangère afin de se prémunir du risque de change.
- L'offre en matière de couverture du risque de change est variée. L'acheteur doit étudier avec sa banque toutes les possibilités qui s'offrent à lui en fonction des risques encourus.

Chapitre 14

Maîtriser les flux multi-partites : opérations triangulaires

Nous avons développé les principaux outils du commerce international sous l'angle de l'acheteur international et dans le cadre de flux d'importations simples : achat auprès d'un fournisseur étranger.

Or, les flux sont souvent plus complexes. En effet, pour fabriquer un produit, l'entreprise se procurera des pièces ou matières premières afin de réaliser un sous-ensemble qui fera lui-même l'objet d'une ouvraison intermédiaire avant obtention d'un produit final. Les différentes étapes de la fabrication peuvent être réalisées en France, en Union européenne ou en pays tiers.

Parallèlement, il peut s'avérer plus intéressant de faire expédier un produit fini directement du site de production vers le destinataire final pour des raisons logistiques évidentes et parfois douanières ; le flux logistique est ainsi direct, mais le flux financier et commercial mettra en jeu une entreprise intermédiaire. Il s'agit des opérations triangulaires.

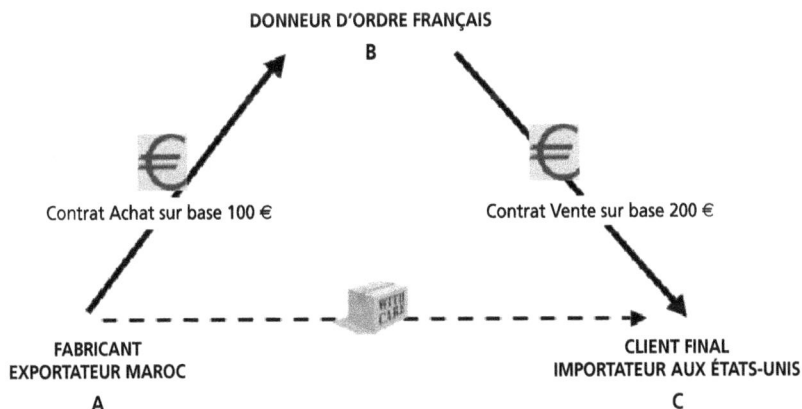

DONNEUR D'ORDRE FRANÇAIS
B

Contrat Achat sur base 100 €   Contrat Vente sur base 200 €

FABRICANT
EXPORTATEUR MAROC
A

CLIENT FINAL
IMPORTATEUR AUX ÉTATS-UNIS
C

Exemple d'opération triangulaire

Quel intérêt ?

- gain de temps : délai de transport raccourci en ne faisant pas passer les marchandises par le donneur d'ordre en France,

- gain d'argent : transport direct – moins de passages en douanes,

- réduction des risques logistiques : moins de ruptures de charge,

- bénéfice d'éventuelles préférences tarifaires entre pays exportateur et pays importateur. C'est le cas dans cet exemple. L'accord USA/Maroc permet au client américain de bénéficier d'une préférence tarifaire qu'il n'aurait pas eue si la marchandise était partie directement de France.

Attention toutefois :

- pour l'entreprise intermédiaire : risque commercial de perte de la relation en direct,

- risques douanier et fiscal : plusieurs pays en jeu, plusieurs parties en jeu, risque de plusieurs réglementations en jeu.

D'où la nécessité :

- De bien choisir, négocier et consigner par écrit les conditions de vente et d'achat : Incoterm® – paiement – flux documentaire entre autres.

- De bien sélectionner ses partenaires logistiques.

- De bien définir et consigner par écrit les exigences et les flux documentaires entre tous les acteurs de la chaîne.

- De veiller à respecter les obligations déclaratives douanières et fiscales.

Quelques conseils pour mener à bien ces opérations :

- Du bon choix des Incoterms® : afin d'éviter une interaction non souhaitée entre A et C, l'idéal est que l'intermédiaire B maîtrise le flux logistique en soumettant le contrat d'achat à un Incoterm® FCA par exemple et en soumettant le contrat de vente à un Incoterm® CIP port d'arrivée par exemple.

- Ceci implique de soigner le choix du commissionnaire de transport qui sera capable de maîtriser les sous-traitants sur toute la chaîne logistique.

- En faisant le choix de maîtriser le transport international, l'entreprise B disposera d'un titre de transport où il apparaîtra en tant qu'expéditeur (*shipper).*

- Il est préférable de laisser les formalités de douanes export au fabricant, réalisées sur la base de la facture de A à B.

- C, quant à lui, établira les formalités de douanes import sur la base du prix de revente. L'entreprise B veillera par conséquent à remettre ses propres documents commerciaux à son commissionnaire de transport afin qu'ils voyagent avec la marchandise et éviter que la facture du fabricant A, faisant état du prix d'achat ne parvienne au destinataire final !

- Attention également aux autres documents émanant éventuellement du fabricant A. L'idéal serait de les faire établir au nom de l'intermédiaire B. L'origine des marchandises reste toutefois bien celle du pays fournisseur. Cette origine permettra, ou non, au destinataire final de bénéficier d'une préférence tarifaire. C'est le cas dans l'exemple donné puisqu'il existe un accord préférentiel entre le Maroc et les États-Unis.

- L'intermédiaire français B facturera HT en portant sur la facture la mention suivante « opération située hors du champ d'application territorial de la TVA française – Article 258 du CGI[1] ». Parallèlement, il veillera à récupérer le justificatif de dédouanement export ou toute preuve alternative justifiant de la réalité de l'opération internationale, à des fins de contrôles fiscaux et/ou douaniers : facture d'achat entre A et B mentionnant « pour livraison à pays C », document de transport du pays A à pays C où B apparaît comme « *shipper* », copie de la déclaration douanière du client américain.

- L'idéal est d'établir de manière très précise et complète les conditions d'achat pour le contrat entre A et B, les conditions de vente pour le contrat entre B et C, les instructions pour le prestataire de transport.

ATTENTION

Ces opérations peuvent engendrer bien d'autres questions liées au point de transfert de propriété, à l'assurance des marchandises transportées, au problème de retour des éventuels défectueux (à qui les renvoyer ?), à la nécessité pour l'entreprise B qui ferait le choix de réaliser les opérations douanières à l'étranger d'être représentée fiscalement dans le pays exportateur ou importateur...

---

1. CGI : Code Général des Impôts.

Les opérations triangulaires sont faciles à gérer lorsque les trois parties font partie du même groupe industriel, mais d'autant plus complexes que le degré d'opacité à préserver entre A et C est élevé. Complexes aussi peuvent être les opérations triangulaires mettant en jeu deux pays de l'Union européenne : s'agit-il d'un flux communautaire à porter sur des DEB ? Que faire lorsque fabricant et destinataire final se trouvent dans le même pays ? Nombreux sont les cas qui ne sont pas traités dans les textes réglementaires et qui nécessitent une interprétation de ceux-ci…

Complexes aussi les cas d'opérations industrielles multipartites : un donneur d'ordre français confiant des composants à un premier sous-traitant qui, après première transformation les remettra directement à un deuxième sous-traitant qui, après deuxième transformation les remettra… etc. !

Ces opérations méritent en amont une revue de projet en présence de tous les acteurs de la chaîne, dont les juristes, les fiscalistes internes. Ne pas hésiter à solliciter l'aide de l'Administration fiscale ou douanière ou de consultants spécialisés.

À RETENIR

Pour fabriquer un produit, il est parfois nécessaire de faire intervenir plusieurs partenaires industriels et commerciaux, sous-traitants, fournisseurs, traders… :

- Étudier finement le flux industriel **avant** de le mettre en place et chercher à l'optimiser au mieux !
- Veiller à limiter le nombre de pays différents entrant dans la fabrication du produit.
- Anticiper l'évolution réglementaire et intégrer les aspects douaniers en amont du projet d'internationalisation !
- L'ensemble des accords préférentiels actuellement en vigueur sont répertoriés sur le site de l'OMC : *regional trade agreements*.
- Attention à l'impact d'une nouvelle origine non CE sur les clients export.

Plus on est de fous… moins on rit ! Multiplication des risques, des coûts logistiques et financiers, complexité des organisations, des procédures, des contrats, plus de difficulté à déterminer l'origine des marchandises…

Troisième partie

ET DE L'ORGANISATION !

Chapitre 15

La gestion administrative à l'import

Le fournisseur est choisi, le produit bien défini, toutes les précautions d'usage prises (contraintes normatives, techniques, douanières, documentaires).

Maîtrisez-vous en interne la chaîne administrative et logistique qui vous permettra d'être livré conformément à votre commande, et dans le délai souhaité ?

Nous vous proposons de détailler la méthodologie de traitement d'une commande auprès d'un fournisseur situé en pays tiers (hors Union européenne) et dans les conditions suivantes :

* commande payable en euros après expédition (hors crédit documentaire et hors paiement d'avance),
* Incoterm® FCA port d'embarquement,
* formalités douanières réalisées par un commissionnaire de transport agréé en douanes.

Tableau 26 : La gestion administrative à l'import

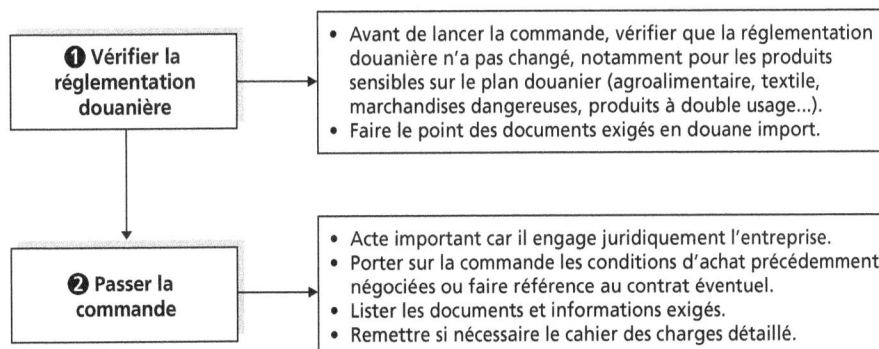

❶ Vérifier la réglementation douanière	• Avant de lancer la commande, vérifier que la réglementation douanière n'a pas changé, notamment pour les produits sensibles sur le plan douanier (agroalimentaire, textile, marchandises dangereuses, produits à double usage...). • Faire le point des documents exigés en douane import.
❷ Passer la commande	• Acte important car il engage juridiquement l'entreprise. • Porter sur la commande les conditions d'achat précédemment négociées ou faire référence au contrat éventuel. • Lister les documents et informations exigés. • Remettre si nécessaire le cahier des charges détaillé.

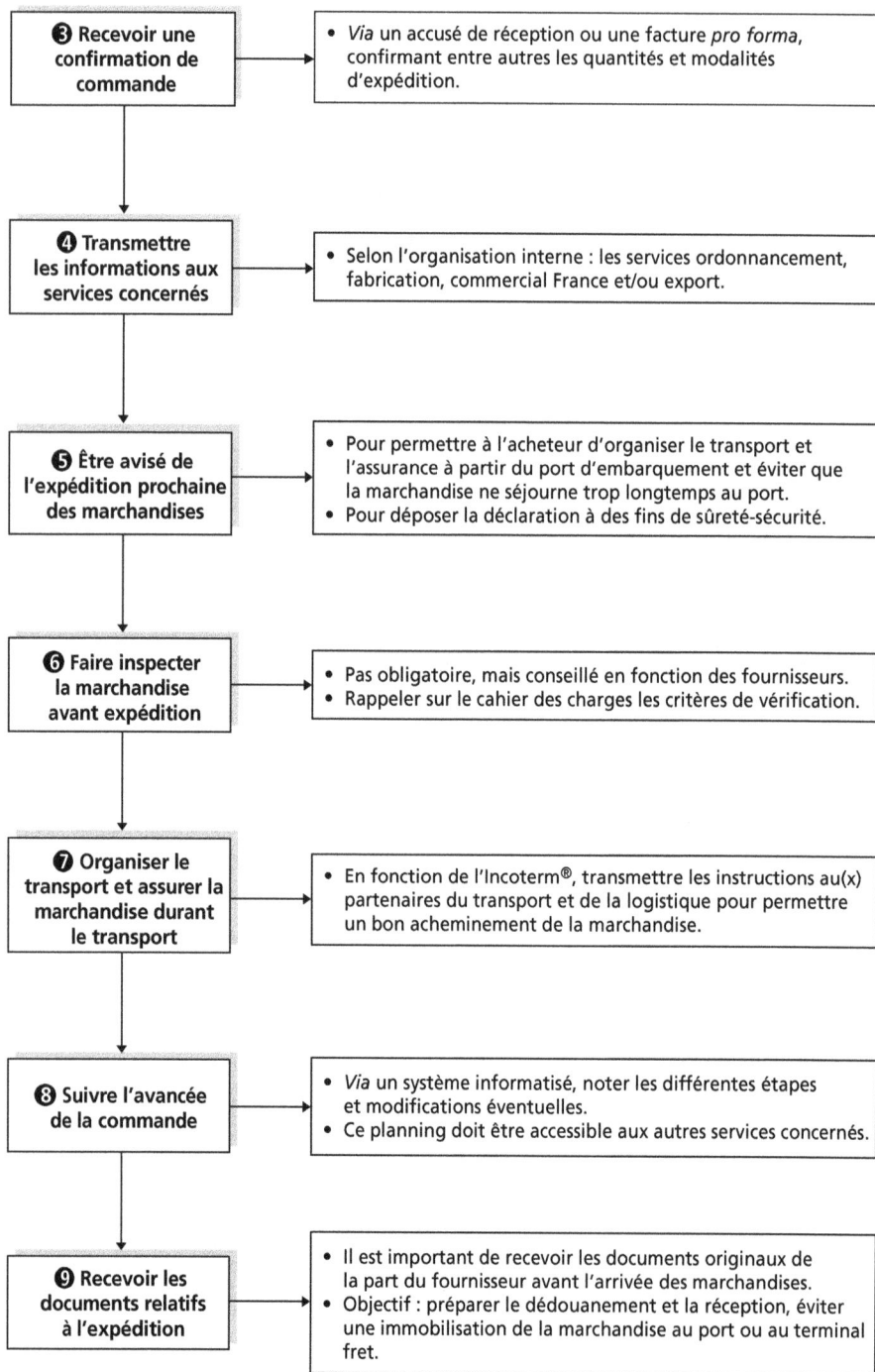

❸ Recevoir une confirmation de commande

- *Via* un accusé de réception ou une facture *pro forma*, confirmant entre autres les quantités et modalités d'expédition.

❹ Transmettre les informations aux services concernés

- Selon l'organisation interne : les services ordonnancement, fabrication, commercial France et/ou export.

❺ Être avisé de l'expédition prochaine des marchandises

- Pour permettre à l'acheteur d'organiser le transport et l'assurance à partir du port d'embarquement et éviter que la marchandise ne séjourne trop longtemps au port.
- Pour déposer la déclaration à des fins de sûreté-sécurité.

❻ Faire inspecter la marchandise avant expédition

- Pas obligatoire, mais conseillé en fonction des fournisseurs.
- Rappeler sur le cahier des charges les critères de vérification.

❼ Organiser le transport et assurer la marchandise durant le transport

- En fonction de l'Incoterm®, transmettre les instructions au(x) partenaires du transport et de la logistique pour permettre un bon acheminement de la marchandise.

❽ Suivre l'avancée de la commande

- *Via* un système informatisé, noter les différentes étapes et modifications éventuelles.
- Ce planning doit être accessible aux autres services concernés.

❾ Recevoir les documents relatifs à l'expédition

- Il est important de recevoir les documents originaux de la part du fournisseur avant l'arrivée des marchandises.
- Objectif : préparer le dédouanement et la réception, éviter une immobilisation de la marchandise au port ou au terminal fret.

⑩ Organiser le dédouanement import et la livraison à domicile	• Transmettre les instructions au commissaire de transport agréé en douane. • Remettre les documents requis : facture, note de colisage, original du connaissement maritime, tout autre document lié au produit, à la réglementation douanière, etc.
⑪ Réceptionner les marchandises	• Fixer le jour et la date de livraison avec le transporteur en accord avec le service réception. • Sensibiliser le personnel des magasins à la vérification des documents de transport et douane, à leur transmission dans les temps au service import, à la procédure à suivre en cas de sinistre durant le transport.
⑫ Diffuser les documents aux services internes concernés	• Le service import se chargera de transmettre les originaux de la déclaration douanière et des factures de marchandises, transport, assurance, etc., au service comptabilité pour paiement. • Classement du dossier.
⑬ Analyser les coûts	• À réception de toutes les factures, saisir, noter ou transmettre au service contrôle de gestion l'ensemble des coûts générés par l'opération pour permettre l'élaboration de statistiques et vérifier la rentabilité de l'opération import.

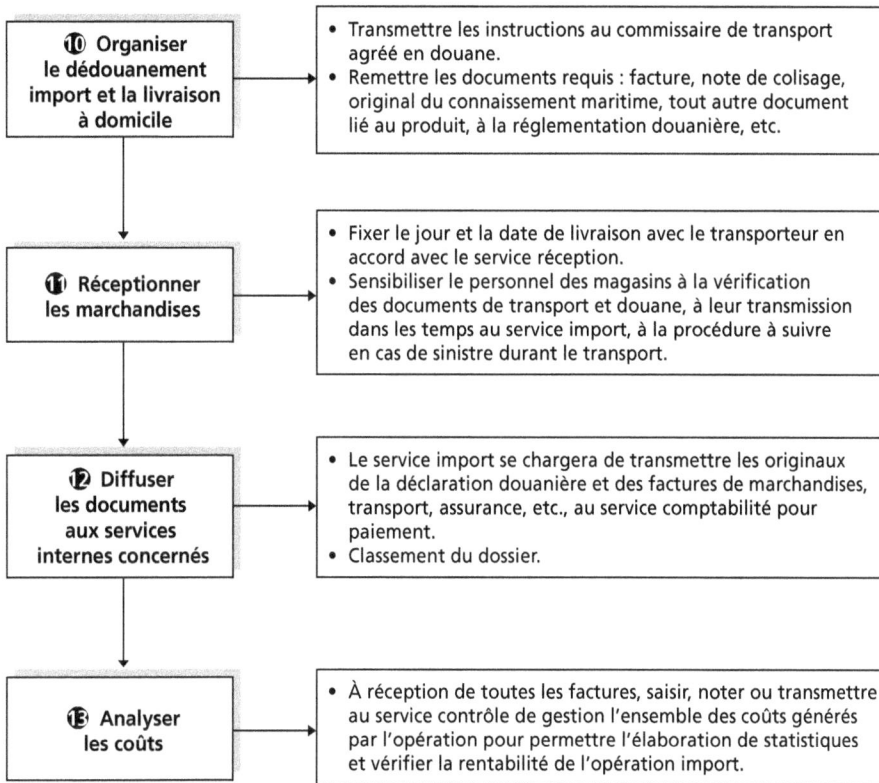

Dès que possible, l'entreprise mettra en place un outil qui, outre l'avantage de résumer l'historique des opérations, s'avère être un véritable outil de gestion dynamique. Il s'agit du tableau de bord des opérations import.

Ce tableau de bord servira l'entreprise pour suivre et contrôler l'activité import. Il sera accessible à tous les acteurs de la chaîne import afin de :

- suivre au quotidien l'avancée des opérations,
- élaborer des statistiques,
- mesurer la performance des fournisseurs et prestataires du transport,
- contrôler l'évolution des coûts induits et la rentabilité de l'opération,
- faciliter l'élaboration des prix de revient,
- alerter l'entreprise d'éventuels dysfonctionnements,
- permettre la prise de décision en matière de choix de fournisseurs, de prestataires de transport, d'optimisation des procédures.

Il n'existe pas de standard de tableau de bord transposable à volonté d'une entreprise à une autre. Chaque entreprise doit le construire en fonction de la nature de son activité, de ses moyens et de ses objectifs.

Le tableau de bord ne doit pas générer de surcroît de travail : bon nombre d'informations sont importables de la facture, de la note de colisage, du fichier fournisseur…

Tableau 27 : Les principales informations du tableau de bord à l'import

- Fournisseur	Code – nom – pays - agent
- Commande	Acheteur – approvisionneur - référence – date commande – nature marchandises – quantités – valeur – devise – expéditions partielles autorisées
- Modalités de paiement	Instrument – Technique – Caution – Échéance
- Conditions d'expédition	Incoterm® – lieu d'expédition – lieu de réception – mode de transport – transporteur – commissionnaire de transport Date de livraison au lieu convenu suivant l'Incoterm® : prévue et réelle Date d'arrivée au port/aéroport/plateforme/ destination selon l'Incoterm® : prévue et réelle Poids – volume – conteneur 20', 40' – X palettes…
- Informations douanières	Principaux codes marchandises – origines – régime douanier
- Inspection avant expédition	Contrôleur – date - résultat
- Facture fournisseur	N° – date – montant et devise – échéance exacte
- Frais de transport en fonction de l'Incoterm®	Préacheminement – transport principal – postacheminement – formalités douanières – droits de douane – assurance – entreposage – divers
- Frais bancaires	Montant et pourcentage de la facture
- Frais annexes	Inspection avant expédition
- Frais imprévus	Amendes douanières – frais d'immobilisation des marchandises – autres aléas de transport
- Contrôle qualité	Délai de transport – délai de dédouanement – conformité des marchandises à la commande (nature – qualité – quantité) – sinistre transport – respect des exigences documentaires
- Justificatif douanier	Reçu – relance – demande de modification éventuelle

- Exigences documentaires. - Cocher si reçu	Facture – note de colisage – titre de transport – certificat d'origine – EUR1 – FORM A – certificats spécifiques à l'entreprise
- Toute particularité due à l'activité de l'entreprise	Pénalités de retard, certificats de réception, de conformité, de qualité, etc.
- Observations	Commentaires libres

CONSEIL

La paperasse vous fatigue ? Informatisez-vous dès que possible et optez pour la dématérialisation.

Les termes « import, transport international, douanes » sont, il faut le dire, synonymes de procédures et formalités documentaires. Selon une étude des Nations Unies réalisée en 1998, le coût annuel du papier dans les opérations de commerce international s'élève à 320 milliards de dollars.

Les documents en jeu ont pourtant tous leur utilité : le connaissement maritime permet de certifier l'embarquement sur le navire, un EUR1 permet d'économiser des droits de douane, un certificat d'inspection permet d'assurer l'acheteur de la conformité des marchandises à la commande, la déclaration douanière permet de prouver que la marchandise n'a pas été introduite en contrebande…

Une bonne méthodologie administrative permet de mener à bien l'opération Import et facilite le quotidien des gestionnaires mais dès que possible, l'acheteur doit informatiser sa gestion administrative et profiter des nouvelles technologies. Si le zéro papier est une utopie, réduire à 24 heures le temps d'élaboration et transmission des documents dans le cadre d'un crédit documentaire par exemple est déjà une réalité.

Les solutions ne manquent pas pour optimiser la gestion administrative et logistique :

- S'informatiser en sollicitant les informaticiens « maison » ou les sociétés de services et d'ingénierie informatiques (SSII).
- Opter pour des logiciels spécialisés de gestion des opérations Import, comme ceux fournis par Conex, Cosmos Consultants, Easy-Log, Sage…

- Utiliser ceux mis à disposition par l'Administration des douanes. DELTA pour les formalités douanières, « la DEB sur Prodouane »...
- Participer à la dématérialisation des déclarations en choisissant E.D.I. (Échanges de données informatisées) qui permet depuis bien longtemps de transmettre des messages reconnus comme originaux.
- Investir, pour les grandes entreprises, dans les solutions d'*e-procurement* et de gestion des approvisionnements (*supply chain management*).

À RETENIR

Pas d'achat international sans une bonne gestion administrative.

Dès que possible :

- tenir un tableau de bord,
- dématérialiser la gestion administrative et logistique.

Chapitre 16

Le service Achat
à l'International

Qu'il soit désigné sous le terme service « Achat International » ou service
« Import », il se charge de mettre en place, organiser et gérer les approvisionnements de l'étranger.

Nous vous proposons ci-après une répartition des tâches entre les acheteurs et les gestionnaires des commandes. Il est évident qu'il n'existe pas
de schéma type encore moins de schéma idéal. Les définitions des fonctions dépendent de la taille de l'entreprise, de l'organisation interne, de
la volonté et l'implication des acteurs.

1 QUELLES MISSIONS REMPLISSENT LES ACHETEURS INTERNATIONAUX ?

Tableau 28 : Les missions des acheteurs internationaux

Politique achats	- Déterminer la politique achat en collaboration avec les dirigeants. - Faire appliquer cette politique en collaboration avec les autres services de l'entreprise.
Technique	- Faire préciser la demande d'achat de la part des demandeurs (et utilisateurs si différents) et élaborer le cahier des charges. - Faire adapter les produits aux normes et autres exigences réglementaires, mettre en place le SAV.
Sourcing	- Répertorier les pays et fournisseurs potentiels. - Évaluer les risques d'achats par fournisseur. - Élaborer les appels d'offres. - Vérifier la faisabilité des projets.

Commercial	- Représenter la société à l'étranger. - Animer les réseaux de correspondants à l'étranger. - Participer ou visiter les salons internationaux.
Juridique	- S'enquérir du sérieux des fournisseurs. - Négocier les conditions générales d'achats, les contrats. - Gérer les litiges éventuels.
Achat	- Anticiper et déterminer les besoins. - Superviser la bonne exécution des commandes.
Logistique	- Superviser la chaîne logistique : transport, assurance, douanes.
Financier	- Analyser et contrôler les coûts d'achat. - S'assurer de la rentabilité de l'opération.
Ressources humaines	- Gérer les équipes, assurer l'actualisation des connaissances.
Qualité	- Élaborer la procédure d'approvisionnement de l'entreprise : uniformiser la démarche en interne et régler les rapports avec les fournisseurs. - Évaluer la satisfaction de l'utilisateur du produit afin de valider le fournisseur.

2 Quelles sont les différentes fonctions de l'administration des achats à l'international ?

Tableau 29 : Les fonctions de l'administration
des achats à l'international

Du projet d'importer	- Répertorier et communiquer aux acheteurs toutes les contraintes techniques, réglementaires, douanières et logistiques.
Fonction administrative	- Gérer l'intégralité de la commande : de la passation à la livraison.
Fonction comptable	- Vérifier les factures fournisseurs et prestataires de la chaîne Import.
Fonction logistique	- Sélectionner le commissionnaire de transport. - Gérer et suivre l'acheminement et le dédouanement des marchandises. - Organiser la réception des marchandises (en temps, en heure, en moyens matériels et humains de manutention, et constater les sinistres).

Fonction financière	- Suivre les règlements, gérer le risque de change. - Traiter les sécurités de paiement (crédit documentaire…). - Répertorier l'ensemble des coûts pour chaque commande pour les besoins du contrôle de la rentabilité.
Fonction juridique	- Traiter les litiges, en collaboration avec les acheteurs et les assureurs/transporteurs.
Fonction acheteur sédentaire	- Assurer les relations fournisseurs en l'absence des acheteurs. - Élaborer les dossiers voyages des acheteurs….

3 DE QUI DOIT DÉPENDRE LE SERVICE IMPORT ?

Avant de créer un service Import *ad hoc*, l'entreprise traitera les nouveaux achats internationaux avec… les moyens du bord !

● Les entreprises qui démarrent à l'international et les primo-importatrices : le pôle « achats domestiques » prend en charge les opérations internationales.

● Les PME déjà exportatrices : une partie du pôle Export « migre » progressivement vers le pôle Import du fait des compétences techniques et linguistiques déjà présentes, en attendant la création d'un service spécifique lorsque le volume des commandes le justifiera.

Lorsque les chiffres d'affaires réalisés à l'international commencent à prendre de l'importance, l'entreprise peut alors créer des pôles achats et ventes bien distincts, s'appuyant généralement sur un service logistique/ douane chargé de gérer et organiser l'ensemble des flux internationaux.

Une question fréquente des entreprises importatrices est : « de qui doit dépendre le service import » ?

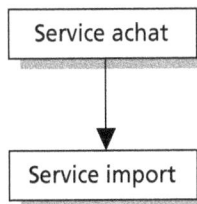

La logique voudrait que les gestionnaires des achats à l'international dépendent du service achats, dans la mesure où il s'agit bien d'acheter des produits, la différence étant que les fournisseurs se situent à l'étranger.

Or, cette fonction requiert des compétences propres aux professionnels de l'international :

- pratique des langues étrangères,
- maîtrise des techniques du commerce international.

C'est la raison pour laquelle, si les acheteurs sont souvent rattachés au service achats, les gestionnaires restent au sein du département International, tout en travaillant en étroite collaboration avec les acheteurs. Ceci est d'autant plus vrai lorsque l'entreprise :

- fait du négoce : achat et revente de marchandises destinées au marché domestique et export également,
- importe des composants et matières premières pour les transformer avant de les réexporter.

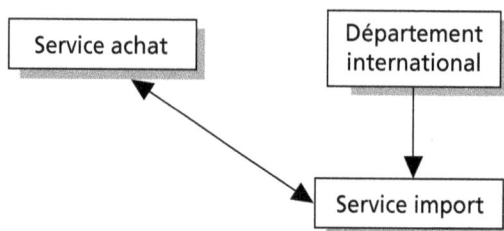

Ces deux situations imposent que les acheteurs, tout du moins les gestionnaires des commandes travaillent en étroite collaboration avec le personnel export.

Dans les petites structures ou bien lorsque le volume d'importations ne justifie pas le recrutement de spécialistes, les gestionnaires des achats France se chargent également de traiter les importations. Si cette polyvalence est fort appréciée dans ces configurations, elle exige d'offrir au personnel chargé des opérations import une solide formation aux techniques du commerce international.

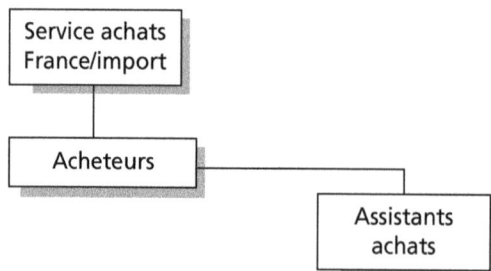

À l'inverse, dans les entreprises réalisant des chiffres d'affaires élevés avec l'international, les volumes à l'import et à l'export sont tels qu'ils exigent de mettre en place un service logistique bien distinct. Ce service logistique se voit confier l'ensemble des flux transportés pour le compte du service export et du service achats. Ce schéma s'impose tout naturellement lorsque l'entreprise bénéficie de surcroît d'une procédure de dédouanement à domicile.

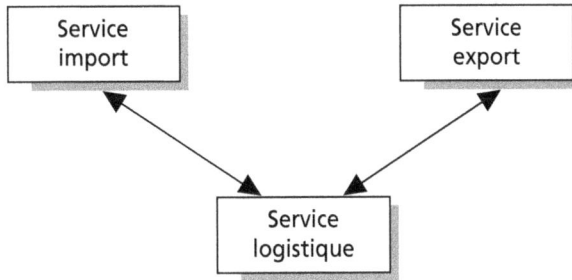

```
  ┌──────────┐              ┌──────────┐
  │ Service  │              │ Service  │
  │ import   │              │ export   │
  └──────────┘              └──────────┘
         ↖                    ↗
            ┌──────────────┐
            │   Service    │
            │  logistique  │
            └──────────────┘
```

4 COMMENT ORGANISER LE SERVICE IMPORT ?

Le service import peut être, au même titre que le service export, organisé selon différents critères. La taille de l'entreprise, la diversité des familles de produits et les spécificités des pays fournisseurs jouent un rôle important dans le choix de l'organisation :

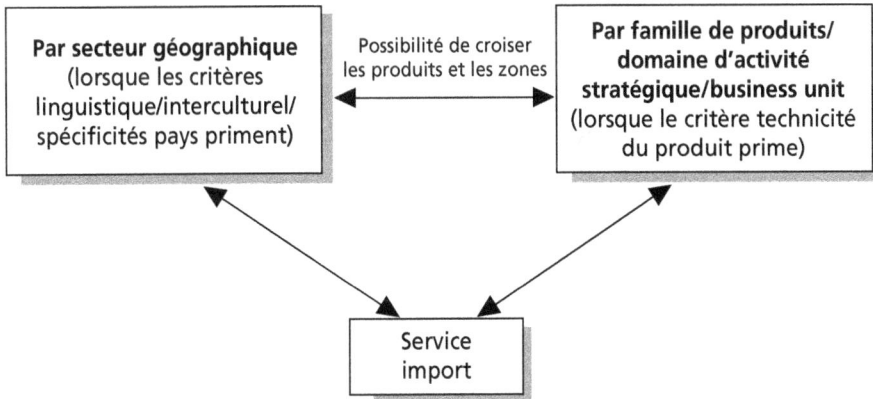

```
┌──────────────────────┐                      ┌──────────────────────────┐
│ Par secteur          │  Possibilité de      │ Par famille de produits/ │
│ géographique         │  croiser les         │ domaine d'activité       │
│ (lorsque les critères│  produits et les     │ stratégique/business unit│
│ linguistique/        │◄──── zones ────►     │ (lorsque le critère      │
│ interculturel/       │                      │ technicité               │
│ spécificités pays    │                      │ du produit prime)        │
│ priment)             │                      │                          │
└──────────────────────┘                      └──────────────────────────┘
              ↖                                  ↗
                      ┌──────────────┐
                      │   Service    │
                      │   import     │
                      └──────────────┘
```

Par ailleurs, il convient de bien penser la répartition du portefeuille fournisseurs entre les acheteurs et approvisionneurs.

Celle-ci se fera en tenant compte :

- des langues étrangères pratiquées,
- du volume de travail par fournisseur,
- du degré de complexité des dossiers (contraintes douanières, sécurités de paiement, fournisseur difficile…),
- des souhaits personnels, dans la mesure du possible (± de commercial ± d'administratif ± de disponibilités).

Les objectifs d'une répartition équitable du portefeuille fournisseurs sont les suivants :

- permettre à chaque gestionnaire de posséder un « fond de roulement » représentant environ 60 % de dossiers récurrents, aisés à traiter, et 40 % de dossiers complexes, requérant des compétences en techniques du commerce international,
- garder la maîtrise des outils et rouages du commerce international,
- faciliter la polyvalence.

Ce dernier point est primordial dans un contexte de réduction du temps de travail, de recherche de flexibilité dans les organisations. Cela passe par :

- la mise en place et l'utilisation d'une même méthodologie de travail entre les personnes du même service,
- l'élaboration de modes opératoires et de fiches d'instructions par fournisseur,
- des échanges entre acheteurs et approvisionneurs au sujet de toute nouvelle procédure pays, des nouveaux cas de figure rencontrés et des solutions retenues.

5 LE SERVICE IMPORT A UN RÔLE D'INTERFACE

La barrière de la langue fait que l'acheteur international qui parle les langues étrangères est souvent l'interlocuteur unique d'un groupe de fournisseurs. Un atout car l'acheteur doit pouvoir centraliser l'information pour que les relations avec les fournisseurs soient harmonisées… et harmonieuses dans le sens où trop d'interlocuteurs (le prescripteur, les techniciens, les logisticiens) pourraient apporter confusion à la relation et à la bonne exécution de la demande.

Si cette « contrainte » linguistique renforce le rôle d'interface de l'acheteur, ce dernier se doit de collecter l'information en provenance des fournisseurs et de la restituer à ses partenaires internes ou externes à l'entreprise.

EXEMPLE

À l'importation, l'Administration des douanes est un important fournisseur d'informations qu'il convient de diffuser pour mener à bien l'opération.

- Un certificat de conformité à de nouvelles normes est exigé ? En informer le service Qualité ou le bureau d'Études... et modifier en conséquence le cahier des charges transmis au fabricant.
- De nouvelles mentions sur les emballages ? En informer le service Marketing pour la modification des films des emballages à fournir au fabricant. En effet, dans la mesure du possible, éviter de confier à un imprimeur étranger le soin de rédiger des textes en français.
- De nouvelles exigences documentaires avec un crédit documentaire ? En informer la personne chargée d'établir la demande d'ouverture du crédit documentaire pour les ajouter sur la liste des documents exigés.
- Une augmentation des droits de douane ? L'application de droits anti-dumping ? En informer l'acheteur en charge du produit et le commercial pour en tenir compte dans la négociation du prix d'achat de la marchandise... et le calcul du prix de revente.

6 LE SERVICE ACHATS ET SES PARTENAIRES AU SEIN DE L'ENTREPRISE

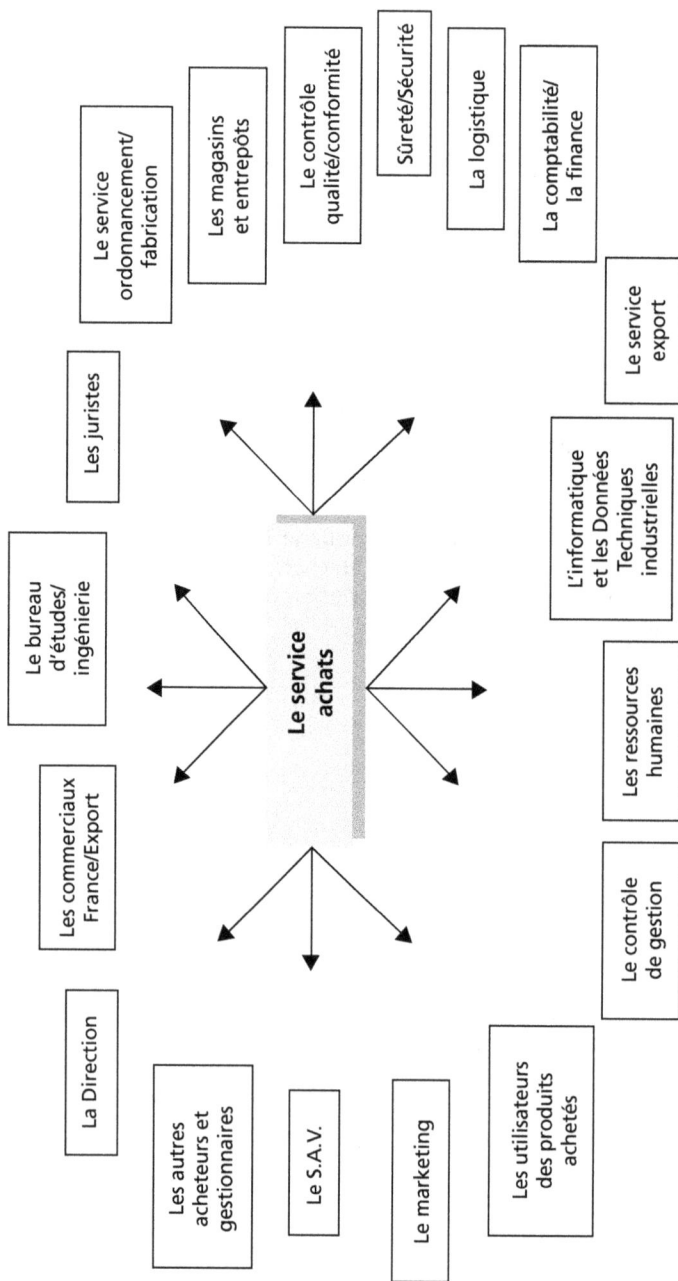

Le service ordonnancement/ fabrication

Les magasins et entrepôts

Le contrôle qualité/conformité

Sûreté/Sécurité

La logistique

La comptabilité/ la finance

Le service export

Les juristes

L'informatique et les Données Techniques industrielles

Le bureau d'études/ ingénierie

Le service achats

Les ressources humaines

Les commerciaux France/Export

Le contrôle de gestion

La Direction

Les autres acheteurs et gestionnaires

Le S.A.V.

Le marketing

Les utilisateurs des produits achetés

7 LE SERVICE ACHATS ET SES PARTENAIRES À L'EXTÉRIEUR DE L'ENTREPRISE

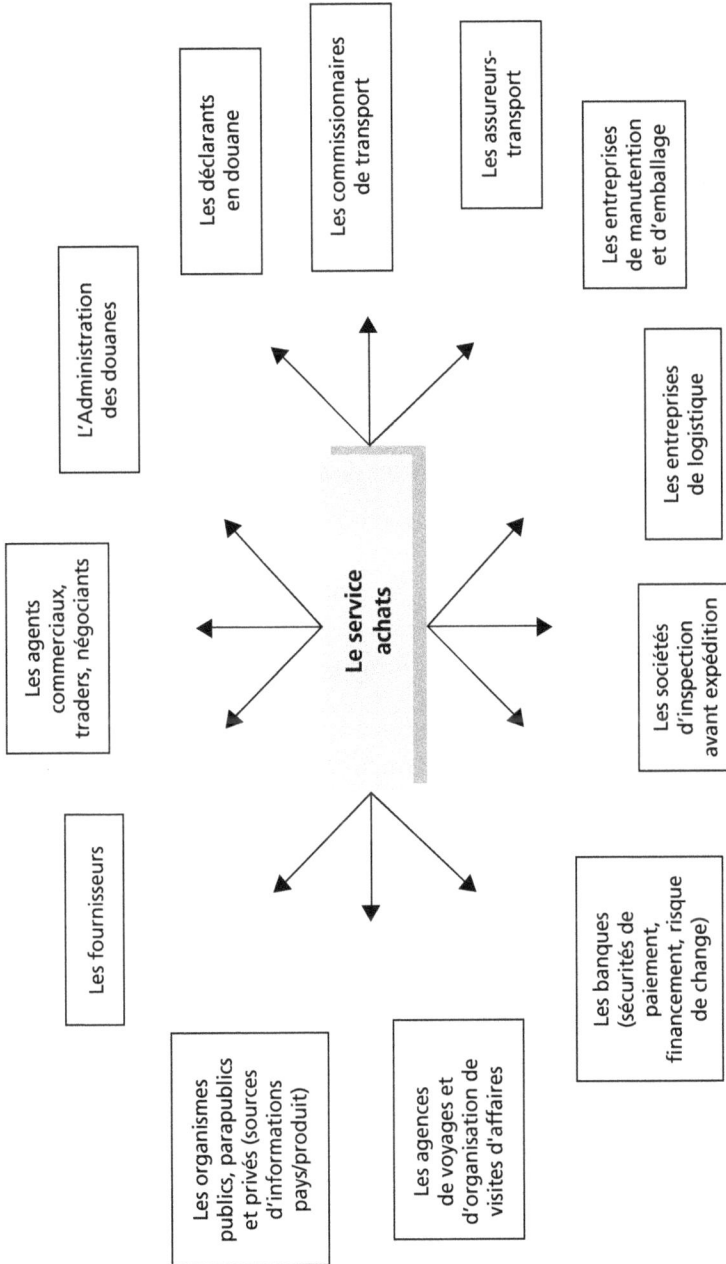

Les déclarants en douane

Les commissionnaires de transport

Les assureurs-transport

Les entreprises de manutention et d'emballage

L'Administration des douanes

Les entreprises de logistique

Les agents commerciaux, traders, négociants

Le service achats

Les sociétés d'inspection avant expédition

Les fournisseurs

Les banques (sécurités de paiement, financement, risque de change)

Les organismes publics, parapublics et privés (sources d'informations pays/produit)

Les agences de voyages et d'organisation de visites d'affaires

8 QUELLES QUALITÉS DOIT AVOIR L'ACHETEUR À L'INTERNATIONAL ?

Nous l'avons déjà dit : on ne s'improvise pas importateur !

Si une formation solide en tant qu'acheteur est essentielle, elle peut s'avérer insuffisante pour exercer le métier d'importateur. Il est primordial pour l'entreprise qui envisage de développer ses approvisionnements de l'étranger de former ses équipes. La formation initiale (diplômante) comme la formation continue (chapitres de quelques jours à quelques mois) lui offrent plusieurs possibilités. Ne pas hésiter à solliciter les écoles de commerce, les universités et les organismes de formation préparant au métier d'acheteur international.

Outre les compétences liées à la fonction achat[1] en tant que telle :
* la compréhension du besoin à combler,
* l'exploration du marché,
* la gestion du service des approvisionnements,
* la négociation des ententes,
* l'analyse des propositions,
* la connaissance et le respect des règles et des lois,
* la capacité à travailler en équipe,
* la capacité de bien gérer son temps,
* la capacité de communiquer,
* l'esprit d'innovation,
* la maîtrise de l'acte d'achat.

L'acheteur international se doit également :
* de maîtriser les outils et techniques du commerce international,
* de maîtriser la pratique des langues étrangères et la communication dans les échanges interculturels,
* de connaître les rouages et la pratique des échanges dans les pays fournisseurs,
* de s'intéresser à la conjoncture internationale, à la géopolitique,
* d'être mobile pour construire des relations de partenariat solides avec les fournisseurs étrangers.

---

1. D'après Paul Fournier et Jean-Pierre Ménard dans « Gestion des approvisionnements et des stocks » chez Gaëtan Morin Éditeur.

9 S'ORGANISER POUR RÉUSSIR SES IMPORTATIONS

Il apparaît clairement que s'approvisionner de l'étranger est un métier à part entière. Les acheteurs, rodés aux rouages de l'achat intra-communautaire et nouvellement « invités » à se tourner vers les *low-costs countries*, l'apprennent souvent à leurs dépens. Or, les enjeux du grand Import sont tels qu'ils ne peuvent s'accommoder longtemps d'une approche improvisée.

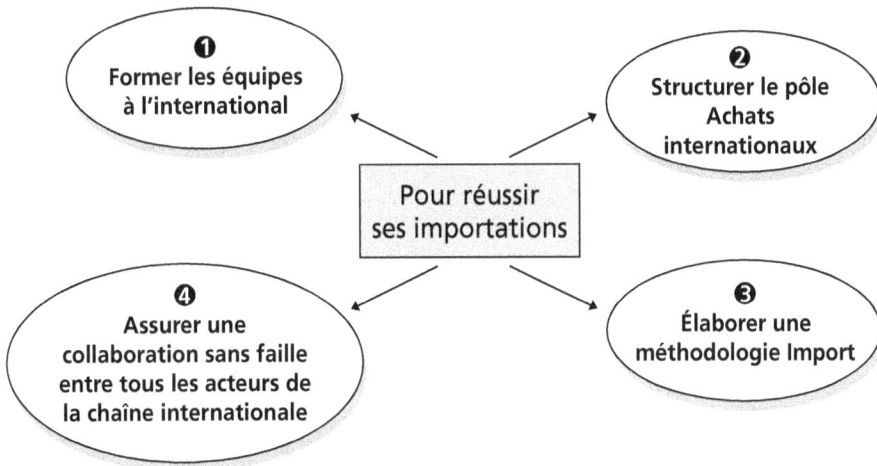

CONSEIL

Si la collaboration est de mise entre acheteurs et approvisionneurs, elle doit désormais également l'être entre le pôle Achats et le pôle Vente. Ces services ne peuvent plus travailler de manière cloisonnée. En effet, l'entreprise qui importe est généralement aussi exportatrice. Il est par conséquent indispensable de créer des passerelles entre les différents acteurs de la chaîne.

À RETENIR

- Définir correctement les fonctions des acheteurs, des approvisionneurs internationaux.
- Décider l'organigramme le plus adapté au contexte de l'entreprise : le service « achats internationaux » peut dépendre du service international, du service achats, du service import...
- Répartir équitablement le portefeuille fournisseurs.

- Le service « achats internationaux » joue un rôle d'interface important au sein de l'entreprise : les partenaires internes et externes sont nombreux et variés.
- Les acteurs de l'achat international doivent, outre les qualités propres à la fonction achat :
  - maîtriser les rouages du commerce international,
  - pratiquer les langues étrangères,
  - connaître les règles de la communication interculturelle,
  - s'intéresser à la conjoncture internationale,
  - être mobile pour construire des relations durables avec les fournisseurs.

Chapitre 17

Les intermédiaires
de l'importation

La plupart des entreprises françaises gèrent elles-mêmes en interne leurs approvisionnements de l'étranger. Elles importent ainsi pour leur propre compte des composants, matières premières, emballages qu'elles utilisent pour les besoins de leur fabrication. Elles pratiquent parfois elles-mêmes le négoce pour certains produits relevant de leur branche d'activité, en achetant pour revendre en l'état, tout en intervenant fréquemment dans la définition des produits à fabriquer.

Les entreprises qui ne peuvent ou ne veulent pas traiter en interne la fonction import ont la possibilité de sous-traiter certaines phases, voire la quasi-totalité de l'importation à des intermédiaires du commerce international. Ceux-ci interviendront notamment dans la phase de *sourcing* et dans la gestion des opérations import.

1 QUELS SERVICES RENDENT-ILS À LEURS CLIENTS ?

- Prospecter les marchés étrangers à la recherche des meilleures sources d'approvisionnements.
- Rechercher des fournisseurs ou partenaires industriels et négocier au nom de leurs mandants.
- Valider la capacité des fournisseurs à répondre à la demande.
- Optimiser les déplacements des acheteurs.
- Réaliser des inspections avant expédition.
- Traiter tous les aspects que comporte une opération d'importation : de la prise de commande au suivi de la livraison, en passant par les formalités douanières, administratives et logistiques…
- Agir en tant que commerçant en exerçant une activité de négoce pour leur compte ou pour le compte de leurs mandants.

Ces sociétés intermédiaires peuvent prendre toutes les formes juridiques existantes (de l'entreprise individuelle à la société anonyme) et sont connues sous diverses appellations. Nous avons décidé de répartir ces sociétés en deux catégories : d'une part les intermédiaires dont le métier est de mettre en contact vendeur et acheteur. Nous les appellerons « les professionnels du contact ». D'autre part, les intermédiaires qui achètent pour revendre : « les professionnels de l'import ». Précisons toutefois que certaines sociétés proposent indépendamment les deux services aux entreprises.

2 COMMENT LES CLASSER ?

2.1 Les professionnels du contact

Le rôle de ces professionnels est de trouver des sources d'approvisionnement à l'étranger pour le compte d'importateurs (primo-importateurs ou non). Ils peuvent également, à l'inverse, accompagner des exportateurs étrangers à trouver de nouveaux débouchés dans les territoires qu'ils couvrent.

Nous retrouvons ces intermédiaires sous différentes appellations et statuts :

- **L'agent commercial** : professionnel indépendant, il est mandaté par le fournisseur étranger ou l'entreprise importatrice pour négocier les contrats et les commandes. Il perçoit des commissions sur les ventes ou achats réalisés, mais ne maîtrise pas la chaîne logistique.

- **Le courtier en marchandises** : intermédiaire indépendant, son rôle est de mettre en relation vendeur et acheteur mais il ne participe pas à la signature du contrat. Il est rémunéré au courtage (faible pourcentage sur le montant de la transaction).

- **La société d'accompagnement à l'international (SAI)** : ces sociétés de conseil sont plutôt spécialisées à l'export et effectuent pour leurs clients des missions très personnalisées d'aide et de conseil : externalisation d'un service export, prospection, aides aux montages juridique et financier, etc. Elles sont spécialisées par zone géographique et/ou produit. Cette expertise leur permet d'intervenir également dans l'accompagnement import. Elles sont rémunérées soit à la commission, soit en honoraires, soit en *succes-fees* sur les résultats obtenus (exemple : économies réalisées grâce aux nouveaux fournisseurs).

- À noter également les **représentations locales d'exportateurs** étrangers : le bureau de représentation, le commissionnaire à l'achat qui est mandaté et rémunéré par des commettants étrangers pour trouver des importateurs, la succursale de l'entreprise exportatrice étrangère... Tous sont des intermédiaires potentiels entre l'acheteur et le fournisseur étranger.

À RETENIR

Le principal avantage pour l'acheteur est que son interlocuteur se trouve généralement dans son pays et parle sa langue, ce qui n'est pas négligeable. Pour l'acheteur, cela signifie économie de voyages, gain de temps, plus de réactivité dans les relations et les échanges commerciaux, meilleure communication.

2.2 Les professionnels de l'import

Ce sont de véritables sociétés de commerce international. Ils se doivent d'être des professionnels de l'import puisque c'est le cœur de leur métier. Outre toutes les compétences indispensables à la fonction d'acheteur, ils connaissent les marchés étrangers, maîtrisent les techniques et les rouages du commerce international et disposent pour la plupart de capacités d'entreposage et d'une organisation propre de distribution en France et à l'export.

Parmi les professionnels de l'import nous distinguons :

- **La société de négoce international** : commerçant indépendant, il achète et vend des marchandises pour son propre compte. Il est propriétaire de la marchandise. Sa rémunération est constituée par sa marge. Au sein des sociétés de négoce international figurent :
  - les grands traders en céréales et en métaux minerais,
  - les négociants internationaux de marchandises générales comme *Louis Dreyfus Négoce...*,
  - les sociétés de commerce traditionnelles telles que *CFAO...* qui travaillent essentiellement avec les anciennes colonies françaises,
  - les sociétés de commerce spécialisées par zone géographique.
- **Les grossistes importateurs** : il suffit de sélectionner dans les annuaires papier ou sur Internet le terme « importateur » pour constater

la diversité des secteurs d'activité que couvrent ces sociétés. Dans cette catégorie nous trouvons :

– des entreprises du commerce de gros disposant parfois de filiales et de réseaux à l'étranger,
– des importateurs-distributeurs.

• **Le concessionnaire exclusif** : négociant grossiste pour le compte d'un fabricant étranger, il achète en gros et revend en détail en France ou à l'export. Il est lié par un contrat de concession qui fixe les modalités de ses interventions : territoires, objectifs de revente, représentation commerciale du fournisseur.

• **À noter également les bureaux ou centrales d'achats** dont le rôle est de centraliser les achats pour le compte de commerçants locaux, petits et plus grands comme peuvent l'être les hyper et autres grandes et moyennes surfaces.

• Nous pouvons également classer dans cette catégorie des « professionnels de l'import » les **filiales de distribution de fournisseurs étrangers** auprès desquelles peuvent se fournir les acheteurs locaux.

Les opérations traitées par ces professionnels de l'import représentent une part importante du volume des importations françaises.

À RETENIR

Importer par l'intermédiaire d'un négociant international donne la possibilité aux petites structures de s'approvisionner en quantités moindres auprès d'un fournisseur local. En effet, s'adresser directement aux fabricants étrangers est parfois peine perdue tant les volumes de commandes minimum sont élevés ou les conditions de paiement peu favorables. L'acheteur apprécie de travailler avec une source d'approvisionnement géographiquement proche, plus réactive et de ne pas avoir à investir en capacités d'entreposage et/ou en personnel.

---

3 COMMENT BIEN CHOISIR SON INTERMÉDIAIRE DE COMMERCE ?

Dans un premier temps, il convient de s'assurer du savoir-faire de l'intermédiaire qui doit reposer sur :

• un personnel compétent ayant la pratique des rouages du commerce international, des langues étrangères et rompu à la communication interculturelle,

- l'expertise pour les marchés concernés et les produits traités,
- un maillage à l'étranger, qu'il s'agisse de filiales, de bureaux de représentation, d'accords d'association avec des sociétés de conseil implantées dans les pays fournisseurs,
- le maintien d'un contact humain avec les pays fournisseurs par de fréquents voyages effectués par des personnes décisionnaires.

BON À SAVOIR

Le commerce international compte de nombreux acteurs qui peuvent aider les entreprises françaises, notamment les PME, à se développer à l'étranger. Les membres du pôle privé que l'on peut aussi appeler OSCI (opérateurs spécialisés du commerce international) se sont regroupés au sein de www.tradexperts.fr, sous l'égide de CGI (l'organisation professionnelle du commerce interentreprises).

Puis il sera nécessaire de matérialiser l'intervention par un contrat. À ce sujet, la Chambre de Commerce Internationale de Paris édite des contrats modèles d'agence commerciale, de concession, de franchise… disponibles également auprès des CCI.

Coordonnées en fin d'ouvrage.

En ce qui concerne les « professionnels du contact », il s'agit de prestataires de services pour lesquels il convient de soigner le contrat de mission, d'autant qu'il n'existe pas de contrat type en matière de prestations de services. Chaque contrat doit être adapté à la situation du prestataire et de l'entreprise cliente et à la nature des prestations fournies. De surcroît, les prestations de services sont multiples et variées. Il peut s'agir de sous-traitance des opérations import, de *sourcing*, d'études et de conseils, de formation, d'audit de l'organisation internationale… L'entreprise qui sollicite un intervenant extérieur pour l'accompagner dans son développement doit être très vigilante quant à l'expertise de celui-ci et ne doit pas hésiter à demander des références ou recommandations.

Tableau 30 : Les principaux éléments du contrat de prestation de services

Les parties	Coordonnées des parties : l'entreprise, le prestataire, les co ou sous-traitants éventuels.
Le contexte	Présentation de l'entreprise cliente et du contexte dans lequel elle sollicite le prestataire de services.
L'objet de la mission	Objectif de la mission confiée au prestataire. Cahier des charges précis de la demande de l'entreprise faisant état des éléments exclus de la prestation..
La méthodologie et les moyens mis en œuvre	Désignation d'un coordonnateur au sein de l'entreprise. Modalités de réalisation de la prestation. Échéancier des travaux, des entretiens... Conditions de démarrage. Remise d'un rapport de préconisations. Accompagnement éventuel de l'entreprise dans la mise en œuvre des recommandations.
Les obligations et responsabilités des parties	Le prestataire doit réaliser la mission dans les temps et conformément au cahier des charges, et s'engage à remettre un rapport. L'entreprise doit fournir au prestataire toutes les informations nécessaires au bon déroulement de la mission et lui faciliter l'accès aux interlocuteurs internes et externes. Clause de confidentialité. Propriété des résultats.
Les conditions commerciales	Prix (forfait ou commission). Conditions de paiement. Acompte à l'acceptation de l'offre. Paiement à la remise de rapports intermédiaires. Prise en charge des frais professionnels.
Les clauses juridiques	Durée, modification, résiliation, annulation du contrat. Conditions suspensives : l'entreprise ne tient pas ses engagements en termes de paiement, le prestataire n'a pas accès aux informations ou ne respecte pas le calendrier. Droit applicable en cas de différend si le contrat met en présence deux parties résidant dans des États différents. Juridiction compétente.
Annexes	L'entreprise demandera au prestataire son C.V. des références, le n° d'immatriculation en tant que société ou entreprise individuelle. Le prestataire doit disposer d'une marge de manœuvre suffisante pour que la mission ne puisse être requalifiée en contrat de travail.
Signatures	Des personnes autorisées.

CONSEIL

D'aucuns pourraient penser que ces intermédiaires constituent un écran plus ou moins opaque entre l'acheteur et le fournisseur. Ils ont raison ! De plus, leurs prestations viennent grever le prix global d'acquisition. Toutefois, sous-traiter à des professionnels extérieurs peut être particulièrement pratique, souple et rentable dans les situations suivantes :

- tant que le volume des opérations import ne justifie pas d'intégrer du personnel compétent au sein même de l'entreprise,
- lorsque les marchés et sources d'approvisionnements sont difficiles à approcher (langue, culture, distance, rouages économiques et professionnels…).
- L'entreprise pourra ainsi se consacrer à son cœur de métier et bénéficier de la flexibilité que lui apporte le recours à un professionnel extérieur.

À RETENIR

- L'entreprise qui démarre à l'import, celle qui ne peut ou ne veut gérer partie ou totalité de cette activité, peut être accompagnée dans sa démarche par des intermédiaires de l'importation.
- Elle peut sous-traiter le travail de *sourcing* à des « professionnels du contact » :
  - Agent commercial
  - Courtier en marchandises
  - Société d'accompagnement à l'international
  - Représentations locales d'exportateurs étrangers.
- Elle peut confier la gestion de ses achats internationaux à des « professionnels de l'import » :
  - Société de négoce international
  - Grossiste importateur
  - Concessionnaire exclusif
  - Bureau et centrale d'achats
  - Filiale de distribution du fournisseur étranger.

Chapitre 18

Le prix de revient import

Si ce chapitre est placé en fin d'ouvrage, c'est simplement qu'il implique que l'acheteur ait bien à l'esprit l'ensemble des contraintes, procédures et mécanismes pour mener à bien l'opération import.

Avant de passer commande à un fournisseur étranger, il est impératif de vérifier si « le jeu en vaut la chandelle ». En clair… s'approvisionner de l'étranger est-il vraiment rentable par rapport à un achat domestique ? On ne saurait en effet s'arrêter au seul prix d'achat consenti par le fournisseur et au coût du transport rendu domicile. L'opération import, comme toute opération de commerce international, peut générer des surcoûts que l'on ne rencontre pas dans un achat « franco-français ».

Dans un premier temps, il convient d'évaluer le prix de la marchandise rendue domicile. Puis l'acheteur tentera de répertorier les autres coûts spécifiques à l'opération de commerce international, qui pourraient venir grever ce prix d'achat.

1 LES COÛTS LOGISTIQUES

Dans la mesure du possible, l'acheteur doit chercher à maîtriser le transport. Il reçoit ainsi une offre selon les Incoterms® EXW ou FCA. Il demande une cotation à un ou plusieurs commissionnaires de transport afin de calculer la valeur de la marchandise rendue selon l'Incoterm® DDP hors TVA, comparable à un achat domestique en rendu domicile HT.

Voici les différents éléments qui viendront s'ajouter au prix de la marchandise EXW.

Tableau 31 : Les premiers éléments constitutifs du prix de revient import

Valeur des marchandises HT

+

Emballages et conditionnements spéciaux éventuels

+

Chargement sur véhicule départ

+

Préacheminement jusqu'au port/aéroport/plateforme multimodale/frontière

+

Formalités de douanes dans le pays d'exportation
(si fournisseur hors Communauté européenne)

+

Déchargement véhicule avant embarquement/chargement sur le transport
principal et éventuellement passage en magasin

+

Chargement sur moyen de transport principal (avion, navire, camion de ligne…)

+

Transport principal (fret international)

+

Débarquement/déchargement du moyen de transport international

+

Formalités Douanes import, droits et taxes éventuels (si fournisseur
hors Communauté européenne). À ce stade, ne pas compter
la TVA que l'importateur aura à payer.

+

Postacheminement

+

Assurance-transport de bout en bout

=

Marchandises HT rendues domicile (dédouanées si hors CE)

Si nous préférons obtenir des cotations détaillées de nos prestataires du transport pour des raisons évidentes d'analyse des coûts, il est toutefois possible de demander aux commissionnaires de transport des cotations « all in », c'est-à-dire un forfait de bout en bout. Dans ce cas, faire préciser ce que comprend ce forfait pour éviter des déconvenues au moment de la facturation.

Les tableaux présentés dans le chapitre « Négocier les règles Inco-terms® », détaillant la répartition des frais entre vendeur et acheteur en fonction de l'Incoterm® négocié, permettent de partir de n'importe quel autre Incoterm® pour aboutir au coût de la marchandise rendue DDP hors TVA.

Mais il n'y a pas que le transport !

L'opération de commerce international peut exiger d'autres prestations, qu'il convient de valoriser et imputer au coût d'achat, notamment :

2 EN AMONT DU TRANSPORT

- Les charges liées à la recherche du fournisseur (voyages, appels d'offres, achats d'informations…). Éventuellement coût de l'intermédiaire (société d'accompagnement à l'international, négociant, etc.).
- Les charges liées au produit : films d'emballage, plans, études, maquettes, textes de normes et directives CE… Dans le cas de sous-traitance : envois de composants, matières, investissement en outillages, outils de production, moules… Attention à l'intégration des immobilisations à l'étranger dans la valeur en douane import.

    Voir chapitre « Maîtriser les opérations de douane ».

- Les frais d'analyse auprès des laboratoires agréés pour vérification de la conformité des produits aux normes ou autres contraintes européennes.
- Les frais d'inspection avant expédition pour s'assurer de la conformité de l'expédition à la commande.

3 EN AVAL DU TRANSPORT

- Les frais de réparation, réfection, remplacement, transport aller-retour… si mal négocié dans les CGA…
- Les moyens humains et matériels supplémentaires pour décharger et manutentionner les marchandises dans les entrepôts de destination.
- Les frais de stockage supplémentaires : pour rentabiliser le transport, les commandes internationales sont souvent plus importantes que les commandes domestiques.

4 SANS OUBLIER LES FRAIS FINANCIERS

- Dans le cas de paiement en devises étrangères et de couverture du risque de change.
- Frais financiers de sortie de trésorerie pour paiement comptant ou d'avance. Penser aux garanties de restitution d'acompte.
- Intérêts éventuels pour paiement à échéance.
- Immobilisation financière lors du déplacement de la marchandise.
- Frais bancaires lorsque le paiement est réalisé par crédit documentaire ou autre sécurité de paiement.

5 N'OUBLIEZ PAS LE PERSONNEL !

- Quote-part des coûts de fonctionnement du service import.
- Ceux-ci peuvent être lourds dans le cas de sourcing difficile, de pays et cultures éloignés, de produits contingentés, de mise en place de régimes douaniers particuliers, de crédit documentaire…
- Nécessité de professionnaliser les équipes : mise en place d'une organisation adéquate renforçant le lien entre le pôle Achat et le pôle Vente, formation en langues, à l'interculturel, au commerce international sous l'angle de l'achat.

6 OPTIMISEZ LES FLUX INDUSTRIELS

- Pour fabriquer un produit, il est parfois nécessaire de faire intervenir plusieurs partenaires industriels et commerciaux, sous-traitants, fournisseurs, traders…
- Étudier finement le flux industriel **avant** de le mettre en place et chercher à l'optimiser au mieux !

7 LORSQUE L'IMPORT RISQUE D'IMPACTER L'EXPORT…

- Étudier, chiffrer l'impact d'un changement d'origine des produits finis sur les clients Export : droits de douane, préférences tarifaires supplémentaires ou au contraire supprimées, contraintes douanières supplémentaires ou au contraire échanges facilités…
- Afin de décider du flux industriel à mettre en place. Voir à ce sujet la section Origine du chapitre « Maîtriser les opérations de douane ».

8 AU FINAL… LE JEU EN VAUT-IL TOUJOURS LA CHANDELLE ?

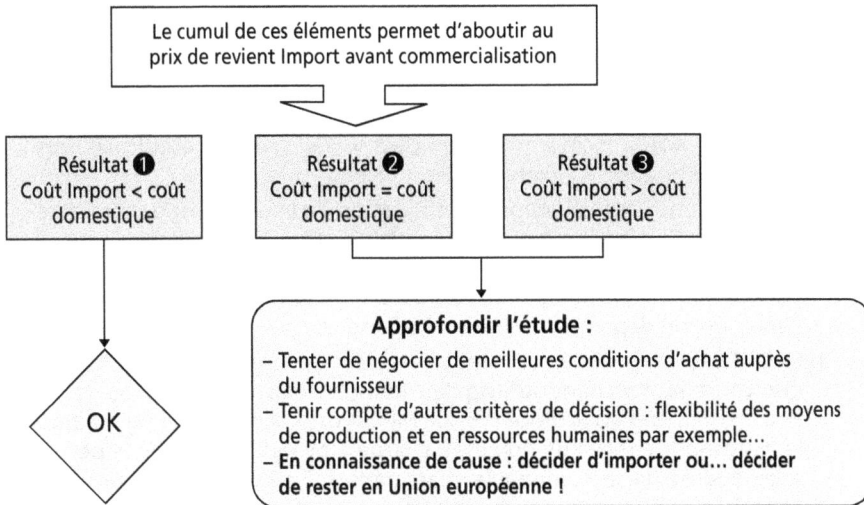

Le cumul de ces éléments permet d'aboutir au prix de revient Import avant commercialisation

Résultat ❶ Coût Import < coût domestique	Résultat ❷ Coût Import = coût domestique	Résultat ❸ Coût Import > coût domestique

OK

Approfondir l'étude :
– Tenter de négocier de meilleures conditions d'achat auprès du fournisseur
– Tenir compte d'autres critères de décision : flexibilité des moyens de production et en ressources humaines par exemple…
– **En connaissance de cause : décider d'importer ou… décider de rester en Union européenne !**

À RETENIR

- Avant de passer commande à un fournisseur étranger, il est impératif de vérifier si « le jeu en vaut la chandelle » !
- En clair… s'approvisionner de l'étranger est-il vraiment rentable par rapport à un achat domestique ?
- Seule l'évaluation du prix de revient import, en amont du projet, peut répondre à cette question.
- Il ne s'agit pas de s'arrêter aux seuls coûts logistiques : transport, assurance et douane, mais d'intégrer l'ensemble des coûts induits.
- Objectif : acheter à l'international en connaissance de cause et en appréhendant tous les tenants et aboutissants de l'opération, y compris l'impact que peut avoir l'import sur les clients Export.

CORRIGÉ DU QUIZ « INCOTERMS® »

À vous de jouer !
Vous êtes l'acheteur !

Qui paie quoi ?

1. FAS Hong-Kong, Incoterm® 2010 : c'est le vendeur qui établit les formalités de douane à l'export de Hong-Kong.

2. Le CIP est une vente au départ. L'obligation du vendeur est de remettre la marchandise à l'aéroport de départ (point de transfert des risques), même s'il paie le transport international. Ainsi, tous les aléas de transport et avaries qui surviennent après remise au premier transporteur à l'aéroport de départ incombent à l'acheteur.

3. Le DAT est une vente à l'arrivée. Le vendeur est responsable des risques que court la marchandise jusqu'au lieu convenu et mentionné après l'Incoterm®, en l'occurrence Fos-sur-Mer. Ainsi, l'acheteur ne paiera que la marchandise reçue en bon état, charge au vendeur de faire le nécessaire auprès de la compagnie d'assurances ou du transporteur pour obtenir le remboursement du sinistre.

4. CPT port de Bordeaux : aucune obligation ne pèse sur l'acheteur de prendre une assurance *ad-valorem*. Il peut décider de s'en remettre à la responsabilité contractuelle du transporteur, avec ses limitations de responsabilité et de remboursement. Toutefois, s'agissant d'un transport maritime, il est fortement conseillé à l'acheteur de couvrir au moins le risque d'avarie commune car les accidents de mer sont fréquents.

5. DAP aéroport de Strasbourg en provenance de Reykjavik : l'acheteur se charge des formalités de douane import.

Quel Incoterm® choisir ?

6. EXW usines en Espagne ou FCA usines en Espagne si nous laissons le soin au vendeur de charger notre camion.

7. FCA notre transitaire aérien à Miami.

8. Soit la variante CIP Marseille déchargé au terminal d'arrivée, soit DAT Marseille selon que l'acheteur préfère une vente au départ ou à l'arrivée.

9. FOB port Le Cap.

10. CIP ou DAP aéroport Montpellier selon que l'acheteur préfère une vente au départ ou à l'arrivée.

Pour en savoir plus

- Les Incoterms® 2010 – Brochure 715 – ICC (International Chamber of Commerce)
- R.U.U. 600 – Règles et Usances Uniformes de la CCI relatives aux Crédits Documentaires
- ISP 98 – International Standby Practices – Brochure 590 – ICC
- Lamy transport – tome 2
- Le Moci (Moniteur du commerce international) et ses actualités réglementaires
- Classe Export – mensuel et hors-séries

Lexique de la logistique internationale

Accises	Taxes sur les alcools et le tabac
ACP	Afrique, Caraïbes et Pacifique : 77 pays
AELE	Association européenne de libre-échange : Islande, Norvège, Suisse, Liechtenstein
AEMG/AIMG	Autorisation d'exportation/importation de matériel de guerre
AEO	*Agreed economic operator.* Voir OEA
AI2	Avis d'importation en franchise
ALENA (NAFTA)	Accord de libre-échange d'Amérique du Nord *(North American Free Trade Agreement) :* Canada, États-Unis, Mexique
AMF/ATVA	Arrangement Multi-Fibres et Accord sur les Textiles et les Vêtements. Démantelés en 2005
ANASE (ASEAN)	Association des Nations de l'Asie du Sud-Est *(Association of Southeast Asian Nations) :* Brunëi Darussalam, Cambodge, Indonésie, Laos, Malaisie, Myanmar, Philippines, Singapour, Thaïlande, Vietnam
ATA	Admission Temporaire – *Temporary Admission* (régime douanier économique)
ATR	Certificat ATR : Association Turquie/CE
AWB	*Air way bill.* Voir LTA
BAE	Bon à enlever (import) et Bon à Exporter (export), indiqué sur DAU
BAF	*Bunker Adjustment Factor* (surtaxe fuel dans une cotation transport)

BDU	Bien à double usage civil et militaire
BILL OF LADING ou BL	Connaissement maritime
BOD	Bulletin Officiel des Douanes
BOI	Bulletin Officiel des Impôts
CACO	Code additionnel communautaire
CAF	*Currency adjustment factor* (fluctuation du dollar dans une cotation transport)
CANA	Code additionnel national
CCI	Chambre de commerce et d'industrie
CDC	Code des douanes communautaire
CE	Communauté européenne
CECA	Communauté européenne du charbon et de l'acier
CFR	*Cost and freight*
CGA	Conditions générales d'achat
CGI	Code général des impôts
CGV	Conditions générales de vente
CIF	*Cost insurance and freight*
CIP	*Carriage insurance paid to*
CITES	*Convention on International Trade in Endangered Species of Wild Fauna and Flora* (convention de Washington)
CMR	Convention marchandises route
CPT	*Carriage paid to*
CSI	*Container Security Initiative*
C-TPAT	*Customs-Trade Partnership Against Terrorism*

D48	Soumission D48. Engagement en douane de fournir un document manquant.
DAC	Dispositions d'application du code des douanes communautaire
DAE	Document d'accompagnement export. Voir EAD
DAF	*Delivered at frontier*
DAU	Document administratif unique
DAP	*Delivered at place*
DAT	*Delivered at terminal*
DCG	Déclaration complémentaire globale (dans PDD)
DDP	*Delivered duties paid*
DDU	*Delivered duties unpaid*
DEB	Déclaration d'échanges de biens
DES	Déclaration européenne de services
DELTA	Dédouanement en ligne par transmission automatisée
DEQ	*Delivered ex-quay*
DES	*Delivered ex-ship*
DOF	Déclaration d'origine sur facture
DOM	Départements d'Outre-Mer : Guadeloupe et ses dépendances (Saint-Barthélémy et partie française de Saint-Martin), Guyane, Martinique, Réunion
DTI	*Direct Trade Interface* (voir EFI)
DTS	Droits de tirage spéciaux
DV1	Déclaration de valeur
EAD	*Export accompanying document*
ECS	*Export Control System*

EDI	Échange de données informatisées
EEE	Espace économique européen : UE + Norvège, Islande et Liechtenstein
EFI	Échanges de formulaires informatisés
EORI	*Economic Operator Registration and Identification*
ENS	*Entry Summary Declaration*
ETA	*Estimated time of arrival*
ETD	*Estimated time of departure*
EUR1	Certificat de circulation des marchandises. Justificatif d'origine dans le cadre des accords préférentiels avec la CE
EUR-MED	Certificat de circulation des marchandises. Justificatif d'origine dans le cadre des accords préférentiels Paneuromed
EXS	*Exit summary declaration*
EXW	*Ex Works*
FAS	*Free alongside ship*
FCA	*Free carrier*
FCL	*Full container loaded* (conteneur complet)
FOB	*Free on board*
FORM A	Justificatif d'origine préférentielle dans le cadre du SPG
FORM E	Justificatif d'origine préférentielle dans le cadre des accords Chine/pays tiers
HAWB	*House air way bill* (LTA de groupage)
IATA	*International Air Transport Association*
ICC	*International Chamber of Commerce*

ICS	*Import Control System*
Incoterms®	*International Commercial Terms*
ISPS	*International Ship and Port Facility Security code :* Code international sur la sûreté des navires et des installations portuaires
JOCE/JOUE	Journal officiel des Communautés européennes/ Journal officiel de l'Union européenne
JORF	Journal officiel de la république française
LCL	*Less than a container loaded* (groupage)
LTA	Lettre de transport aérien ou *Air way bill*
MAC	Mise à la consommation (régime douanier import)
MACHRAK	Égypte, Jordanie, Syrie, Liban
MADT	Magasin et aire de dépôt temporaire
MAE	Magasin et aire d'exportation
MAGHREB	Algérie, Tunisie, Maroc
MFN	*Most favoured nation clause* : clause de la nation la plus favorisée (assimilée au taux de droits de douane hors préférences tarifaires)
MLP	Mise en libre pratique (régime douanier import)
MRN	*Movement Reference Number* ou numéro de référence du mouvement
NC	Nomenclature combinée : 8 premiers chiffres du tarif douanier
NDP	Nomenclature de dédouanement des produits : 12 chiffres et une lettre clé (plus utilisé)
NGP	Nomenclature générale des produits pour les statistiques françaises (plus utilisé)

NSTI T1, T2	Nouveau système de transit informatisé, transit externe T1, transit interne T2
NVOCC	*Non vessel operating common carrier*
OCDE	Organisation de coopération et de développement économique
OEA	Opérateur économique agréé
OM	Octroi de mer à l'entrée dans les DOM
OMR	Octroi de mer régional (additionnel). Anciennement droit additionnel à l'octroi de mer
OSCI	Opérateur spécialisé du commerce international
PAC	Politique agricole commune
PANEUROMED	Zone d'échanges préférentiels pour les produits fabriqués dans cette zone : Union européenne, AELE, Turquie, Îles Féroé, pays de l'Euromed : Algérie, Maroc, Tunisie, Égypte, Israël, Jordanie, Liban, Syrie, Cisjordanie et bande de Gaza
PAS et PAR	Perfectionnement actif suspension et perfectionnement actif rembours (régimes douaniers économiques)
PDD	Procédure de dédouanement à domicile
PDE	Procédure de dédouanement express
PDS	Procédure de dédouanement simplifiée
PDU	Procédure PDD avec domiciliation unique
PED	Pays en développement
PMA	Pays les moins avancés de la planète
PP	Perfectionnement passif (régime douanier économique)
RCO	Renseignement contraignant sur l'origine

REACH	*Registration, Evaluation, Authorisation and restriction of CHemicals*
RITA	Référentiel Tarifaire Intégré Automatisé
RO-RO	Navire *roll-on, roll-off*
RTC	Renseignement tarifaire contraignant
SH	Système harmonisé : 4 ou 6 premiers chiffres du tarif douanier
SPG	Système de préférences généralisées (imports de PED et PMA)
TARIC	Tarif Intégré des Communautés européennes : 10 premiers chiffres du tarif douanier
TEC	Tarif extérieur commun (taux de droit de douane)
THC	*Terminal Handling Charges*
TID	Taxe informatique douanière
TIR	Transit international routier
TOM	Territoires français d'Outre-Mer : Nouvelle Calédonie et ses dépendances, Polynésie française, Îles Wallis et Futuna, Mayotte, St-Pierre-et-Miquelon
T1 & T2	Voir NSTI et MRN
TSD	Transformation sous douane (régime douanier économique)
UE	Union européenne
UP	Unité payante (transport maritime)
VA	Vente au départ (Incoterms®)
VD	Vente à l'arrivée (Incoterms®)

Index des « tableaux, listes et figures »

Adresses utiles

AFNOR (Agence française de normalisation) www.afnor.org

AFTRI (Association française des transporteurs routiers internationaux) www.aftri.com

ALTARES (Société de renseignements de notoriété) : www.altares.fr

Ambassades étrangères en France www.expatries.org

ASLOG (Association française pour la logistique) www.aslog.org

BANQUES Françaises www.banques.fr

BIVAC International (bureau VÉRITAS) www.bureauveritas.com

CCI (Chambres de commerce et d'industrie) www.cci.fr

CCIFE (Chambres de commerce et d'industrie françaises à l'étranger) www.ccife.org

CCI du monde entier www.worldchambers.com

CDAF (Compagnie des dirigeants d'approvisionnement et acheteurs de France) www.cdaf.asso.fr

CEN (Comité européen de normalisation) www.cen.eu

CENELEC (European commitee for electrotechnical standardization) www.cenelec.eu

CEPII (Centre d'études prospectives et d'informations internationales) www.cepii.fr

Chambre de commerce internationale : voir ICC

CISD (Centres interrégionaux de saisie des données pour D.E.B.) http://pro.douane.gouv.fr rubrique « DEB »

CLASSE EXPORT (Magazines + Salon) www.classe-export.com

CNUDCI (UNCITRAL) (Commission des Nations Unies pour le droit commercial international) www.uncitral.org

COFACE (Compagnie française d'assurance pour le commerce extérieur) www.coface.fr et www.cofacerating.com

Commerce extérieur : www.exporter.gouv.fr

CSTB (Centre scientifique et technique du bâtiment) www.cstb.fr

DGAC (Direction générale de l'aviation civile) www.dgac.fr

DGCIS (Direction générale de la compétitivité, de l'industrie et des services) www.industrie.gouv.fr

DGDDI/Douane (Direction générale des douanes et droits indirects) www.douane.gouv.fr et http://pro.douane.gouv.fr

DRCCRF (Directions régionales de la concurrence, consommation et répression des fraudes) www.dgccrf.bercy.gouv.fr

ERAI (Entreprises Rhône-Alpes International) www.erai.org

ETSI (European telecommunications standards institute) www.etsi.org

Helpdesk de l'UE (pour l'import) :
http://exporthelp.europa.eu/index_fr.html

ENTERPRISE EUROPE NETWORK
www.enterprise-europe-network.ec.europa.eu

FFSA (Fédération française des sociétés d'assurance) www.ffsa.fr

ICC (International chamber of commerce) www.iccwbo.org

INPI (Institut national de la propriété industrielle) www.inpi.fr

INTERNATIONAL-PRATIQUE www.international-pratique.com

IRU (International road transport union) www.iru.org

ITC (International Trade Center) www.intracen.org

JOUE (Journaux officiels de l'Union européenne) :
http://eur-lex.europa.eu/fr/index.htm

La POSTE – Courrier international
www.laposte.fr/courrierinternational

LCIE (Laboratoire central des industries électriques) www.lcie.fr

Le MOCI (Le Moniteur du commerce international) www.lemoci.com

LNE (Laboratoire national d'essai) www.lne.fr

Market Access Database http://mkaccdb.eu.int

MOBILITE www.expatries.org

OACI (Organisation de l'aviation civile internationale) www.icao.int

ODASCE (Office de développement par l'automatisation et la simplification du commerce extérieur) www.odasce.asso.fr

OMI (Organisation maritime internationale) www.imo.org

OSCI (opérateurs spécialisés du commerce international) www.tradexperts.fr

RENSEIGNEMENTS DOUANIERS Tél. : 0 811 20 44 44

SAI (Syndicat des sociétés d'accompagnement à l'international) www.tradexperts.fr

SEI (Syndicat de l'emballage industriel) Le syndicat de l'emballage industriel : www.seila.fr

Services économiques des ambassades de France www.dgtpe.fr/se/

SGS (Société générale de surveillance) www.sgs.com

Site gouvernemental du commerce extérieur www.exporter.gouv.fr

SNCF – Direction du fret www.sncf.com

TLF (Fédération des entreprises de transports et logistique de France) www.e-tlf.com

UBIFRANCE (Agence française pour le développement international des entreprises) www.ubifrance.fr

VNF (Voies navigables de France) www.vnf.fr

ORGANISMES INTERNATIONAUX

Banque Mondiale www.worldbank.org

CNUCED (Conférence des Nations Unies sur le commerce et le développement) www.unctad.org

FAO (Organisation des Nations Unies pour l'alimentation et l'agriculture) www.fao.org

FMI (Fonds monétaire international) www.imf.org

OCDE (Organisation de coopération et de développement économique) www.oecd.org

OIT (Organisation internationale du travail) www.ilo.org

OMC (Organisation mondiale du commerce) www.wto.org

OMD (Organisation mondiale des douanes) www.wcoomd.org

OMPI (Organisation mondiale de la propriété intellectuelle) www.wipo.org

OMS (Organisation mondiale de la santé) www.who.org

UNESCO (Organisation des Nations Unies pour l'éducation, la science et la culture) www.unesco.org

ONUDI (ONU pour le développement industriel) www.unido.org.fr

UNION EUROPÉENNE www.europa.eu

Index

www.ingramcontent.com/pod-product-compliance
Lightning Source LLC
Chambersburg PA
CBHW082138210326
41599CB00031B/6024